明清史散论

王春瑜 著

The Commercial Press
2015 年·北京

图书在版编目(CIP)数据

明清史散论 / 王春瑜著. — 北京：商务印书馆，2015
ISBN 978-7-100-11631-2

Ⅰ．①明… Ⅱ．①王… Ⅲ．①中国历史－明清时代－文集 Ⅳ．①K248.07-53

中国版本图书馆CIP数据核字(2015)第237601号

所有权利保留。

未经许可，不得以任何方式使用。

明清史散论

王春瑜　著

商　务　印　书　馆　出　版
（北京王府井大街36号　邮政编码 100710）
商　务　印　书　馆　发　行
三河市尚艺印装有限公司印刷
ISBN 978-7-100-11631-2

2015年11月第1版　　开本 640×960　1/16
2015年11月北京第1次印刷　印张 20

定价：60.00元

序

谢国桢前辈晚年常感叹"垂老无成",在回忆其恩师梁任公文中更说"愧然白头老门生"。岁月不居,我也到了古稀之年,比起明清史大家谢国桢先生那一辈学人,不才如我,借用友人王曾瑜先生的话来说,实在是"先天不足,后天失调",差距很大。"四人帮"粉碎后,虽然我在史学园地努力笔耕,但成绩不大。何况我文史两栖,"三心二意",并未将全部精力用于史学研究。

从初夏一直忙到孟秋,我才将《明清史散论》及另外两本书重新审改一遍。坡翁有词云"莫听穿林打叶声,何妨吟啸且徐行"。我与吟啸无缘,还是继续在史学园地老实耕耘吧!

王春瑜
2015年9月24日上午再改定

目录

顾炎武北上抗清说考辨（1962） / 1

明末农战史杂识（1978） / 26

李自成、崇祯帝"和议"初探（1979） / 41

论曹寅在江南的历史作用（1979） / 50

略论八旗子弟（1979） / 66

论"四权"与明末农民战争的关系（1980） / 75

论朱升（1980） / 90

李定国与云南少数民族（1981） / 103

论明末农民战争与清初反君权思潮（1982） / 112

施让地券及《云卿诗稿》考索（1982） / 123

《明代江南农业经济》提纲 / 134

1982年明史研究概述 / 140

明代宦官与江南经济（1984） / 152

论明代江南园林（1987） / 169

"弃物"论——谈明代宗藩（1988） / 187

明代流氓及流氓意识（1989） / 199

明代宦官与故宫（1990） / 208

明代商业文化初探（1992） / 218

李自成死事考辨（1999） / 243

明人文集的人文传统（2000） / 273

甲申三百六十周年祭（2004） / 288

从郑和"七下西洋"看中国的海权体系（2005） / 294

明代山人面面观（2007） / 301

《明清史料丁编》序 / 308

后　记 / 311

顾炎武北上抗清说考辨（1962）

顺治十四年（1657，是年顾炎武 45 岁）后的一段时期，是顾炎武一生政治活动、学术活动的重要时期。从这一年起，他过江北上，此后 25 年的漫长岁月，都是在北方度过的。顾炎武为什么要到北方去？他在北方 25 年的后半生中，究竟干了些什么？对当时的社会现实产生过什么影响？应该如何看待前人对顾炎武的评述？在本文中，笔者试图对这些问题做一番较为深入的探讨，以期对顾炎武后期的政治倾向做出实事求是的评价。

一

1657 年，顾炎武过江北上。顾炎武为什么要到北方去？他在北方究竟干了些什么？对这个问题，梁启超曾经困惑地说："他虽南人，下半世却全送在北方，到死也不肯回家。……为何举动反常到如此田地？这个哑谜，只好让天下万世有心人胡猜罢了。"①当代许多史家认为，这表明顾炎武是为了"密察山川形势，阴结豪杰之士"，从事"抗清统治的秘密活动"。②笔者认为，这种说法是与历史实际不相符合的。

---

① 梁启超：《中国近三百年学术史》，上海民志书店 1929 年版，第 85—86 页。
② 《顾亭林学谱》、《中国早期启蒙思想史》、《顾亭林诗文集·出版说明》、《爱国学者顾炎武》、《中国简明思想史》、《清诗纪事初编》等书，基本上均持此说。

1645年春天，昆山县令杨永言曾推荐顾炎武到南京去担任弘光小朝廷的兵部司务。但这年四月底，顾炎武到达南京后，还不到十天，清兵已于五月九日渡江，次日夜弘光帝仓皇出走。五天后清兵进驻南京，弘光小朝廷便正式瓦解了。接着，他便回到昆山来，参与组织抗清武装斗争。与南明小朝廷的亲身接触，不能不使他深切感到，南明小朝廷在政治混浊、不得民心方面，较诸崇祯朝廷有过之而无不及，其抗清活动是不可能有什么前途的。昆山等地武装斗争的失败，更加深了他这种认识。因此，1645年秋天，当福州唐王朱聿键受人推荐，授予他兵部职方司，并在次年春天特派了使者秘密至昆山请他赴任时，他却推故拒绝，事后只写了一首诗"但志其感而已"。① 显然，顾炎武根本不打算将自己的命运与注定要短祚的唐王的命运连在一起。如果按照许多史家所说那样，顾炎武始终是积极从事反清复明活动的，那么他为什么拒绝唐王的授职，不去海上，也不向南走去支持永历抗清政权，反而匹马单枪，向清政府的腹地北方走去呢？这是无法求得通解的。

其实，顾炎武所以要跑到北方去，是深有苦衷、迫不得已的。自清兵过江南下后，江南的社会关系发生很大震动。一方面，由于明末李自成、张献忠的革命矛头都没有伸到苏南地区，所以这里的阶级关系未能通过革命的暴力获得调整。因此，当清兵南下后，许多地区农民群众，趁新旧王朝交替，地主阶级统治秩序大遭破坏之机，掀起了打击豪绅、夺粮抗租的阶级斗争。在太湖、泖湖等地区，农民运动风起云涌。② 另一方面，在地主阶级内部，也展开了激烈的火并。降清派地主往往抓住抗清派地主一些曾经参与抗清运动的把柄，借机挟诈，以兼并土地，勒索财富。如吴县的张明勋，由于"性素耿介，晚节犹

---

① 吴映奎：《亭林遗书·顾先生年谱》；张穆：《顾亭林先生年谱》，丛书集成本，第19页。
② 董含：《三冈识略》卷18；褚人获：《坚瓠补集》卷1。

砼砼自爱",不愿与清朝合作,结果就"屡遭外侮,家产渐中落"。①一些豪奴恶客,也见风使舵,背弃原主,重新投靠降清派地主。他们"结党成群,以索券为名,焚掠无虚"②,打击抗清派的旧主子。在这种混乱局面中,顾炎武也身受其害。昆山顾家,原是大地主,在明清之际,与叶、徐、李、王四姓,并称为"昆山巨族"。③顾炎武家原有地800亩,后来以良田数顷,向里人叶方恒④押银。至顾炎武时,急欲赎归,而叶家意图吞没,恣意延搁,顾炎武追索不已,叶家遂以千金收买顾炎武的世仆陆恩,唆使他告讦顾炎武通海,力图使顾炎武畏罪逃逸,不敢再提田事。顾炎武怒杀陆恩,叶家又进一步告他无辜杀奴,重贿松江太守,将他逮捕入狱。后来,幸得其好友归庄等人的大力营救,特别是通过清朝新贵钱谦益的调解,才获释。但叶家并不就此甘心,又密派刺客暗杀顾炎武,顾炎武避至南京,刺客追至太平门外,击伤其首,几遭不测。同时,又纠合了数十名恶棍,将顾炎武家中抢劫一空,"尽其累世之传以去"⑤,给他以沉重的打击。

不仅如此,顾炎武的族人与亲友,这时也深恐他曾经与南明小朝廷有过往来,参加过昆山抗清斗争,一旦兴起大狱,势必祸及自己。因此,都要他及早离乡背井,远走避祸。正是在这种无可奈何的情况下,顾炎武不得不感慨道"奴隶鸱张,亲朋澜倒"⑥,"出门多蛇虎"⑦,为了"毋为小人资,委肉投饿虎"⑧——亦即被叶方恒之流降清派地主勾结清政府所暗害,才谨存"戒心,乃浩然有山东之行"⑨。他的

---

① 汪琬:《尧峰文钞》卷17《张府君墓志铭》。
② 陆珑其:《三鱼堂文集》卷11。
③ 王应奎:《柳南随笔》卷6。
④ 叶氏原为崇祯壬午举人,明亡降清,中顺治初年进士,任济宁道佥事等官。
⑤ 归庄:《归庄集》卷3《送顾宁人北游序》。
⑥ 顾炎武:《顾亭林诗文集·亭林文集》卷4《答原一公肃两甥书》。
⑦ 顾炎武:《顾亭林诗文集·亭林诗集》卷2《将远行作》。
⑧ 顾炎武:《顾亭林诗文集·亭林诗集》卷2《流转》。
⑨ 顾炎武:《顾亭林诗文集·亭林诗集》卷2《赠路光禄太平》。

好友归庄,也清楚地说明了这一点:"宁人度与公子讼,力不胜,则浩然有远行。"①

顾炎武觉得到北方去比较安全,这是因为,清政府对流寓北方的江南士子,一般是比较优容的。他们一旦离开了原地区,政治上的影响便大为削弱,特别是使清政府深恶痛绝的江南富有传统性的知识分子群众运动——党社活动,再也搞不起来。所以,即使他们在北方拒不出仕,清政府也很少干涉,因为这毕竟比留在南方是后退了一步。如彭孙贻就是个很典型的例子。他的父亲明太仆彭期生,以及两个弟弟麐孙、子羽,都在明亡时抗清殉国。他曾冒着生命危险,亲至江西,寻求先父遗骨。②归家后,"二十余年……不交人事",不愿与清朝合作。清统治者对他"吹索百端",肆行迫害。后来,他在京师的朋友写信给他说:"曷远游以释疑乎?"彭孙贻遂"轻装北上,巡览名胜,凭吊陵寝,作诗数百篇"③,从此安然无恙。甚至即使北方的士子受到迫害,只要他们远走异乡,也可以免祸。如徐州的阎尔梅,明季曾做史可法幕僚,清初又与山东曹州榆园抗清军有过往来,居常更恃才傲物,风励名节,所以在家乡累遭名捕,妻妾均坠楼而死。"值患难相寻,遂远游十岳,凡三十年乃归。"④因此,清初南方一些具有民族气节,受地方降清派地主与清政府迫害的知识分子,经常离开故土,远走北方,以脱离江南这块是非之地。顾炎武正是这些人当中的一个。

由此可见,顾炎武的北上远游,实际上是避祸保身的消极行动,而不是像某些史家所说那样,旨在进一步积极策划抗清活动。

顾炎武在北方究竟干了些什么?一些说他在从事秘密策划抗清活动的史家们,其主要论据,不外这几点:

---

① 归庄:《归庄集》卷3《送顾宁人北游序》。
② 谢国桢:《明清笔记丛谈》,中华书局1960年版,第257页。
③ 同上书,第255—256页。
④ 阎尔梅:《徐州二遗民集》卷7《白耷山人集》。

（1）顾炎武在北方结交了很多朋友，他们是"形形色色"的"神秘人物"，顾炎武曾与他们共同策划反清复明。

（2）康熙七年（1668）顾炎武曾经在山东被捕入狱，可见他是在从事抗清活动，否则他怎么会与"黄培诗案"联在一起，身陷囹圄呢？

（3）顾炎武在《与三侄书》中曾经说过这样一段话："秦人慕经学，重处士，持清议，实与他省不同。……华阴绾毂关、河之口，虽不出户，而能见天下之人，闻天下之事。一旦有警，入山守险，不过十里之遥；若志在四方，则一出关门，亦有建瓴之便。"①而顾炎武后来更定居在陕西。这表明他是将希望寄托秦人，以陕西作为反清复明的基地。

（4）顾炎武在北方曾"广置田产"，从事过垦荒，这显然是表明顾炎武为抗清活动"建立经济基础"，"替恢复运动建立根据地"。

笔者认为，这四条论据都难以成立。现在本文就来逐条讨论一下。

首先，来看一看，顾炎武在北方所交的那些朋友究竟是些什么人，他们在明亡后是否从事过反清活动。

顾炎武在北方交结的朋友确实不少，但关系比较密切的，是万寿祺、申涵光、张尔岐、程先贞、阎若璩、傅青主、李因笃、王宏撰等人。限于篇幅，本文想举出其中几个人为例，来重点考察一下他们的行动。

万寿祺，字年少，徐州人。他原是崇祯庚午举人，明亡后，起初在山阳浦西隐居，后来则悲观厌世，"每念生无益于世，后且与草木同腐朽"，遂削发为僧，自谓"脱去世谛，人我两忘"。②显然，这种隐避逃禅与世无争的颓废态度，尽管客观上也许不无略含抵制清朝的意义，但对待现实竟消极到这种地步，是绝不可能冒生命危险，去积极从事

---

① 顾炎武：《顾亭林诗文集·亭林文集》卷4《与三侄书》。
② 万寿祺：《徐州二遗民集》卷3《隰西草堂文集·自赞》。

所谓秘密抗清活动的。

申涵光,字凫盟,永年人。明太仆申佳胤之长子。明亡后,开始尚乡居力耕,抵制清朝,但时过境迁,渐更初衷。他深深感到,明朝是一去不复返了。在《览镜》一诗中,写尽了这种胸怀:"览镜发惊白,浮生亦可怜。儿童犹昨日,心事已衰年。自笑谋生拙,人讥闭户偏。驻颜岂有术,怀古愧徒然。"①从此抱定主意,"随便安分,便是安乐法"②,成了十足的与世无争者。后来更公开宣扬与清朝合用:"官粮必早输纳,每岁收入先除此一项,余者乃以他用。"③实质上即劝人们做清朝的恭顺臣民,不要起来反抗。像这样的人,怎么可能会与顾炎武一起,去从事所谓抗清活动?

阎若璩,字百诗,号潜丘。先世太原人,移居山阳。此公品节,颇不足取。康熙十八年(1679),他参加博学鸿词科考试,未被录取。后来投靠徐乾学,收其弟徐元文为弟子④,予修清一统志。徐乾学死后,他哀叹"穷老不遇",写了《吞声》、《残年哭知己》等诗,如丧考妣。⑤后来胤禛写信给他,召他赴京,他已年近古稀,且正卧病在床,竟"霍然而起",奔赴京中,力图飞黄腾达,结果到京后便病死。显然,醉心于爵禄,一点民族气节都没有的阎若璩,如果说他曾与顾炎武秘密抗清,即使验诸常理,也断不相容。

李因笃,字天生,一字子德,陕西富平人。其父李映林,曾加入复社。起初,李因笃尚能保持民族气节,拒不出仕,自称中南山人。但后来也没有经得起时间的考验。康熙十八年(1679),他不听顾炎武"以不预考为上上,至嘱至嘱"⑥的劝告,与潘耒、严绳孙、朱彝尊等

---

① 申涵光:《聪山诗选》卷3《览镜》。
② 申涵光:《荆园小语》。
③ 同上。
④ 徐元文:《含经堂集》卷24《太原阎先生寿序》。
⑤ 张穆:《阎潜丘先生年谱》卷3。
⑥ 顾炎武:《顾亭林诗文集·蒋山佣残稿》卷3《答李子德》。

人，以布衣应试博学鸿词科，中一等第七名，授官检讨。①他不仅自己应试，而且还力劝李颙，"詶之以利害"，要他出仕，以致顾炎武不得不很愤慨地对他说："窃谓足下身蹑青云，当为保全故交之计；而必援之使同乎己，非败其晚节，则必夭其天年矣！"②虽然，李因笃后来给康熙皇帝上了一道密疏，获得康熙的特别许可，辞官回家。但我们从他的为人中，可以清楚地看出他绝不是胸怀异志，能够冒险去从事秘密抗清活动的人。

通过上述对顾炎武在北方几个重要朋友的剖析表明，与某些史家们所说相反，这些人既非"形形色色"，更不"神秘"。他们当中的绝大多数人，都是明代遗臣或士大夫的后裔，与东林复社有过关系，明亡后曾采取过与清朝不合作的态度，以消极抵抗，因而在政治态度上，有与顾炎武相通之处。更重要的是，他们都是清初大儒，精通经史，在地方上威望颇重，与他们在一起，对自己的学术活动颇有裨益。正是基于这种关系，顾炎武才与他们优游交往。而从总的政治倾向来看，这些人后来不是消极厌世，遁迹山林，就是投靠清朝，一改起初的抵制态度而重新合作。他们的这种态度，正是清初抗清派地主与降清派地主之间，由矛盾斗争到日趋合流的历史进程的标志。如果把这些人虚构成"形形色色"的"神秘人物"，说他们曾与顾炎武一起共图反清复明的大业，与这些人本身的事实根本不相符合。

其次，1668年顾炎武在山东入狱，究竟是怎么回事？《山东省志资料》（1962年第2期）曾刊出周至元的《清初即墨黄培文字狱资料》，对这次狱案提供了丰富的材料。③这次案件，是原即墨明代遗臣黄培家奴、清朝新贵姜元衡，看中黄培具有一定的民族思想、节操，不仕清朝，在诗句中流露出种种不满现实的情绪，借机向黄培敲诈重金未

---

① 李因笃：《受祺堂诗集·潘耒序》。
② 顾炎武：《顾亭林诗文集·蒋山佣残稿》卷2《答李子德》。
③ 这篇资料亦间有失实之处：如将营救炎武之徐元文，误作徐乾学等。

遂，反而遭到黄培对他人格上的侮辱，因而愤予报复，纠合了一些平素与黄家有仇的人，以及地方上的讼棍，捏造了许多黄培通海、反清等罪状，勾结清朝官吏，将他逮捕入狱。事隔经年，黄、姜二家互相攻讦，案件波及面越来越大，牵连到300余人。姜元衡为了打赢这场官司，将黄培置于死地，陆续增补了一些捏造的罪状。这时，章丘谢长吉，他曾因欠顾炎武大宗银两，将庄田十顷抵押，今见济南兴起大狱，遂趁机陷害顾炎武，企图夺回田产。他与姜元衡串通，诬指陈济生所辑《忠义录》是顾炎武所作，并说他与黄培暗通声气，秘密反清。这样，顾炎武便无端牵连到黄培诗狱的案子上来。顾炎武在《与人书》中说："无缘奉复，弟旋有意外之事。衅起于章丘，祸成于即墨，遂以三千里外素不识面之人，而请旨逮问。"①事情的真相十分清楚。对这种诬告，顾炎武并无畏怯，他深知如果远身逃走，反而引起嫌疑，因此认为"去矣足自全"②，要他的叔父"暨诸亲长，不必过虑"③，自动到济南投案。他这种明智的行动，其亲友都十分赞佩，如归庄说："闻兄以山左荐绅相仇之事连及……深叹兄之善处忧患。张元节之亡命，虽幸免祸，君子讥之；乃兄自诣狱，不惟举动光明，揆之事理，亦自宜尔。盖两姓交恶而委罪于兄，兄身出则事白，事白则身全。兄之慷慨就狱，乃精于脱祸者也。"④从归庄这段颇为典型的议论里，可以进一步看清顾炎武这次入狱的真相。

顾炎武的这次入狱，由于根本出于陷害，没有任何根据，加上其亲友徐元文、李因笃、朱彝尊等人的营救，所以不出顾炎武所料，很快就将他释放了。因此，某些史家拿这件事作为顾炎武在北方从事所谓秘密抗清活动的证据，无法成立。

---

① 顾炎武：《顾亭林诗文集·蒋山佣残稿》卷2《与原一甥》；张穆：《顾亭林先生年谱》卷2。
② 顾炎武：《顾亭林诗文集·亭林诗集》卷4《赴东六首》。
③ 顾炎武：《顾亭林诗文集·蒋山佣残稿》卷2《上国馨叔》。
④ 归庄：《归庄集》卷5《与顾宁人》。

再次，对顾炎武在《与三侄书》中对陕西关中形势的一段议论，应该怎样理解？

笔者认为，他的前几句话，即"秦人慕经学，重处士，持清议，实与他省不同"，只是一般地谈论陕西学风、政风而已。顾炎武虽然生长江南，但他对南方的学风是颇为不满的，他把南方王学末流的泛滥、门户林立的党社、士大夫的临危变节，视作明代痼疾之一，曾屡加抨击。如谓："江南之士，轻薄奢淫，梁、陈诸帝之遗风也。""群居终日，言不及义，好行小慧，难矣哉，今日南方学者是也。"①"自余所及见，里中二三十年来号为文人者，无不以浮名苟得为务。"②在《与王山史》书中，也说："小儿衍生虽极鲁钝，尚未有南方骄慢习气。"③而他对北方的学风虽然有时亦予批评，但较诸南方，更多的是钦佩与赞扬。上述谓"秦人慕经学、重处士"云云，正是这种随意表述之一，并无特殊政治含义。不应该孤立地抓住这几句话，妄加猜测。

至于后一段话，即"华阴绾毂关、河之口，虽足不出户，而能见天下之人，闻天下之事。一旦有警，入山守险，不过十里之遥；若志在四方，则一出关门，亦有建瓴之便"。笔者认为，这也不过是顾炎武谈论地理形势的一般议论。清初士大夫，他们受明末农民战争及清军入关的刺激，在探讨明代失败教训时，地理形势的得失，成了讨论的中心问题之一。如黄宗羲就曾经专门讨论国都定于南京、北京的利害得失，说明朝"亡之道不一，而建都失算，所以不可救也"④，他认为如果明朝一直都于南京，局势将有所不同。侯朝宗在晚明写了《定鼎说》，清初出版自己的文集时，特将此文收入，鼓吹咸阳一带"山河四塞，崤函重关，后有巴蜀之饶，前有商邱之阻，故兵戎出于不意，可

---

① 顾炎武：《日知录》卷13"南北学者之病"条。
② 顾炎武：《顾亭林诗文集·亭林文集》卷5《吴同初行状》。
③ 顾炎武：《顾亭林诗文集·蒋山佣残稿》卷2《与王山史》。
④ 黄宗羲：《明夷待访录·建都》。

以退安而徐复"。朝宗的友人吹捧此文说："此说作于戊寅,十五年前即已见及迁都矣。"①陆世仪则谓："善治天下者,必使天下之全势了然在目。"②强调把握地理形势的重要。在这种思潮影响下,顾炎武十分重视对地理形势的研究。其所著凡100卷的《肇域志》及120卷的《天下郡国利病书》,写作时都是别有怀抱的。他还专门写了一篇《形势论》纵谈天下形势,探讨历代建都得失。即使在他的一般著作中,剖析地理形势的议论,也是屡见不鲜。

此外,顾炎武所讲关中形势的一段话,非其独创,在前人,几乎成了口头禅。如秦楚相争时,韩信曾对项羽说过："关中阻山带河。四塞之地,地肥饶,可以都霸。"汉初刘邦亦谓："秦地被山带河,四塞为固,卒然有警,百万之众可立具。入关而都之,此搤天下之亢而拊其背也。"③这种议论,简直不胜枚举。即使与顾炎武同时的人,他们言及此地形势,也是如出一辙。如王宏撰谓："关中为天下首,而潼关以临中原,实扼其吭,具建瓴之势。"④显然,顾炎武讲关中形势的一段话,只不过是对历来传统议论的随便复述而已,根本谈不上具有什么特殊政治意义,以顾炎武的这段议论,来说明他旨在把陕西作为反清复明的基地,未免失之牵强。

那么,为什么顾炎武晚年却偏偏定居在陕西呢?

笔者认为,其根本原因是由于陕西是明末农民大起义的发祥地,明末,这里成为各种矛盾的焦点,阶级斗争特别尖锐,经过明末农民革命的洪流洗刷后,这里阶级关系调整的幅度比其他地区要大得多,因此社会秩序比较稳定。这里没有像江南"奏销案"、科场狱那样对士大夫进行经济、政治的严重打击与迫害。而且陕西的物价,又比江南便宜得多。顾炎武在写给其外甥的信中,就曾经说："吾今居关、

---

① 侯朝宗:《壮悔堂文集》卷9《定鼎说》。
② 陆世仪:《陆桴亭文集》卷6。
③ 顾祖禹:《读史方舆纪要》卷53,中华书局1957年版,第2300—2301页。
④ 王弘撰:《砥斋集》卷12。

华,每年日用费约百金,若至吴门,便须五倍。"①此外,陕西是古代先民发迹之地,周丰镐、秦咸阳、唐长安等遗迹均在于斯,清初一些明代遗老,往往跑到这里来低回凭吊,发泄他们缅怀故国的思古幽情。如屈大均就曾经足迹遍陕西,登上雁门关,写下了"雁门北接尝山路,尔去登临胜概多"②的苍凉字句。阎尔梅更浪迹关山,到处吟诗,对"鹦鹉谷荒兰殿夜,麒麟阁毁柞宫秋"③,发出无穷的慨叹。顾炎武更是如此。他与王宏撰等人经常"优游山水间"④,"相与读残碑,含愁吊今古"⑤。正是由于这些原因,再加上他对江南的学风一贯不满,与叶家之仇不共戴天,所以顾炎武对陕西的环境颇为满意。每对亲朋谓:"此中山水绝佳,同志之侣多欲相留避世"⑥,抱定主意,"从今世事无烦问,但掩衡门学种蔬"⑦,在这里著书名山,终其天年了。

最后,本文再来看一看,顾炎武在北方的田产、垦荒,实际情况究竟怎样。

与某些史家所渲染的所谓"广置田产",甚至像梁启超所说顾炎武"每到一地,他认为有注意价值者,便在那里垦田"⑧相反,顾炎武在北方的田产,有文献可考的虽有三处,而稍有影响的,实际上只有山东章丘大桑家庄那一处。⑨此处田产,并非顾炎武特意购置,而是因

---

① 顾炎武:《顾亭林诗文集·亭林文集》卷3《答原一公肃两甥书》。
② 屈大均:《屈翁山诗》卷5。
③ 阎尔梅:《徐州二遗民集》卷7《白耷山人集·关中杂咏》。
④ 王弘撰:《砥斋集》卷8。
⑤ 顾炎武:《顾亭林诗文集·亭林诗集》卷5《与胡处士庭访北齐碑》。
⑥ 顾炎武:《顾亭林诗文集·亭林文集》卷3《与李星来书》。
⑦ 顾炎武:《顾亭林诗文集·亭林诗集》卷2《酬陈生芳绩》。
⑧ 梁启超:《中国近三百年学术史》,第85页。
⑨ 另两处,一在山东汶阳,一在华阴。前者见于《顾亭林诗文集·亭林佚文辑补·与颜修来书》:"汶阳归我,治之四年,始得皆为良田。今将觅主售……为入山读书之计。"后者见于《顾亭林诗文集·亭林文集》卷4《与三侄书》:"新正已移至华下祠堂……吾亦须自买堡中书室一所,水田四五十亩,为饔飧之计。"两处田产,虽无法考其详情,然从亭林语中,显见此两处田产规模既微,犹无特殊动机。

为顾炎武弃家北游时,"尽鬻其产"①,持有大宗现款。后来他将一笔巨款借给章丘商人谢长吉(字世泰),长吉耗尽此资,无以偿还,遂将大桑家庄十顷田产②作为抵押。1668年,顾炎武虽在"黄培诗案"中连带打赢了出于谢长吉诬告的官司,保住了这十顷田产,但从此对这块"是非之地"兴趣索然,每欲抛售转卖,终因"田亏粮羡,至四五十亩"③之多,无人问津,只好将这十顷地挂在其外甥徐元文名下,借其显势,徐图转售。④而章丘县令魏某,则直接给他照管。⑤

至于垦荒,仅有山西雁门之北一处。据顾炎武《与潘次耕书》谓"近则稍贷赀本,于雁门之北,五台之东,应募垦荒"云云,显然可见,此举不过是清初北方极普通的"赴官领荒",试行垦种而已。由于雁北苦寒特甚,在清初落后的生产条件下,收效甚微。顾炎武就曾经感慨地对人说过:"北方开山之利,过于垦荒,畜牧之获,饶于耕耨。使我泽中千牛羊,则江南不足怀也。"⑥尽管他曾经派人到南方去,聘求制造水车、水碾、水磨的技工,以及寻求愿意出资合力共耕者,但都了无结果。后来,由于这里生活条件毕竟太差,顾炎武遂将此事委托他人,不再讨问。

顾炎武所以一度对垦荒兴趣盎然,那是因为他在总结明亡教训基础上所提出的救世药方中,垦荒是其重要主张之一。他认为大乱之后,遍地蒿莱,垦荒胜于屯田,搞得好,可以兵强农足,家自为守,边备稳然。因而认为垦田是"今日之急务"⑦,他自己不愿当官参政,言苦不能急用,志苦不能立行,所以就亲自试验,小试牛刀了。这正是他

---

① 朱彝尊:《静志居诗话》卷22。
② 此数据《顾亭林诗文集·蒋山佣残稿》卷2《与原一甥》。
③ 顾炎武:《顾亭林诗文集·蒋山佣残稿》卷1《答张稷若书》。
④ 同上。
⑤ 同上。
⑥ 顾炎武:《顾亭林诗文集·亭林文集》卷6《与潘次耕》。
⑦ 顾炎武:《顾亭林诗文集·亭林文集》卷6《田功论》。又,《日知录》中亦每见此论。

治学力主"经世致用"的表现。至于他在北方稍微置了点田产，也是不足为奇的。他在南方被迫害得倾家荡产，到北方后，依然生性狷介，高标"食力终全节，依人尚厚颜"①，不愿求助于任何人②，为了应付他庞大的旅行、刻书③等开支，自然要置点田产以事增殖了。直到68岁的暮年，他不是仍然说在华阴买四五十亩水田，是"为饔飧之计"④吗？某些史家既夸大顾炎武在北方置田、垦荒的规模，又臆测其动机是积聚粮糒，为抗清事业"建立经济基础"，这不能认为是实事求是的看法。

二

顾炎武在北方既然没有从事抗清活动，那么，他在北方的25年内，究竟干了些什么呢？笔者认为，根本一点，是辛勤著述，总结明亡教训。如果说，顾炎武北游避祸是一种消极的政治行动的话，从学术方面看，其北游对他一生的学术成就，则具有决定性的积极意义。归庄曾经对他说过一段极为中肯的话："使兄不遇讼，不避仇，不破家，则一江南富人之有文才者耳，岂能身涉万里，名满天下哉。"⑤本文可以断言，顾炎武不到北方去，他在学术方面是不可能取得这样巨大的成就的。

学术活动，是顾炎武在北方生涯中的根本内容。他曾自谓："此二十年间，周游天下，所至名山、巨镇、祠庙、伽蓝之迹，无不寻求。登危峰，探幽壑，扪落石，履荒榛，伐颓垣，畚朽壤，其可读者，必手钞录，得一文为前人所未见者，喜而不寐。"⑥在顾炎武亲友

---

① 顾炎武：《顾亭林诗文集·亭林诗集》卷5《刈禾长白山下》。
② 据吴翔凤《人史》载，甚至连徐乾学兄弟未发迹时借他的钱，他也不愿讨还。
③ 如《日知录》前8卷、《音学五书》等，均系炎武自行刊刻于北方。
④ 顾炎武：《顾亭林诗文集·亭林文集》卷4。
⑤ 归庄：《归庄集》卷5《与顾宁人书》。
⑥ 顾炎武：《顾亭林诗文集·亭林文集》卷2《金石文字记序》。

的诗文中，也可以清楚看到这种类似记载。如潘耒说："顾宁人先生……足迹半天下，所至交其贤豪长者，致其山川风俗，疾苦利病，如指诸掌。……出必载书数簏，自随旅店，少休，披寻搜讨，曾无倦色。有一疑义，反复参考，必归于至当。有一独见，援古证今，必中易其说而后止。"① 程先贞谓："独拥三冬万里书，萧萧旅馆意何如？乡关回首浮云外，此夕镫花是岁除。"② 李因笃曰："道路随绁袱，乾坤到彩毫。丁年无旷日，乙夜有燃膏。"③ 这种记载简直俯拾即是。

顾炎武在北方所交的重要朋友，如万寿祺、任子良、程先贞、张尔岐、徐东痴、马骕、刘孔怀、阎若璩、傅青主、李因笃、王宏撰、李中孚等人，其中除了徐东痴以诗鸣于时，李中孚专攻理学外，其他人均淹贯经史，是清初北方学界的群星。顾炎武与他们相互切磋，使自己耳目一新，扩大了视野，纠正了自己著作中的许多错误。如在山东时，唐任臣、张尔岐对音韵、三礼的研究，给他很大启发。在太原时，阎若璩给他的《日知录》精心订正。④ 而旅行各地的实际考察，与社会生活的广泛接触，更使他大大丰富了感性知识，订补了书本的不足。因此，顾炎武其学与日俱增。他的绝大部分著作，都是撰于北方，如《日知录》、《音学五书》、《山东考古录》、《菰中随笔》、《区言》、《谲觚》等。而像《天下郡国利病书》、《肇域志》等巨著，虽然在北游前已经动笔，但补充修改，成其大端，仍在北游之后。

顾炎武的辛勤著述，绝不是为学术而学术。明末农民大起义的燎原烈火，明朝的覆亡，全面、集中地把明代的腐朽黑暗与各种社会矛盾暴露无遗。阶级斗争造成的社会局势，猛烈地震撼着地主阶级思想界，冲刷着顾炎武的头脑，如何总结明朝的覆亡教训，重新巩

---

① 潘耒：《日知录·原序》。
② 程先贞：《海右陈人集》卷下。
③ 李因笃：《受祺堂诗集》卷6《顾亭林先生二十韵》。
④ 阎若璩：《潜丘札记》卷3《南雷黄氏哀辞》。

固地主阶级统治秩序,成了清初地主阶级思想界的中心问题。顾炎武站在这一思潮的尖端,其学术著作,绝大部分都从不同的角度,围绕着这一点。以他的代表作《日知录》来说,顾炎武自谓"平生之志与业,皆在其中"①,从政治、经济、军事、文化等各方面,详尽地讨论了明代的积弊,并提出了立郡县、行辟举、减租赋、重积粟、垦荒田等一系列政治主张。顾炎武对此书很自负,认为"近二百年来未有此书"②,"自信其书之必传"③,"有王者起,将以见诸行事,以跻斯世于治古之隆"④。

由于历史条件和阶级立场的限制,顾炎武还不可能摆脱"死人抓住活人"⑤的苦恼。他尖锐地批判了腐朽的明王朝,但在此基础上所提出的一系列政治主张,不过是就某些弊政做些修补而已,并没有多少新意。顾炎武的治世药方,大体上是陈旧的,没有越出封建改良主义范畴。但尽管如此,由于他在对明亡教训总结、批判以及提出救世药方的过程中,有力地暴露了封建统治的种种矛盾与罪恶,因此客观上是具有进步意义的。更不用说他在探索中,提出反对科举制、确认人性私利原则等论点,这在思想史上是占有一席地位的。

就阶级实质看来,由于顾炎武的政治主张中调整农民与地主阶级关系,使所谓"贫富相安",让农民永远"聚于乡",安于统治这根线贯串始终,所以他的救世药方,就必然受到清初地主阶级当权派的欢迎,使之具有现实的意义。顾炎武的好友李因笃,曾这样称颂他:"著书何似文中子,下榻兼知太史公。"⑥程先贞则谓:"顾亭林先生,今之大儒……著书之富,汗牛充栋……观其意思,略与郑康成、王文中辈

---

① 顾炎武:《顾亭林诗文集·亭林文集》卷3《与友人论门人书》。
② 顾炎武:《顾亭林诗文集·亭林佚文辑补·与人札》。
③ 顾炎武:《顾亭林诗文集·亭林文集》卷6《与杨雪臣》。
④ 顾炎武:《顾亭林诗文集·亭林文集》卷4《与人书二十五》。
⑤ 马克思:《资本论》卷1,人民出版社1975年版,第11页。
⑥ 沈岱瞻纂:《亭林遗书》附录《同志赠言》。

相仿佛,皆能深造理窟,力追大雅,以斯义为己任者也。"①他自己在《与潘次耕札》中,也意味深长地说:"君子之为学也,非利己而已也,有明道淑人之心,有拨乱反正之事,知天下之事之何以流极而至于此,则思起而有以教之。下敢上援孔孟,且六代之末,犹有一文中子者,读圣人之书,而惓惓以世之不治,民之无聊为亟。没身之后,唐太宗用其言以成贞观之治,而房、杜诸公,皆出于文中子之门。"②显然,他以文中子自诩,做的是理论工作——总结明亡教训,提出救世药方,而政治实践,则由他的学生们去完成。

顾炎武直接、间接的学生很多。他的高足潘耒,康熙十八年(1679)以布衣荐试博学鸿词科,授检讨,予修明史,充会试同考官。当时参加馆选的人,都是起家进士,只有潘耒与朱彝尊、严绳孙、冯勖四人,由布衣入选,可见清政府对他的器重。③他感恩戴德,赞颂此事"为千古旷典"④。在"理学名臣"汤斌巡抚江南时,他曾积极献策,发挥顾炎武在《日知录》中对江南赋税问题的观点,希望汤斌能在施政中参考、实行。⑤顾炎武更重要的学生,是他那三个在清政府中做大官的外甥徐乾学、徐秉义、徐元文。徐乾学康熙九年(1670)中探花,官至刑部尚书,徐秉义康熙十二年(1673)中探花,官至吏部右侍郎,徐元文年纪虽最小,却早在顺治十六年(1659)即中状元,官至文华殿大学士。三兄弟备受清廷宠爱。以徐元文说,他中了一甲第一名后,顺治帝特启奏皇太后,说"今岁得一佳状元",经常"赐乘御马","夜分赐馔"。⑥徐乾学更成了康熙初年文臣中的首脑,连康熙心腹大臣明

---

① 沈岱瞻纂:《亭林遗书》附录《同志赠言》。
② 顾炎武:《顾亭林诗文集·亭林余集·与潘次耕札五首》。
③ 毛奇龄:《制科杂录》卷6。
④ 李因笃:《受祺堂诗集·潘耒序》。
⑤ 潘耒:《遂初堂文集》卷9。
⑥ 李调元:《淡墨录》卷2。

珠之子纳兰性德，亦拜为课师，声势显赫。①徐氏兄弟不仅学问上"得舅氏顾炎武指授"②，而且据《人史》载，他们未发迹时，在经济上也受到顾炎武大力接济。徐氏兄弟，可称是由顾炎武一手培养的。三兄弟做了高官后，许多政治主张都从顾炎武那里搬来。如徐元文在奏疏中论科举，主张妙简遴选，用真正的人才治理天下。③与顾炎武在《生员论》及《日知录》科举条中的议论，大体一样。在他做《明史》馆监修官时，更是"发凡起例，引累朝事实，出炎武酌定者为多"④。康熙十九年（1680），顾炎武在写给徐元文的信中，直接教导他"诚欲正朝廷以正百官，当以激浊扬清以为第一义"⑤。徐乾学尤其如此。例如顾炎武震惊于明末赤地千里，饥民蜂起，终于燃起明末农民大起义的燎原烈火，因此极力主张重视义仓、积粟，"俟青黄不接之际，出粜于民"⑥。后来徐乾学秉承其意，专门写了《论社仓书》，谓"社仓一事，自少时奉先人之论，即誓心力举"⑦。甚至，他直接用顾炎武在北方各地经过实际考察后写成的名文《钱粮论》作对策，并且力倡此论，要巨臣大僚们仔细读一读这篇名文。他在《题舅氏亭林先生〈钱粮论〉后》一文中说："舅氏亭林先生，学博而识精，于天文、河渠、礼乐、兵农、钱谷之故……数往来畿辅、齐鲁、秦晋间，盯衡时事，间有所作，《钱粮论》二篇，至为痛切。仲长统《昌言》，崔实《政论》之俦匹也……某昨岁对策，谓需得公忠强干之臣，权万物之有无，计百姓之赢绌，而为之变通，盖实本于先生之论。呜呼？今日司国计者，不可不三复斯篇也。"⑧

---

① 纳兰性德：《纳兰词》附录徐乾学撰《纳兰君墓志铭》。
② 《昆新两县续修合志》卷24。
③ 徐元文：《含经堂集》卷17《请广太学人材疏》。
④ 《昆新两县续修合志》卷26。
⑤ 顾炎武：《顾亭林诗文集·亭林文集》卷3《与公肃甥书》。
⑥ 顾炎武：《日知录》卷11"银"条。
⑦ 《昆新两县续修合志》卷46。
⑧ 徐乾学：《憺园集》卷36。

顾炎武间接的学生则更多了。他在北方漫游，各地官吏与他颇有往来，甚至听他讲学。如顾炎武在山东德州讲学时，清刑部侍郎李紫澜、河津令李矩亭等，都前往听讲。[1]后来，更出入京师十八次，一度住于内院大学士谢重辉家中，与清朝新贵汪尧峰、施闰章、朱彝尊等论文和诗。他的政治主张，不可能对他们不发生一定影响。他的好友王宏撰曾说过，顾亭林所为《日知录》、《天下郡国利病书》诸书，"朝野倾慕之"[2]。他的学生潘耒在《日知录·原序》中亦说："当代文人才子甚多，然语学问者，必敛衽推顾先生。凡制度、典礼，有不能明者，必质诸先生……天下无贤不肖。"晚些时候，大吏何焯将内容近似《日知录》，对德政、郡县、科举等详加阐述的《菰中随笔》，"视如天球大图，时一省览……南北奔走，未尝不以自随"[3]。赵翼讲顾炎武"其身虽不仕，其言则可用"[4]。这一切都清楚表明，顾炎武在北方所从事的学术活动：总结明代教训，提出救世药方。尽管他至死没有出仕清朝，直接参与政事，但他的一套"救世"理论，通过其学生徐乾学等，对当时的政治实践是起了一定现实作用的。对这种作用，虽不能过分夸大，但也必须予以足够的估计。如果完全无视这一点，就很难深入地对顾炎武做出全面的评述。

看来，在这里，顾炎武也许正扮演了一个"悲剧"角色：他原希望其救世药方，"有王者起，将以见诸行事，以跻斯世于治古之隆"，重现"贞观之治"。但是，不管他喜怨与否，这个"王者"在当时只能落到康熙等人身上。顾炎武所梦寐以求的，不外是重新出现一个堪与汉唐媲美的强盛的汉族地主政权，而随着岁月的消逝，满族落后的生产方式与生活方式不断向先进的汉族生产方式、生活方式看齐，在

---

[1] 吴映奎：《亭林遗书·顾先生年谱》。
[2] 王宏撰：《山志·顾亭林》卷3。
[3] 何焯：《菰中随笔·序》。
[4] 赵翼：《廿二史劄记·序》。

民族同化（而非融合）的道路上日趋发展，满汉地主阶级日渐同流合污，平分天下。尽管一统江山从朱明王朝落到了由满族再建的清王朝手中，但是，从清朝封建政权的阶级实质来看，它与朱明王朝难道有任何区别吗？因此，尽管顾炎武曾经对清王朝心怀不满，企图走着相反的路，但历史不可抗拒地注定了他所走的路，在阶级实质上与清王朝是殊途同归。由阶级斗争形势总和构成的康熙盛世，从封建国家的统一、地主阶级经济和学术文化的发展等各方面来看，比起他所企求的"贞观之治"，都是有过之而无不及的。

三

为什么史学界许多同志在论及顾炎武1657年后的活动时，都很牵强地把他说成是在北方积极从事抗清秘密活动，甚至加以绘声绘影呢？这是值得深思的。

笔者认为，在很大程度上，是由于某些同志不加分析地照搬前人的旧说，没有廓清封建、资产阶级史家，特别是辛亥革命前后资产阶级革命党人蒙加在顾炎武身上的一层历史云雾。

耐人寻味的是，有清一代，顾炎武一直受到人们很高的评价。但是，在各个不同时期，不同政治面貌与不同学派的人，站在不同的立场上，他们评价顾炎武的角度便不一样，结论自然大不相同。在他们的笔下，至多只能看见顾炎武的某一侧面，而且这个侧面基本上也是被模糊、歪曲了的。

在康熙年间，赞扬顾炎武的有三种类型的人。第一种人，是像归庄、傅山、程先贞等明代遗老。他们赞扬的是顾炎武始终不愿出仕清朝，忠于故明的节操，因为这一点，正与他们自己的政治态度相一致，大有"同道"之感。第二种人，是当时汉学的启蒙者。他们赞扬的是顾炎武对经史的淹贯博学，特别是踏实严谨的治学态度，以及

"实事求是"的治学方法。乾嘉时期某些治明史的史学家,对顾炎武忠于故明颇有渲染,此点很值得注意。乾隆执政后,国内的阶级斗争形势,比起以前时期已发生很大变化。满汉地主阶级联合统治的清政权,已经相当强固,故明王朝这具政治僵尸,很难再在人们头脑中作祟。①因此,清朝统治者尽管屡兴文字狱,抑制士子的民族思想,对明代殉节诸臣,却假惺惺地进行褒扬。最突出的例子是,乾隆四十一年(1776),乾隆皇帝亲自"赐谥谕旨",表彰史可法,称颂他"支撑残局,力矢孤忠,终蹈一死以殉",说他是"一代完人",并赐以"忠正公"的谥号。乾隆表彰史可法,并不是抽象地赞扬他的忠勇、壮烈精神,其根本目的在于:要臣子们像史可法忠于明朝那样忠于清朝,严防出贰臣②,借表彰史可法宣扬"满汉一家",消除汉人敌对的民族情绪。在这种特殊政治条件下,作为拒不出仕清朝的明代遗老顾炎武,在一些史家的笔下活跃起来了。这里,全祖望是个典型。全氏继承黄宗羲、万斯同等浙东史学家传统,以一代文献自任,通过对明代史料的搜集与撰述,表彰明清之际的忠义人物,以"诛奸谀于既死,发潜德之幽光"③,抒发他的民族思想与故国之思,为明王朝唱挽歌。为了把这种挽歌唱得更加沉痛有力,打动人心,他往往给那些被表彰的忠义人物,加上主观的猜想与粉饰。例如,他在《亭林先生神道表》中,引用顾炎武《与三侄书》中论陕西关中形势的一段话,即推论顾炎武"其心耿耿未下",因此才在陕西定居,并说他将"东西开垦所入,别贮之以备有事"。④言外之意,似乎顾炎武是一直在从事抗清活动,并以陕西作为抗清基地的。其实,正如本文前面所论述的那样,这并不符合历史的真相。此外,全氏对顾炎武史实,每有误解、曲解

---

① 雍正时期,尚有少数人"伪称朱姓,托于明之后裔……蛊惑愚民"。见《大义觉迷录》卷1。
② 就在表彰史可法的"谕旨"中,乾隆同时猛烈地抨击了钱谦益,说他"丧心无耻"。一褒一贬,双管齐下,其意昭然若揭。
③ 刘光汉:《全祖望传》,《国粹学报》1905年第11期。
④ 全祖望:《鲒埼亭集》卷12《亭林先生神道表》。

之处。例如，顾炎武系于康熙二十一年（1682）因骑马失足坠地，病死于山西曲沃的①，他却说成"卒于华阴"②，连这种常识问题都没有搞清楚。

辛亥革命时期，资产阶级革命党人对顾炎武的评价，则又具有其特异之点，他们把全祖望的某些论点发挥了一通，走得更远。

革命党人，他们在从事以反满作口号的资产阶级民族民主运动时，诚如马克思所指出的那样，"他们战战兢兢地请出亡灵来给他们以帮助，借用他们的名字、战斗口号和衣服，以便穿着这种久受崇敬的服装，用这种借来的语言，演出世界历史的新场面"③。他们表彰历史上那些曾经反对过外族统治，或者具有一定民族气节，不愿与清朝统治者合作的人物，作为反满斗争的宣传工具。例如，1903年，刘师培特地根据传抄本《亭林诗集》，选出《羌胡引》、《井中心史歌》，广加介绍，说"此篇……目的全在排满，不减船山黄书"。同年，《湖北学生界》将顾炎武的上述两首诗，与岳飞、文天祥的《满江红》、《正气歌》等爱国诗词并列，从而把顾炎武的历史地位，提高到一个空前的高度。

考茨基曾经写道："实际政治家在从事著作历史的时候虽然从许多方面说都比之纯粹书本的学者占优势，但这种优势却往往为实际政治家所易于接受的引诱所抵消。实际政治家的历史作品比别的考察家所较容易陷入的危险尤以下列两种为著：第一，他们也许会企图完全依照现在的模样以铸造'已往'；第二，他们也许会力求依照他们的目前的政策的需要以观察'已往'。"④辛亥革命时期资产阶级革命党人，正是为了反满活动的需要去"观察已往"，按照他们自己的"模样"去

---

① 张穆：《顾亭林先生年谱》卷4。
② 全祖望：《鲒埼亭集》卷12。
③ 马克思：《路易·波拿巴的雾月十八日》，人民出版社1962年版，第1页。
④ 考茨基：《基督教之基础》，三联书店1955年版，第12页。

重新"铸造"古人的。典型的例子是,革命党人、诗人高天梅,为了"激发民气",特地伪造了很多首石达开的诗,让他唱出某些只有辛亥革命党人才能唱出的高调。①又如 1908 年日本东京出版的《云南杂志》增刊《滇粹》中,云南籍的革命党人,写了一篇《晋王李定国列传》,却假托是明代遗老刘如冰之子刘彬所作,并将本是陕西延安人的李定国,故意改成是"云南贫家子",并一改明代人的说话口吻,让李定国、孙可望说出与辛亥时期革命党人一样声调的话来:"中国沦陷外寇,则当严华夷之界,以中国为重"②。

在资产阶级革命党人这种对待历史人物的特定思潮下面,顾炎武的历史事迹,也大大被粉饰了。如 1907 年,邓秋枚在介绍顾炎武与其友王宏撰时,引了顾炎武论关中形势的话发挥道:"然则二先生之避地卜居,读书耕田,岂遂以烟岚草木终其身乎?固未尝不欲蓄其所为,待时而动。"③这种史论思潮,即使在辛亥革命后,仍流波不息。后来章太炎在《书顾亭林轶事》一文中,又进一步发挥邓秋枚等人之说,谓:"始明时票号规划不善,亭林与青主更立新创,天下信从,以是饶于财用。清一代票号制度,皆亭林、青主所创也……至其行迹所至,舆马辎重,焜燿道上,而终无寇盗之害,世传先生始创会党规模,盖亦实事。"④其实,毫无根据。关于山西票号,史学界已有人做了深入的研究,证明绝非顾炎武所创,我们无须再在这里论辩了。至于说会党是顾炎武所创,更不能成立。且不用说,会党这种秘密组织,乃是封建社会中长时期社会矛盾运动形成的下层群众自发性组织,起源甚早,把这种组织说成是由顾炎武一人一手所创,理论上首先就站不住脚。而且,章太炎的立论根据,即顾炎武"行迹所至……终无寇

---

① 罗尔纲:《石达开假诗考》,《太平天国史料辨伪集》,三联书店 1955 年版,第 134 页。
② 易问耕:《有关李定国史料札记》,《学术研究》1962 年第 11 期。
③ 《华国》第 1 卷第 6 期。
④ 章太炎:《太炎文录外编·书顾亭林轶事》。

盗之害"，也是不符合事实的。例如，顾炎武在《与原一公肃两甥》书中，就曾经写道："久滞山右，因有装囊为人所窃。"①在《旅中》一诗中亦谓"釜遭行路夺，席与舍儿争"②，根本没有所谓"会党"在暗中保护他。

  总之，有清一代不同时期的不同人物，他们对顾炎武的不同评价以及某些粉饰虚构，反映了他们所处的那个时代的特点与需要。这种粉饰虚构的结果，一方面，在辛亥革命那样特定的历史条件下，由于"使死人复生是为了赞美新的斗争，而不是为了勉强模仿旧的斗争；是为了提高想象中的某一任务的意义，而不是为回避在现实中解决这个任务；是为了再度找到革命的精神，而不是为了让革命的幽灵重新游荡起来"③，因此，使顾炎武在资产阶级民主革命时期所充当的正面历史教员的形象，更加有力动人。本文对这种客观的历史作用应予肯定。但是，另一方面，也给人们带来了不少错觉，以为这就是顾炎武的全部固有面貌，从而模糊了一部分历史的真实。史学的灵魂是实事求是。本文不应当再不加分析地照搬前人的旧说，从而继续曲解顾炎武1657年后在北方活动的真相。对他们的史论，对其关于历史人物的评述，同样必须予以批判地继承。

        1962年冬初稿于复旦大学第六教工宿舍
        1964年春定稿于上海
        1977年冬改定
        （原载《中国史研究》1989年第4期）

---

① 顾炎武：《顾亭林诗文集·蒋山佣残稿》卷3《与原一公肃两甥书》。
② 顾炎武：《顾亭林诗文集·亭林诗集》卷2《旅中》。
③ 马克思：《路易·波拿巴的雾月十八日》，第3页。

附识：

我这大半辈子，写过不少文章。也许本文最值得纪念。1963年复旦大学校庆时，我曾将本文提出讨论。后经增改，作为研究生毕业论文。导师陈守实教授是位严师，审阅本文后，批了意见，但总的来说，是高度肯定的，谓"中权颇结实，大胜时下一般论客"。复旦历史系办公室曾按规定，将本文的提纲寄给各大学历史系，以及中国科学院哲学社会科学部历史研究所，请他们提出意见。不久，山东大学、南开大学、内蒙古大学、上海师范学院、华东师范大学、历史研究所等单位陆续将意见寄来，肯定与否定的，几乎各占一半。其中，黄云眉教授是研究明史的老前辈，他是肯定本文的，这对我来说，是一个鼓舞。1964年4月，在研究生论文答辩会上（主席是周予同教授），对待本文，也明显地出现分歧。教秦汉史的讲师赵人龙先生，认为我的文章"文不对题"，"只完成了三分之一"。当然，与会的专家，不会把他的意见当作一件大事，投票结果，我的这篇论文通过了，事实上也就宣告了我研究生学习生活的结束。使我难以忘怀的是，著名思想史专家蔡尚思教授，听说我的这篇文章竟然引起不小的争论，特地向系里要去论文打印稿，看后，专门约我到其府上长谈了一次，高度评价本文，并说拟推荐至《复旦学报》发表（尚思师此时任《复旦学报》主编）。但不久，就是"四清""文化大革命"，本文不但未能发表，经过"文化大革命"的浩劫，我研究顾炎武的论文（除本文外，还有已定稿的《〈日知录〉剖析》）、资料，皆荡然无存。1977年春天，我平反后，又重新走上教学、研究岗位，非常感谢当时的复旦历史系资料室负责人王明根学长，他从资料室的旧纸堆里，找出了这篇论文的打印稿。我清楚地记得，那天是11月21日。灯下重读旧作，物是人非，不胜感慨。在论文的封里，我提笔写道："十年旧梦似云烟，灯下重读劫后灰。早悟亭林北游去，倒掩柴门款双扉。"后来，我稍作修改，并承蒙我的学生包国芳女士誊清一遍。直到1979年冬，此文才得以问世。从写初稿到发表，整整隔了17年，真是人生几何！文章发表后，谭其骧教授、王毓铨教授，都肯定此文的学术价值。谭师还特地从上海给我来信。以后，我陆续读到了国内、海外有关本文的意见。国内某先生的评论，除了卖老外，不值一哂。台湾古伟瀛先生在《顾炎武政治思想研究之回顾》(《史学评论》1985年第9期)及香港何冠彪先生在《论明遗民子弟之出仕》(《明末清初学术思想研究》，台湾学生书局1991年版)对本文所作万寿祺思想诠释时一则史料的误释，有很中肯的批评。这是应当感谢他们的。此次再发表此文时，我做了一些修改，也包括对上述史料的订正。岁月悠悠，回首本文草成至今，30年逝去矣！守实师在镇江的长眠之所，墓木已拱，白杨萧萧，作为一代历史地理学泰斗的其骧师，去年也不幸巨星陨落。就连当年投票反对通过本文的赵人龙先生，也已归去道山多年了。而我自己，由当年的风华正茂的满头乌丝，而变为两鬓如霜，垂垂老矣。抚今追昔，喟然久之。

1993年3月30日下午于京西八角村

明末农战史杂识（1978）

一、释"毛兵"

崇祯初年，农民起义军每与凶恶的敌手——"毛兵"交战。何谓"毛兵"？明清之际某些史家语焉不详，读之遂使人如坠云雾。如吴伟业载谓："刘应遇提毛兵入汉，合川将吴国辅兵击贼于略阳，十战皆捷。"①"紫金梁众十余万，以秦兵、豫兵、毛兵尽聚泽潞东南，乘虚突犯东北，从沁州武县以陷辽州。"②谈迁的记载，大体与吴伟业同，亦失之太略："陈尧道（即紫金梁）③等以秦兵、豫兵、毛兵尽集泽潞东南，遂乘虚掠东北。"④"川兵溃于林县，毛兵杀伤甚众。"⑤如此等等。读了这些记载，我们不可能知道"毛兵"究竟为何物。如望文生义，很容易把"毛兵"错误地理解为是姓毛的将领统率的一支明军，或把"毛"当成是某地名的简称。其实，"毛兵"是明朝地主阶级武装中一支特种兵，考其来源，可谓久矣。

清初史家戴笠、吴芟对"毛兵"的记载较为具体："（崇祯五年，九月）癸亥，贼数千掠新乡三四日。癸亥，磁州道祝万龄以毛葫芦兵

---

① 吴伟业：《绥寇纪略》卷1《渑池渡》。
② 同上。
③ 紫金梁是王自用的绰号。谈迁记到陈尧道名下，误。
④ 谈迁：《国榷》卷92"思宗崇祯五年壬申至六年癸酉"条。
⑤ 同上。

八百人至，贼走陵川。毛葫芦，矿徒也。其头目称脑角。又有盐兵、盐徒也，皆临时招募者。中多亡命，难御敢死，宜于搜山。"① 于此可知，原来"毛兵"就是"毛葫芦兵"的简称，它的基本成分是矿徒。但是，这种兵为什么叫"毛葫芦兵"？名称奇特，仍令人费解。明中叶丘浚曾指出："今唐、邓山居者，以毒药渍矢以射兽，应弦而倒，谓之毛葫芦。"② 按照这种解释，"毛葫芦"是唐、邓一带深山中的猎户，在明中叶还没有成为一支武装力量——"毛葫芦兵"。但检诸史籍，"毛葫芦"在元朝末年，已经形成"毛葫芦军"。《元史》载：元顺帝至正五年（1345），"会盗起河南……募民为兵，出库所藏银为大钱，射而中的者赏之，由是人皆为精兵。金、商义兵为兽皮为矢房如瓠，号毛葫芦军，甚精锐。列其功以闻，赐敕书褒奖之，由是其军遂盛。而国家获其用"③。又，元顺帝至正十四年（1354），安丰、正阳的农民军"围庐州……立南阳、邓州等处毛葫芦义兵万户府，募土人为军，免其差役，令防城自效。因其乡人自相团结，号毛葫芦，故以名之"④。这就很清楚了，"毛葫芦军"名称的由来，是因为金、商等地深山中猎户的箭袋用兽皮制成，看上去毛茸茸的，故名。当元末农民大起义的烈火熊熊燃起之际，元王朝将这些人编为地方武装，形同团练，成了地主阶级镇压农民起义的工具。

随着元王朝的灭亡，"毛葫芦军"土崩瓦解。但是，它并没有灰飞烟灭，逐渐在新的历史条件下，演变成游民无产者的武装集团，活跃在深山老矿之中。明代王士性载谓："内召、庐氏之间，多有矿徒。长枪大矢，裹足缠头，专以凿山为业，杀人为生，号毛葫芦。其人千百为群，以角脑束之（角脑即头目之谓也）。其开采在深山大谷之中，人迹

---

① 戴笠、吴殳：《怀陵流寇始终录》卷5。
② 丘浚：《大学衍义补》。
③ 《元史》卷139《朵尔直班传》。
④ 《元史》卷43《顺帝六》。又，参见顾炎武《日知录》卷9。

不到，即今之官采，亦不敢及；今所采者，咸近市井道路处也。"①拿这条史料与《怀陵流寇始终录》卷5对照读来，可以知道，这批武装矿徒，直至明末崇祯初年，仍很活跃。他们十分强悍，颇有战斗力，但没有明确的政治目标。说他们"杀人为生"，杀的谁？史无明载，但未必就不殃及平民。这伙人有盲目的破坏性是毫无疑义的。毛泽东同志在《中国社会各阶级的分析》中论及近代游民无产者时指出："他们是人类生活中最不安定者。""处置这一批人，是中国的困难的问题之一。这一批人很能勇敢奋斗，但有破坏性，如引导得法，可以变成一种革命力量。"在明末，当然还不可能有能够正确引导这批武装游民的先进阶级。其结果，他们跟其祖先在元朝末年为统治者效死卖命一样，被明朝地主阶级拉拢过去，编成一支特种武装——"毛葫芦兵"，成了明王朝的鹰犬，农民军的死敌。崇祯二年（1629），"毛葫芦兵"即积极参与了镇压农民军的罪恶勾当。农民军也确实吃过这支反动武装的亏，往往见之避去。但不久，一些农民军的领袖决心拔掉这只狗牙。崇祯六年（1633），农民军首领柘仙灵、李自成、刘国能、张献忠等，集中九营人马，"自武安南下，围毛葫芦兵四百于河沟村，尽杀之"②，给"毛葫芦兵"以沉重打击。次年四月，农民军在武安又将"毛葫芦兵"打得落花流水，消灭了182人。③后来，这只明王朝豢养的恶狗——"毛葫芦兵"，便寿终正寝了。

二、"边调曲儿"辨

新中国成立后，在一些文史著述中，都引用了清初艾纳（亦作衲）居士编《豆棚闲话》中的"边调曲儿"。20世纪60年代，有的著述依据这支小曲第一句是"老天爷"，便干脆将此曲改名为"老天爷"。

---

① 王士性：《豫志》。
② 戴笠、吴殳：《怀陵流寇始终录》卷6。
③ 谈迁：《国榷》卷93"思宗崇祯七年甲戌"条。

在50年代，对这支小曲感兴趣的是民间文学工作者，视此小曲为民谣，而至60年代，某些史学工作者，将此曲引进农民战争史领域，以之作为论证明末农民革命思想的重要资料。在"四人帮"独霸文坛，大搞影射史学之际，这首所谓的"老天爷"，突然顶上射出万道光芒，使人头晕目眩起来。有的说这是明末农民军反孔的铁证，有的说这是革命农民批判天命论的唯物主义思想的表现。如此等等，不一而足。直至"四人帮"覆灭后，仍有同志著文盛誉此曲反映了农民所谓"塌天改世"的"哲学思想"。这不禁使人想起明人王磐所作《朝天子·咏喇叭》中的两句："曲儿小，腔儿大！"

"边调曲儿"果真是如此灿烂的农民歌谣吗？否。

让本文首先从艾纳居士的《豆棚闲话》本身说起。此书最流行的本子，是施蛰存在20世纪30年代主编的《中国文学珍本丛书》本[1]，以及清末的石印本。笔者所见到的最早的本子，是北京图书馆藏乾隆六十年（1795）三德堂的刊本，首有"天空啸鹤漫题"。其次是嘉庆三年（1798）宝宁堂刊本，删去了"天空啸鹤"的序言。上述两种本子，均在"圣水艾衲居士原本"之后，署有"吴门百懒道人重订"。但是，至《中国文学珍本丛书》据以排印的"瀚海楼"本，"吴门百懒道人重订"，改成了"鸳湖紫髯狂客评"。是否还有更早的版本？待考。关于作者艾纳居士的生平，遍考而不可得。从"天空啸鹤"的序文以及文中和书末的评论看来，作者是个失意的塾师，落拓不羁，举止佯狂，是明、清时间常见的江南才子型的人物。他是哪里人？不能确知。圣水，在今河北正定、山西绛县、安徽寿县等处[2]，都有这种地名，也许艾纳居士的祖籍，是上述地区中的某处。艾纳，香名，据说"出西域，似细艾。又松附皮上绿衣亦名艾纳，以之和合诸香焚之，能聚其

---

[1] 艾纳居士：《豆棚闲话》，《中国文学珍本丛书》第一辑第十三种，上海杂志公司1935年初版。
[2] 《嘉庆重修一统志》卷27、卷55；《绛县志》卷12；《寿春县志》卷1。

烟，青白不散。亦奸人假以为仙者，皆以二物给人"①。清代江南文人，每每用艾纳作别号或室名，如华亭王九龄的书室称"艾纳山房"，丹徒张九征的书室称"艾纳亭"，无非是高标出俗，故弄玄虚。从《豆棚闲话》的第 10 则故事"虎丘山贾清客联盟"看来，作者对苏州的世俗人情是那样了如指掌，行文中每用苏、常一带的土白"那亨"（即"怎么？""做啥？"之意）、"勿是"（即"不是"）等看来，更可证艾纳居士是苏、常一带的人。其人生卒年不可考，从全书行文看来，当为康、乾之际的人。至于吴门，即今江苏吴县的别称，"百懒道人"，不知谁何，鸳湖，即今嘉兴的别称，盖从鸳鸯湖而来②，清代康熙五十五年（1716），即在嘉兴城内建有鸳湖书院③，足可资证。但"紫髯狂客"是谁？失考。

《豆棚闲话》编有故事 12 则，从介子推说到清初，有的是历史故事的铺陈，有的是耳食余闻的恣情扩大，有的是信口开河，纯属杜撰。从内容看，颇为芜杂，荒诞不经语，随处可见，对于明末农民大起义，更是百般诋毁，语极刻毒。明乎此，就让我们来看一看"边调曲儿"究竟是什么货色吧。为了使读者便于看清这支曲子的来龙去脉，有必要将此曲的前后文，一并引述如下：

> 如今豆棚下，连日说的，都是太平无事的闲话，却见世界承平久了，那些后生小子，却不晓得乱离兵火之苦，今日还请前日说书的老者来，要他将当日受那乱离苦楚，从头说一遍，也令这些后生小子手里练习些技艺……万一时年不熟，转到荒乱时，也还有些巴拦，有些担架。众人道："有理有理，我们就去请那老者。"……老者道："若说起当初光

---

① 郎瑛：《七修类稿》。
② 《嘉兴府志》卷 12。
③ 《大清一统志》卷 102。

景,你们却吓杀也!……换了崇祯皇帝,他的命运越发比天启更低……兼之赋性悭啬,就有那不谙世务的科官,只图逢迎上意,奏了一本,把天下驿递夫马钱粮,尽行裁革,使那些游手无赖之徒,绝了衣食,俱结党成群,为起盗来。……国运将促,用了一个袁崇焕,命他经略辽东,先在朝廷前夸口……后来收局不来,定计先把东江毛帅杀了,留下千余原往陕西去买马的兵丁,闻得杀了主帅之信,无所依归,就在中途变乱起来;四下饥民,云从雾集,成了莫大之势,或东或西,没有定止,叫名流贼。在先也还有几个头脑,假仁仗义,骗着愚民;后来所到之处,势如破竹,关中山右,地土辽阔,各府州县,既无兵马防守,又无山险可据,失了城池村镇,抢了牛马头畜,不论情轻情重,朝廷发下厂卫,缇骑捉去,就按律拟了重辟,决不待时。那些守土之官,权衡利害,不得不从了流贼,做个头目,快活几时。即使有那官兵到来,干得甚事?那时偶然路上行走,却听得一人倡(唱)着一只边调曲儿,也就晓得天下万民嗟怨,如毁如焚,恨不得就要天翻地覆,方遂那百姓的心愿哩!他歌道:'老天爷,你年纪大,耳又聋来眼又花。你看不见人,听不见话。杀人放火的享着荣华,吃素看经的活活饿杀。老天爷,你不会做天,你塌了罢!老天爷,你不会做天,你塌了罢!'"①

细读全文,不难看出:(1)艾纳居士在这则故事中,明明借说故事的"老者"之口,编造了"那时偶然路上行走,却听得一人唱着一支边调曲儿"的情节,岂能信以为真,将此"人"唱的这支"边调曲儿",当作可靠的史料引用?(2)艾纳居士在行文中,明明是敌视农

---

① 艾纳居士:《豆棚闲话》卷11。

民军的，对那些"从了流贼（作者对"流贼"来源的说法，无异痴人说梦，姑且不论），做个头目，快活几时"的"守土之官"，感到不胜愤愤然，这是理解"边调曲儿"的前提。(3)因此，"杀人放火的享着荣华，吃素看经的活活饿杀"，绝不是对封建统治阶级的批判，为农民鸣不平（事实上，农民终日劳苦，有几个在"吃素看经"？倒是地主阶级强盗装正经，一面吮吸农民膏髓，一面"吃素看经"），恰恰相反，这是对"杀人放火"，亦即运用革命暴力捣毁地主阶级天堂的农民军的诅咒，为被农民军踩在脚下的那些假仁假义的地主阶级喊冤叫屈。试想，如果把"边调曲儿"视为明末农民的革命歌谣，那么，"杀人放火的享着荣华"这一句，岂不是成了农民军自己骂自己？因此，"边调曲儿"不但不是明末农民的所谓革命歌谣，而是一首攻击、咒骂明末农民革命风暴的小曲。

也许有人会责难说，这支曲子高唱："老天爷，你不会做天，你塌了罢！"如此骂天，除了革命农民，又有谁敢？答曰，不见得。是的，在中国封建社会中，自汉代董仲舒大肆鼓吹"天人合一"、君权神授以后，历代皇帝都以天的化身、天的意志的执行者自居。但是，在中国封建社会中，始终没有形成统一的宗教，或儒、佛、道三家合流，或三家尊其一。虽然儒学势力最大，支配的时间最久，但孔子毕竟没有成为通天教主，封建地主阶级的政权，更是政、教分离的。因此，在老百姓的心目中，至高无上、神圣不可侵犯的君权，与虚无、遥远的苍天，毕竟还没有完全画上等号。这一点，反映在每一个封建王朝的末朝，随着社会矛盾的尖锐化，一些在野的愤世嫉俗的地主阶级文人，在捶胸顿足之余，常常骂天骂地，以泄心中块垒。元曲中不乏这样的作品。明末文人的诗文中，也不难找到这样的实例。如，崇祯年间杭州文人周清原（别署济川子）在其所著平话小说中，就赤裸裸地骂道："苍天眼瞎！"①但通观全书，正如阿英所说："此书写作，其主

---

① 周清原：《西湖二集》卷1"吴越王再世索江山"。

要目的，在攻击当时政治的窳败，发泄自己不遇的悲愤，扩大封建道德影响，如斯而已。"[1]显然，我们不会因为周清原骂了老天爷，就在他的思想上冠以革命二字，甚至给他戴上"哲学"博士的高帽，如果再据此誉为农民的革命思想，就更属荒谬绝伦了。

那么，"边调曲儿"，又是谁作的呢？笔者认为，正是艾纳道人自己。《豆棚闲话》书末的"总评"中，有谓："艾纳道人，胸藏万卷……下笔不休，拈义即透，凡诗集、传奇，剞劂而脍炙天下者，亦无数矣。"可见此公是长于写诗的，就此书中的若干诗看来，也确实证明他是颇有诗才的。但是，就"边调曲儿"而言，也算不得什么惊天动地之作。实际上，正是艾纳道人将元人著名杂剧《感天动地窦娥冤》中的一支曲子，改头换面写成的。现将此曲抄录如下：

[滚绣球]有日月朝暮悬，有鬼神掌著生死权，天地也，只合把清浊分辨，可怎生糊突了盗跖颜渊：为善的受贫穷更命短，造恶的享富贵又寿延。天地也，做得个怕硬欺软，却原来也这般顺水推船。地也，你不分好歹何为地！天也，你错勘贤愚枉做天！哎，只落得两泪涟涟。[2]

笔者认为，只要将"滚绣球"和"边调曲儿"稍作比较，是不难看清两者之间的传承关系的。

三、"拟桃源"解

清初史家黄宗羲在《王义士传》一文中写道：

---

[1] 阿英：《小说闲谈》，古典文学出版社1958年版。
[2] 顾学颉选注：《元人杂剧选》，人民文学出版社1978年版。

  温州有徐氏者,丙戌间约其徒侣数十人……跻雁山之顶,架屋数十,塞断道路,以拟桃源。去今三十余年,无人知其生死如何也。夫桃源亦渊明之寓言耳,今武陵之桃源,无人不可到,而云渔人复往,迷不得路,岂其秘于昔而显于今与?其说既穷,则以黄道真实渔人,与刘、阮无异,非人间世所有;是徐氏之拟桃源,亦误也。①

  这里,黄宗羲对陶渊明笔下"桃源"的诠释,以及温州徐氏之举的理解,都是不妥的。此点,拟放到本文最后部分讨论。需要指出的是,黄宗羲的这段记载,很有史料价值,它触及原始社会氏族公社残余的微光在明末农民战争中的闪现问题,值得探讨。

  恩格斯在《反杜林论》第二编第一节论及"氏族公社或农村公社"时指出:"所有开化的人民都带着这种公有制或者带着它的非常显著的残余而进入于历史中。"世界各国的历史表明,氏族公社是人类的必经阶段,它的残余,长留在阶级社会中,直到商品关系的高度发展足以促使它消灭为止。

  氏族公社的残余,在漫长的中国封建社会中,有什么表现呢?已故史学家陈守实教授生前在研究汉末、北魏隋唐的历史时曾指出,当游牧族入侵或其他大规模军事行动暴发后,中原地区的社会秩序发生极度的震荡,生产力水平严重下降,在植根于自然经济机体上的封建社会内部,往往出现了回复到氏族公社历史旧型上去的,共同生产、共同消费的共同体。按其类别,可分为"桃花源"式的道家和伦理主义的儒家两种。它们的寿命虽然是短暂的,但对中国封建社会有种种影响,显示了氏族公社残余在阶级社会中持久的生命力。

  陈守实先生的见解,对笔者很有启示。考察一下明清之际的历

---

① 黄宗羲:《吾悔集》卷4《王义士传》。

史，笔者不难发现，在明末农民战争中，同样可以清楚地看出氏族公社残余的某些历史痕迹。

明末，各地有大量的山寨、堡坞。在北方、西北边境地区，为了抵御游牧族的侵扰，从明初特别是明代中叶起，筑堡御敌，聚坞而守，十分普遍。至天启、崇祯间，农民大起义的烈火，顿成燎原之势，各种山寨、堡坞，更如雨后春笋般涌现。其中，除了在北方边境地区，有一部分是原有堡坞的继续使用或改建、扩建外，绝大部分都是在不同地区的特定阶级斗争形势下新构筑起来的。按照阶级分野，一种是由地主阶级修建抵御农民军进攻的，一种是由农民军修建为了更好地进攻地主阶级的。① 按其历史旧型的形态来划分，同样如陈守实先生所言，可分为儒家式、道家式两种。

想详尽地揭开这两种共同体的内幕，让人们一览无余，显然是颇为困难的。有关的历史记载太少了。但是，透过某些史料的蛛丝马迹，仍然可以窥知其中的一些信息。

明末高斗枢记载郧阳一带山寨情形谓：

> 若郧之六属，房县、竹山、竹溪、上津、郧西、保康，并城廓俱已平夷，城址俱一片蓬蒿。居民仅存者，俱觅山之高而上有平岗者，结寨以居。大县可三十寨，小县不过十余寨。寨之大者可二百人，小者不满百人，各垦寨下之田以自给。县令至者，亦居寨上。征输久停，民贫无讼，胥役尽逃，令与民大率并耕而食，不复能至郡参谒矣。②

这些山寨出现的最重要的条件，是在战火纷飞之际，物质生产极端贫乏，社会生机几乎中断。在郧阳地区，"城址俱一片蓬蒿"，乡

---

① 参见戴笠、吴芟：《怀陵流寇始终录》卷5载"不沾泥在西川立十七哨、六十四寨"。
② 高斗枢：《守郧纪略》。

间呢？也是"残破略尽……蓬颗千里",偌大的郧阳府治,"户口不盈四千"。①为了活下去,有些人结伴上山,"结寨以居",过着共同耕作、共同消费的生活。即使是官吏,也与百姓"并耕而食",既无争讼,也无赋税。"羲皇上人"式的自然主义,主宰着这个特殊小天地里的一切。这不正是魏晋时期那种弥漫着氏族公社残余气息的"桃花源"式道家共同体在明末的再版吗？

在明清之际这一类的共同体中,道德观念也必然随着这一特定的生活条件而变化。所谓返璞归真,公共的道德观念大为上升。在当时蕲黄一带的某些山寨中,据近人王葆心氏研究,"有各尽所务之道德……有严检病疫以保安宁之法,凡染疫之人,例弃野外,如英山傅为相之母,居朝阳寨,病疫,即移出寨外,是其例也"②。显然,在这种共同体中,封建的伦理观念受到了冲击。

另一类儒家式的共同体,它的显著特征,是血缘色彩极为浓重,聚族而徙,生活在形势险要又有可耕之地的深山里。在李自成、张献忠等农民起义军铁拳的打击下,一些地主阶级知识分子,往往率族择地,建立这样的共同体。容城明清之际著名的理学家孙奇逢就是其中的一个。崇祯十七年(1644),当李自成军"渐逼都城"之际,他"携家入五峰山,结茅双峰,亲识从者数百家……子孙耕稼自给,箪瓢屡空,怡然自适"③。在江西宁都城西的翠微峰,彭氏也建立过这样的共同体。颇有文名的魏禧,后亦参与其事。魏禧在《翠微峰记》中载谓：

> 翠微峰……四面削起百十余丈,西面金精者(按：乃宁都西十二峰的总名)苍翠袤延如列屏,东西城大赤如赭,中径圻,自山根至绝顶,若斧劈然。……甲中国变,予采山而

---

① 黄宗羲：《南雷文集》卷7。
② 王葆心：《蕲黄四十八寨纪事》卷1。
③ 汤斌：《汤潜庵集》卷下。

隐，闻邑人彭氏因坼凿磴架阁道，于山之中干，辟平地作屋，其后诸子讲易，盖所谓"易堂"者也。予同伯兄季弟大资其修凿费，丙戌春，奉父母居之，因渐致远近之贤者。①

在《桃花源图跋》中，魏禧更进一步记载这个共同体内部的情形说：

　　翠微山……四面峭立，中开一坼，坼有洞如瓮口，伸头而登，凡百十余丈，及其顶，则树竹十万株，蔬圃亭舍、鸡犬池阁如村落。山中人多著野服、草鞋相迎，向先生（按：指来访的桐城文人方密之）笑谓予曰：即此何减桃花源也！②

儒家式的共同体，和其他所有地主阶级建立的堡坞、山寨一样，是敌视农民军的。其中一部分拥有武装，且耕且守。但是，在农民大起义急风暴雨的荡涤下，有些共同体也不能不发生变化。如：史载"李自成跨有荆襄承德，汉黄以上与应随接壤者，坞壁之人，多与贼通而输之粮"③。

崇祯十三年（1640），"时李自成养兵襄城，躏郧城而东，坞壁响应"④。崇祯十六年（1643），孝感白云山上的"白莲寨，寨中人数通贼以内应"⑤。而那些"桃花源"式的道家自然主义共同体，由于政治上大多不是地主、官吏控制的，在农民军兵临坞下时，两者很容易打成一片。可惜限于资料，本文还难以描述他们在一定条件下迅速交融的情景。

当然，这种共同体，不管是儒家式的还是道家式的，都不可能长

---

① 魏禧：《魏叔子文集》卷16《翠微峰记》。
② 魏禧：《魏叔子文集》卷12《桃花源图跋》。
③ 吴伟业：《绥寇纪略》卷11《九江哀》。
④ 吴伟业：《绥寇纪略》补遗下《附纪》。
⑤ 王葆心：《蕲黄四十八寨纪事》卷4。

久地享其天年。"夕阳无限好,只是近黄昏。"它游离于封建统治关系之外,倒退到公社式集体阶段的现象,毕竟是也只能是暂时的现象。一方面,随着时间的流逝,这个毕竟不是真空的,被世俗封建社会汪洋大海包围的孤岛,必然发生变化,变化的速度,必然与生产发展的速度等同。生产余额的一旦出现,终究要导致共同体变质。所谓"夫家有贫富,地有广狭,丁有众寡。今富者有堂寝,擅场围蔬园于堡内,而贫者不足以容身;地广者衢巷星散,而狭者毛萃不获"。①虽然这是记载的明中叶西北边境地区某些堡坞内部贫富分化日益加剧的情形,但对我们了解明末某些共同体的崩溃,仍然是有启示的。另一方面,也是更重要的一方面,随着农民大起义的失败,清王朝重建了统一的地主阶级政权,大规模敌对的军事行动消失,这种共同体也就失去了存在的社会条件,很快瓦解。"圣代无隐者,英灵尽来归"这两句诗,可以用来形象地概括某些山寨、堡坞自动离析的过程。当然,不言而喻,统一的封建政权,更是决不允许这类世外桃源继续存在下去的。清初汤斌在《翰林院侍读愚山施公墓志铭》中,曾记载了这样一件事:"吉水有巨室,依险自堡,邑令乘间执之,以叛闻,公察其伪,谕令输租而遣之。"②这正是清政府运用政治权力迫使某些共同体解体的明证。

  历史的进程是辩证发展的过程。明清之际氏族公社残余的回光返照,其出现的重要前提,是由于农民战争的爆发,但它一旦出现,就不能不通过各种渠道,给农民战争本身带来影响。农民军与氏族公社残余共同体的交往,以及从这类共同体中投奔农民军者对共同生产、共同消费的宣扬,都必然把共同体中原始共产主义气息带到农民军中来,从而进一步加深农民军的平均主义色彩。这是明末农民运动能够提出比过去历次农民运动更强烈、鲜明的平均主义口号的重要因素。

---

① 尹畊:《乡约》。
② 汤斌:《汤潜庵集》卷下。

明清之际氏族公社残余的骤然活跃，给文学、史学都深深地打上烙印。在清初的诗歌中，赞颂"桃花源"者屡见不鲜，《聊斋》中也描写了一些披着鬼神外衣的"桃花源"式传奇故事，它的现实依据的一个重要方面，正是明清之际氏族公社共同体的客观存在。这类文学作品具有比较强烈的民主主义色彩，是中国文学史上的瑰宝。同样的，史学领域在氏族公社残余微光的返照下，也出现了某种新气象。清初史家谈迁，曾记载了明末一个道家式共同体的故事。兹摘抄如下：

> 崇祯甲申春三月，长安失守。户部郎中孟津陈惟芝（庚辰进士）司饷永平，挈家以海舡南奔。甫出港，飓风大作……抵暮折入一岛，隐隐见灯。亟口舟入，毋惊岸上人也。夜分复闻机杼声，乃稍安。质明，以二三苍头登访。遇子女数辈，俱妍皙，长襦广袖，满插山花，见客而避，忽失之，意其仙也。行里许，稍进平畴，望牛羊在牧，鸡犬相闻，环居数百家。方田作，讯之，则导至家。有叟出揖，布袍芒履，大冠若箕。……叟曰：吾居此百年，绝外事，渔舟间一至。……妇人不黛而妍，无禽鸟马驴，衣俱木棉，其布纤润胜于纨绮。设食洁甘而无酒。久之，舟人思归，谓乘风四五日可达永平也。别以望后一日，赠叟百金，笑却之，曰："山中无需此也。"赠以粟，曰："吾田自沃。"陈氏内子赠其妇女珠翠衣钿之属，皆不受，仅受帛衣若干。岛人群送。既扬帆，犹登海山远望云。陈再宿返永平，恍然自失者累日。[①]

这样的史学作品，较诸若干陈腐不堪的史书，读来真使人如见空谷幽兰，心旷神怡，冬烘气息，为之一扫。

---

① 谈迁：《北游录》。

再回到本文的开头上来。温州徐氏建立的山寨，显然是一种儒家式的共同体，这种共同体与当年的"桃花源"一样，不过是在特定的历史条件下，古老的氏族公社残余的蓓蕾再次短暂地绽出它的花瓣而已。存在决定意识。当年的"桃花源"，自有其现实依据，徐氏的儒家共同体的建立，也是明清之际特殊社会条件的产物，并不是徐氏庸人自扰，异想天开，故意去"拟桃源"。生活在300年前的黄宗羲，受时代的限制，当然不可能认识这些道理，以致对"桃源"、徐氏之举做了错误的诠释、理解。这是毫不奇怪的。只有"四人帮"的狗屁史学才会数典忘祖，动辄苛求古人。

附识：

清初有人把"毛葫芦"解释为毛、胡、庐三姓。康熙《信阳州志》卷35"人物"谓："王延世，字思延，号乔峰……年十八以祖职袭指挥使，十九中本省武举第三名，本卫掌印，升嵩县守备。时陆浑山中有毛、胡、庐三姓倡乱，延世率兵剿之，躬诣贼巢……贼遂稽颡乞命，陆浑平。"即为一例。这种说法，当然是误解，但据此，更可证明把"毛兵"的来龙去脉考释清楚，是完全有必要的。此条材料，承北师大友人顾诚同志抄示，爰特书之，并致谢意。

1978年夏于复旦大学第6教工宿舍74号
（原载《中国农民战争史研究集刊》第1辑，
上海人民出版社1979年版）

李自成、崇祯帝"和议"初探（1979）

崇祯十七年（1644）三月，李自成在挥师北京，兵临城下之际，曾经特派使者杜勋与崇祯皇帝朱由检谈判，企图订立和议。新中国成立后，史学界在研究明末农民战争的著述中，均不提此事。是认为有关历史记载失实，不屑置一词，还是"为尊者讳"，唯恐道及便有所谓朝农民革命领袖脸上抹黑之嫌？不得而知。李文治先生新中国成立前在研究明末农民战争史的专著中，却曾经论及，文曰：

> 十八日。或谓降自成的太监杜勋入城会见崇祯帝，盛称自成兵马强劲，愿归明为朝廷内遏群寇外御强清，但应许以不奉诏不朝觐。帝不能决，杜勋复缒城而去。或云守陵太监申芝秀在昌平降于自成，缒入京城见帝，请帝逊位，崇祯把他叱走。①

一望而知，作者对此事的真实性不能断定，遂用"或谓""或云"的笔法，予以叙述，旨在存疑。那么，李自成与崇祯帝之间，究竟有未通过太监杜勋举行谈判，试图订立某种城下之盟呢？此事所关非小，应予认真探索。

---

① 李文治：《晚明民变》，商务印书馆1948年版，第133页。

必须指出，明清之际及尔后的某些史家，囿于正统主义，十分同情崇祯帝，遇大关节处，每予偏袒，以致对此事的记载，抵牾甚多，捉襟见肘。吴伟业载谓：

> 十八日……贼攻彰义门甚急。监视宣大太监杜勋者先降贼，射书城上呼曰："我杜勋也。"勋素贵，中官性服属其同类。见勋独身来，不发矢，相向加劳苦。勋曰："宣大二十万人皆降，汝等守何益？我入城有所讲，将见上面陈之。"丞縆以入，与诸珰耳语者良久。语不闻。守者前固已解体，既见耳目非是，似若持两端者，遂投兵喧呼欲下，不可止。贼乘之，外城遽陷。上闻变，登万寿山。[①]

这里，矛盾重重。首先，吴伟业把杜勋入城，纯粹写成是个人行动，显然是说不通的。试想，杜勋作为昔日崇祯帝的心腹太监、宣大二十万明兵的监军，如果没有获得李自成的特许，肩负重大使命，他这个非同小可的降官，岂敢擅自射书城上，高声通名？其次，杜勋既已登城，且与守城太监耳语良久，时值"平台召对何人对，皇上无言恸哭回"[②]之际。形同釜底游魂的合朝文武，又有谁敢阻拦他入宫与崇祯帝对话？但吴氏对此下文缄口不语，顿使此事成了无尾案。至于吴氏把农民军以摧枯拉朽之势，迅速攻陷外城，写成似乎是杜勋一人在城上瓦解明军的结果，更属无稽之谈，不值一驳。

谈迁记此事，较吴伟业稍具体。谓：

> 李自成对彰义门设坐，秦王、晋王左右席地坐，太监杜勋侍其下。呼城上曰："莫射，我杜勋也，可縆下一人以语。"

---

① 吴伟业：《绥寇纪略》补遗中《虞渊沉下》。
② 周同谷：《霜猿集》，丛书集成初编本，第12页。

有一守者曰："以一人为质，请公上。"勋曰："我杜勋无所畏，何质为？"提督太监王承恩缒之上，同入见大内，盛称贼势，皇上可自为计。①

这就表明，杜勋是进了深宫，见着崇祯帝的。但双方谈了些什么，却只有"盛称贼势，皇上可自为计"十个大字。就杜勋而论，如果他真的只谈了这么一句话，李自成有什么必要特派他冒着风险，入城进宫？又有什么必要对其敌手的总头子崇祯帝关照"可自为计"？而就崇祯帝而言，退百步言之，就算是杜勋只谈了这句话，他总该有个反应。但反应如何？谈迁却只字不提，使此事仍形同断尾蜻蜓。

计六奇记此事，触及部分事实真相，但也还是仅露了个头，且将人名搞错。文谓：

贼攻平则门，喻时止。遣叛监杜之秩缒城入见当轴，议割西北一带。并犒军银百万两，皆咋舌相视，亦不敢闻于上。②

这里，计六奇将杜勋写成杜之秩，谬。清初的明末遗臣杨士聪，当时即已指出，"杜勋坊刻或误为杜之秩"③。但是，他毕竟透露了李自成派杜勋去见崇祯帝谈判的内容，即"议割西北一带，并犒军银百万两"；虽然这并非内容的全部，但总算接触到实质性问题。可是，计六奇在叙述中，仍把崇祯帝排除于此事之外，一口咬定无人"敢闻于上"，也就是说崇祯帝根本不知道有此事，未免愚态可掬。

谷应泰记载此事则另有一格。文曰：

---

① 谈迁：《国榷》卷100"思宗崇祯十七年甲申正月至三月"条。
② 计六奇：《明季北略》卷20"十七贼围京"条。
③ 谈迁：《国榷》卷101"思宗崇祯十七年甲申三月至五月"条。

李自成对彰义门设坐，晋王、代王左右席地坐。太监杜勋侍其下，呼："城上人莫射，我杜勋也，可缒下一人以语。"守者曰："留一人下为质，请公上。"勋曰："我杜勋无所畏，何质为？"提督太监王承恩缒之上，同入见大内，盛称贼势众，皇上可自为计。守陵太监申芝秀自昌平降贼，亦缒上入见。备述贼犯上不道语，请逊位，上怒叱之。诸内臣请留勋，勋曰："有秦、晋二王为质，不反则二王不免矣！"乃纵之出，仍缒下。①

　　这里，谷应泰不仅把杜勋的事，毫无根据地拉一半到申芝秀的头上，而且讳言李自成提出的和议的具体内容，用"备述贼犯上不道语"数字一笔带过，将满天星斗，化作晓风残月。但尽管如此，谷应泰毕竟记述了李自成的使者见到了崇祯帝，并当面转达了李自成的谈判主张，在这一点上，总算披露了部分事实真相。至于他笔下的"上怒叱之"，不过是编造故事，美化崇祯，力图粉饰其气节而已。

　　清初史家戴笠、吴殳，以尊重史实的严谨态度，秉笔直书此事，与吴伟业、谈迁、计六奇、谷应泰辈为了偏袒崇祯，不惜曲笔回护，吞吞吐吐，以致漏洞百出，欲盖弥彰，恰成鲜明的对比。戴、吴载谓：

　　今后，闯复令杜勋求成，莫敢奏。内侍微言之。上召入，勋言李欲割西北一带，敕命封王，并犒军银百万，退守河南。受封后，愿为朝廷内遏群贼，外制辽沈，但不奉召入觐。因劝上如请为便。上语魏藻德曰："今事已急，卿可决之。"藻德默然。曲躬俯首。时上忧惑，于坐后倚立，再四以询。藻

---

① 谷应泰：《明史纪事本末》卷79《甲申之变》。

德终无语。上谓勋曰："朕即定计，有旨约封。"大怒藻德，推御坐仆地，入宫。①

读了此文，李自成、崇祯帝之间谈判的情景，生动地展现在我们的面前。李自成委托杜勋提出的议和条款，是这样清楚地明摆着。被农民军攻城的炮声吓得胆战心惊、深知北京危在旦夕的崇祯帝，想不想接受这几项议和条款呢？回答是肯定的。但是，"性多疑而任察，好刚而尚气"②、死要脸皮的崇祯帝在处理诸如此类重大国事时的一贯做法，是把大臣推到幕前去。如果事情办成，于自己的最高统治利益和名节无损，他便把功劳归于自己，自我陶醉在"天聪圣明、沉机独断"的幻觉中。如果事情办坏，或事先泄露了风声，引起舆论哗然，他便一巴掌把受其命办事的大臣打下去，甚至不惜杀人灭口，以掩盖自己的罪责。抖一抖崇祯帝的老底，这套把戏司空见惯。崇祯十五年（1642）秋，明明是崇祯帝自己策划陈新甲与关外的满兵议和，以集中全力对付农民军，但他后来却翻脸杀掉了陈新甲，即为一例。史载：

丁酉，兵部尚书陈新甲下狱。时贼事大坏……新甲请输平，许岁币，弃关外地。调吴三桂以宁远兵入讨。上好自大，欲于事成后以自来归德，布告天下，书于史策，讳言求成，戒新甲秘之。而内旨严封下新甲者，晨夕不绝……主上大骇，怒责新甲不密……竟弃市。③

因此，面对答应与否将关系到明室存亡和自己千秋名节的李自成的和议条款，崇祯帝又一次重演故伎，把这件大事推给宰相魏藻德，

---

① 戴笠、吴殳：《怀陵流寇始终录》卷17。
② 《明史》卷309《流贼传》。
③ 戴笠、吴殳：《怀陵流寇始终录》卷15。

要他承担全部责任。而深知崇祯帝为人的魏藻德，当然不敢贸然答应，以致崇祯帝"推御坐仆地"，发了那样大的脾气。这个细节的记载，正是从一个侧面，有力地证明了李自成、崇祯帝之间和谈的历史真实性，是毋庸置疑的。

也许有人要问：仅据戴笠、吴殳的记载论断，非孤证乎？答曰：否。

让本文还是回到戴笠、吴殳所载的话题上来。前面引述的"上谓勋曰：'朕即定计，有旨约封'"，下文如何呢？亦即崇祯帝关于"和议"究竟定了什么计，下了什么旨呢？戴、吴二氏失载。但是，崇祯十六年（1643）进士，"入翰林，为史官"[①]，"而京师溃……为贼所缚，遭榜掠"[②]的李长祥，则清楚地记载谓：

> 三鼓余，兵部尚书张缙彦巡城，自东来，将至正阳门，其处之城上有酒筵，上坐者一人，旁坐者皆内官。则数人见缙彦起。缙彦问何人？内官曰："城下都督爷。"缙彦惊问何以得上？内官出一纸，草纸也。其上墨写"再与他谈"四字，帝之御书。缙彦默然。过正阳门西，总督京营襄城伯李国桢相遇，言其故。国桢曰："败矣。奈何！吾有劲兵三千，将图与之战，只此尔！"缙彦去，计其所历，当至德胜门，正贼进之时也。今人谓：帝英主也，何与谈？其谈之者何事？缙彦再官浙江布政司，有问以巡城事，无异词。惟帝之御书草纸，谓是朱写非墨写。据十七日叛监杜之秩（按：系杜勋之误）至城下言，李自成遣来时，有议城上，太监与之上，则言自成邀朝廷割西北一带地。再欲犒师百万两，诚得如其议。则解兵去……至十八夜帝之草纸御书所云"再与他谈"，

---

① 李长祥：《天问阁集》，丛书集成本，第3页。
② 全祖望：《鲒埼亭集》外编卷9。

或即谈此。[①]

于此可知，崇祯帝是定了计、下了旨的，直至他吊死煤山前的数小时，还亲笔写了"再与他谈"，要求再一次与李自成的特使杜勋谈判。但是，此时杜勋早已出城。几个小时后，也就是十九日晨，李自成的大军已攻入北京内城，崇祯帝的"再与他谈"的手谕，成了一纸空文，"和议"终于化为泡影。

李自成进京后投降农民军并在大顺政权任职的孙承泽，是鼎革之际重要的历史见证人。他关于和议的记载，堪称弥足珍贵。文谓：

> 二月，贼至宣府，监视杜勋同总兵王承胤出城迎贼……忽下谕云：杜勋骂贼身死，忠义可嘉，赠司礼太监，立祠宣府，有司春秋致祭，荫弟侄一人与做锦衣卫堂上官。谕下，举朝失色。三月，贼至都城，兵部以巡视京管科道光时亨、王章手札上闻，言城守太监曹化淳，王德化等夜缒杜勋上城，饮于城楼，上亦不加诘责也。[②]

崇祯帝对早已投降了农民军的杜勋"不加诘责"，当然是毫不奇怪的。如果加以"诘责"，岂非断了与李自成的"和议"之路？孙承泽当时并不知道李自成通过杜勋与崇祯帝进行和谈的内幕，所以对此感到不可理解。但是，他对这一矛盾现象的记录，却为揭开"和议"这段历史公案，提供了一个有力的佐证。

让笔者再考察一下李自成提出那些条款，企图与崇祯帝订立和约的思想基础。

冰冻三尺，非一日之寒。李自成作为明末农民大起义的领袖，他

---

① 李长祥：《天问阁集》，第46页。
② 孙承泽：《天府广记》上册，第442页。

不可能摆脱三百年前时代和阶级的局限。他深切感受到封建统治者的罪恶，但没有也不可能认识到一家一户的小生产的个体经济，正是封建统治的经济基础。毫无疑问，他的思想不可能超越小生产者之外。而作为不断发生分化的小生产者的革命领袖，李自成只能像以往历次农民大起义的领袖一样，走上历史为他安排的不断向封建统治者转化的道路。在他看来，既要彻底打败尾大不掉的明朝统治者，又要战胜关外和四川与他争夺天下的满族及张献忠强大的军事力量，由他混一宇内，君临天下，几乎是不可能的。这一思想动向，从李自成进京后的一系列言行中，可以清楚地看出来。他既没有派重兵去山海关外防御满兵，也没有派强大的武装继续讨伐明军。他把在北京获得的大量金银财宝，用车队川流不息地运回西安去，而不是用于强化农民军，以坚守北京城。他匆匆忙忙地在满汉地主阶级联军压境之际，举行登上皇帝宝座的仪式，然后却立即率兵撤出北京。这些近于奇特的行动，奥秘究竟何在？李自成的一席话，可谓泄露了天机："陕，吾之故乡也。富贵必归故乡，即十燕未足易一西安！"[①]显然，他根本不打算牢固地立足北京，而是一心回到他的故乡陕西去，在这里裂土称王。这就表明，李自成向崇祯帝提出的和议条款中"西北一带，敕命封王"，是完全符合其思想实际的，至于"愿为朝廷内遏群贼"这一条，也不难理解。如果大顺政权不在满汉地主阶级的联合绞杀下迅速失败，不管李自成是当了封建大一统的君主，还是当了西北王，从刘邦到朱元璋蜕化的历史教训，难道还不足以表明，李自成肯定要掉转枪口，向农民军开刀吗？

总而言之，在农民军攻克北京前夕，李自成派杜勋与崇祯帝谈判，企图达成"和议"，是确有其事的。虽然由于崇祯帝的迟疑不决，这项"和议"并未成功，但李自成提出的那些条款，是研究李自成思

---

① 谈迁：《国榷》卷101"思宗崇祯十七年甲申三月至五月"条。

想的重要资料。它无可辩驳地表明，在进京之前，李自成已向封建地主阶级转化，准备背叛农民军的革命事业。史学界那种所谓没有任何事实表明李自成已经向地主阶级转化的论点，是经不起历史实际检验的。

考察李自成、崇祯帝之间的"和议"，使笔者进一步体会到，历代农民起义"总是陷于失败"，是重演了无数次的历史悲剧，明末农民大起义的失败，只是其中的一幕而已。而作为这幕悲剧主角的李自成，他进京之前的行动表明，在他的身上，朱元璋的影子已是清晰可辨！

（原载《学术研究》，1979年第2期，后收入《"土地庙"随笔》，光明日报出版社1988年版）

论曹寅在江南的历史作用（1979）

曹寅，是《红楼梦》作者曹雪芹的祖父，字子清，号荔轩，又号楝亭，满洲正白旗包衣人。他在康熙二十九年（1690）以郎中差苏州织造，越二年，改江宁织造，以后又兼巡视两淮盐漕监察御史，先后达20年之久。作为"家世通显，为天子亲臣"[①]，受到康熙皇帝玄烨特别信任的曹寅，坐镇江南如此之久，对于清初的历史，究竟起了什么作用？搞清楚这个问题，对曹寅做出公正的、符合历史实际的评价，可能对了解曹雪芹创作《红楼梦》的历史背景不无裨益。毋庸讳言，笔者爱读《红楼梦》，然于红学纯属外行。这里所评价的曹寅，和评价清初任何一个历史人物一样，是把他放在清初特定的历史环境中加以考察的。而就曹寅这个具体的历史人物而论，更是把他放在清初中央集权与江南地主阶级的矛盾运动中，以及他所担任的要职在清王朝巩固其政权的矛盾运动中所起的历史作用而加以考察。对于《红楼梦》本身，一般不拟涉及。

一

张云章《朴村文集》卷11《御书修竹清风图记》谓："织造之职，

[①] 曹寅：《楝亭集·毛际可序》。

盖古司服之遗，历代加详，国朝仍明之旧，江宁、苏、杭，各遣内使以督理之。昌邑李公之莅吾吴也，于今十有四年。……而以监察御史督理两淮盐课，俾与江宁织造曹公，分年兼领，所以宠任之者至矣。御史虽曰巡视两淮，实所统辖跨四省三十六府之地，商纲亭户，赋敛出入，舟樯往来，飞符走驿，常在江湖数千里外，供是职者，亦云难矣，又况其兼官者哉。"[①]这里，张氏主要说的是曹寅的内兄、与曹家荣衰与共的苏州织造李煦，但同样道出了曹寅所任职责的重要性。仅巡视两淮盐漕监察御史一职，所统辖即"跨四省三十六府之地"，而曹寅坐镇的以南京、苏州为中心的江南地区，特别是其中的三吴地区，更是清王朝经济命脉之所在，所以曹寅任职的得力与否，对康熙帝施政大计的贯彻，对清王朝的能否巩固，是密切相关的。

这就需要了解江南地区，尤其是三吴地区在经济上特殊的重要性。

从隋唐，特别是从两宋以后，全国的经济中心逐渐南移。勤劳、颖慧的江南人民，用他们的双手，把这个多雨的卑湿之区，垦拓成名副其实的鱼米之乡，封建王朝的重要粮仓。劳动人民的血泪化为巨大的物质财富，成了封建王朝赋敛的重要来源。远在唐代，韩愈即已指出，"当今赋出天下而江南居十九"。后来，此语每被征引，视为确论。明中叶丘浚谓："东南，财富之渊薮也。自唐宋以来，国计咸仰于是，其在今日，尤为切要重地。韩愈谓'赋出天下而江南居十九'，以今观之，浙东西又居江南十九，而苏、松、常、嘉、湖五郡，又居两浙十九也。考洪武中（据诸司职掌），天下夏税秋粮以石计者，总二千九百四十三万余，而浙江布政司二百七十五万二千余，苏州府二百八十万九千余，松江府一百二十万九千余，常州府五十五万二千余。是此一藩三府之地，其民租比天下为重，其粮额比天下为多。今

[①] 卞孝萱：《红楼梦》资料（稿）引书。转引自周汝昌：《红楼梦新证》，人民文学出版社1976年版，第447页。

国家都燕，岁漕江南米四百余万石，以实京师，而此五郡者，几居江西、湖广、南直隶之半。自宣德正统以来，每择任有心计重臣，巡抚其地，以司其岁入，盖以此地朝廷国计所资故也。窃以苏州一府计之，以准其余。苏州一府七县，其垦田九万六千五百六顷，而居天下八百四十九万六千余顷田数之中，而出二百八十万九千石税粮，于天下二千九百四十余万石岁额之内，其科征之重，民力之竭，可知也已。谚有之曰：'苏松熟，天下足'……一方得安，则四方咸赖之。"①据日人田村实造研究，明代初、中期以后，苏州府一府七县田地面积约占全国可耕地的九十分之一，而税粮额却几乎占全国的十分之一。②江南在全国经济地位上的举足轻重，可见一斑。清承明制，清王朝在经济上对江南地区的依赖，比明朝有过之无不及。这是因为，从顺治年间到康熙二十一年（1682）"三藩事件"平定，清王朝讨伐南明残余势力、镇压明末农民军的余部、平定吴三桂之流三藩的叛乱等重要军事活动，大都是在南方进行的，军费、给养，主要来源均索之于江南。顺治十七年（1660），有人在奏疏中述及三藩靡饷之巨时曾指出："计云南省俸饷，岁九百余万……加以闽、粤二藩运饷，岁需二千余万，近省挽输不给，一切仰诸江南。"③唯其如此，无论是顺治帝还是康熙帝，都十分重视江南，对这个地区的政治动向，极为关注。而就三藩势力来说，也把夺取江南、控制经济命脉作为自己的战略目标。从"三桂举兵，诸将或言宜疾行渡江，全师北向。或言直下金陵，扼长淮，绝南北运道"④的记载中，不难窥知其中的信息。

江南地区既然如此重要，清廷当然必须派最心腹的人，以特殊身份去坐镇，以确保清王朝的经济命脉。康熙二年（1663），清廷开始设

---

① 丘浚：《大学衍义补》卷24《经制之义》
② 〔日〕田村实造：《东方学论集（东方学创立十五周年纪念）》，第163页。
③ 魏源：《圣武记》卷2《康熙戡定三藩记》上。
④ 同上。

置江宁织造，就是适应这种政治需要而采取的重要措施。而第一任织造，就选中了曹寅的父亲曹玺。这当然绝不是偶然的。名义上，曹家是"包衣人"，即奴仆，但却是特种奴才。在康熙皇帝的眼里，既是正白旗包衣，又是内务府郎中，曹玺妇孙氏且为康熙帝幼时乳母，其可信赖的程度，是远在名公巨卿之上的。鲁迅曾深刻地指出："满洲人自己，就严分着主奴，大臣奏事，必称'奴才'，而汉人却称'臣'就好。这并非因为是'炎黄之胄'，特地优待，锡以嘉名的，其实是所以别于满人的'奴才'，其地位还下于'奴才'数等。"① 曹玺于康熙二十三年（1684）六月，卒于江宁织造任所，22年间，他除了供奉康熙帝大量山珍海味、文物古董等奢侈品、消费品外，更重要的是，他忠实地秉承了康熙帝的意旨，牢牢地控制了江南，以源源不断供给的粮食、银钱，确保了清廷巩固中央集权、统一版图的政治斗争，特别是军事斗争的顺利进行。曹玺谢世之日，正是康熙帝首次南巡之时。熊赐履在《曹公崇祀名宦序》中谓："国家设织造署于江、浙，以应上供匪颁之用，命内冬官出领之……职任……加重焉。金陵……异时奸弊之丛倚者且猥相藉也。公至则殚力爬梳，一洗从前之陋，又时时问民所疾苦，不惮驰请更张，以苏重困。……易箦之五月，遇天子巡幸至秣陵，亲临其署，抚慰诸孤……若曰：'是朕荩臣，能为朕惠此一方人者也。'……盖公之志，雅欲以制节谨度，仰神圣天子之俭德，而下以裕东南之民力于普存也。"② 透过熊赐履的颂谀之词，还是不难看出康熙皇帝对曹玺的忠于职守，对他在江南的治绩，是颇为满意的。曹玺在任期间，总的来说，尽管为清廷搜刮了巨额的财富，但由于执行了康熙皇帝稳定江南的国策，并没有导致江南各种社会矛盾激化。这是康熙皇帝所希望的，也是江南地主阶级所企求的，或者说是能够接受的。

---

① 鲁迅：《且介亭杂文·隔膜》。
② 熊赐履：《经义堂集》卷4《曹公崇祀名宦序》。

曹玺的业绩，为曹寅继承父业，坐镇江南，奠定了基础。而曹寅在江南的政治活动、经济活动，范围比乃父更广泛，肩负的使命更大，因而其历史作用也就更为深广。

这里，本文首先论述曹寅的经济活动：

（1）关于农业生产。曹寅虽然不直接管江南的农业生产，但十分留意庄稼的生长情况，不断向康熙帝奏闻。他深知，如果江南地区农业歉收，将严重影响清王朝的赋税收入，以及对京师食米的供应。康熙四十八年（1709）二月，他在给康熙帝的奏折中谓："目下江南、扬州各处，雨水调匀，蔬麦大长，百姓俱安生乐业。"[①]按月奏陈江南的晴雨录，是其奏疏中的重要内容，各地的丰、歉，均需如实上报。康熙四十八年（1709）六月，他在奏疏中说："目下麦子俱已收割全完，大约高低之田计算，尚有五六分。近日湖广米来，米价将次可平，百姓插秧，复望雨以力作农事。……今据安庆、宁国、池州……以及下江江宁府各属州县，陆续详报……今岁入春以来，复雨不止，低洼之处，二麦歉收。"[②]如此等等，不一而足。曹寅禀报这些情况和提出某些建议，是促使康熙帝采取蠲免赋税以舒南方民力，截漕运粮以稳定米价等措施的重要因素。这些措施，对于人聚于乡，保持社会秩序的安定，让农业生产继续发展下去，是起了有益作用的。

（2）关于织造。江南地区，纺织业素称发达，苏州、杭州的织锦等业，更是名闻天下。封建王朝为了满足其日益膨胀的消费欲，明代就在南京设立了专门织造神帛的工场——司礼监神帛堂。所谓神帛，是专供祭神用的，额设织机40张，食粮人匠1200余名。在南京，还设立了内织染局，专门织造进宫各色绢布和文武官员诰敕，额设织机300余张，军民人匠3000余名。[③]明代织造的数目，大得惊人。据万历

---

① 故宫博物院明清档案部编：《关于江宁织造曹家档案史料》，中华书局1975年版，第63页。
② 同上书，第70页。
③ 《明会典》卷201《织造》。

三十三年（1605）工部的报告，"上用袍段（缎）达一万六千余套匹，又婚礼段九千六百余套匹"。"内库新派改段一十八万余匹。虽蒙圣恩宽减一半，尚须数十余万（两）"①。而做皇袍用的高级丝绒，工艺难度极大，织机一天只能织一寸七分，长五丈八尺的一匹丝绒料，需耗一年时间，明朝最高统治者的穷奢极侈，可见一斑。明中叶后，朝廷与地方官府狼狈为奸，对织工百般压榨，以致无法生存，激起织工奋起反抗。或罢织，如天启六年（1626），苏州"城中机户数千人……罢织"②；或聚众杀税监，如万历二十九年（1601），苏州织工葛贤"聚众趋（孙）税监门"③，必欲除之而后快。清初，由于入主中原的满族贵族，本来是"番家无产业，弓矢是生涯"，他们的那种由生产方式而导致的生活方式，与汉族贵族有所区别，消费幅度要小得多。因此，清初"宫廷服御所必需，率令有司以经费购办……于明各道额解内庭物产，分别蠲除"④。但这一条，并没有彻底实行，江宁、苏州、杭州的织造衙门，依然存在。顺治十一年（1654）谕令中，曾提及"念织造衙门原供服御赏赉之用，前此未能遽罢，近闻甚为民累"，决定"嗣后织造除祝帛诰敕等项，著巡抚、布政织解外，其余暂停二年"。康熙二年（1663），停差江宁、苏州、杭州织造，专设江宁织造，以曹玺为首任。曹寅继任之后，踪迹乃父，对于织户是比较宽容的。这似乎有两个原因。其一，是苏州一带的富室，对于织造业的现状不满，牢骚满腹，如谓："清朝织造一事，为吾苏富家之害甚大。我明虽有织造，然上供无几，机户皆隶籍于局者，未尝概及平民。近设南北二局，北局以满洲大人主之。南局以工部侍郎督之，恣拿乡绅及富室充当机户，上户派机八只，以次而降，下下派一只，大抵给发官价，仅及其

---

① 《万历实录》卷405。
② 顾炎武：《顾亭林诗文集·亭林余集·中宪大夫山西按察司副使寇公墓志铭》。
③ 沈瓒：《近事丛残》，见《明清珍本小说集》。
④ 《皇朝文献通考》卷38《土贡考》。

半，机户赔补其半，刻期定限，雇机匠织成异品金彩龙凤蟒段，解往燕京，以供宫中诸族属服用，凡任机一只，每年约价百二十金，而进局诸费及节序供馈在外，真无穷之壑也。"①这里，说"我明虽有织造，然上供无几"，当然是抹杀事实，为明朝贴金，表现了清初一部分南方地主阶级的代言人的故国之思，但所反映的清初苏州乱拉机户，朘刻织款的虐政，却是事实。诸如此类的舆论，不会不传到"耳目之臣"曹寅的耳朵里，因此在曹寅主管织造后，对上述弊政有所剔除，从而赢得了织户的好感。其二，更重要的是，曹寅有康熙皇帝这个最硬的后台，他不怕别人在织品质量问题上告他的状，因此觉得无须对织户过于苛求，以免重蹈故明覆辙，引起织工反抗，扰乱江南的安定局面，从而开罪于康熙帝。如康熙五十年（1711）十一月，内务府总管赫奕等告曹寅的状，指责御用缎匹跳丝落色，文谓："江宁送来跳丝及擦后落色之缎匹等共十二匹，既都不能用，请令其补织赔偿送来。"而结果又怎么样呢？康熙帝不过若无其事地批了一句："知道了。钦此。"②对曹寅既未申斥，更没有令其赔偿。因此，曹寅任职期间，清廷与织户的矛盾处于缓和状态，这对江南织锦之类官营手工业的发展、纺织技艺的提高是有利的。无怪乎有人在苏州、南京为他建立了生祠，这虽然包含着谄媚，但毕竟还是江南某些富裕织户所谓"感其德"的一种反映。康熙三十年（1691）五月，姜宸英在《楝亭图》第2卷作《楝亭记》的跋文中，有谓："本朝设织造，江宁、苏、杭，凡三开府。故工部侍郎完璧曹公以康熙初年出苏州督理府事，继改江宁；省工缩费，民以不扰，而上供无阙。……余维织造之职，设自前朝，咸领之中官，穷极纤巧，竭民脂膏，期于取当上脂，东南民力，不免有'杼轴其空'之叹！……今天子亲御浣濯……而曹氏父子，先后继美。"③姜宸英与曹

---

① 叶绍袁：《启祯记闻录》卷7。
② 故宫博物院明清档案部编：《关于江宁织造曹家档案史料》，第94页。
③ 转引自周汝昌：《红楼梦新证》，第338页。

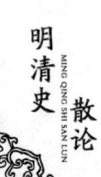

寅过往甚密，他的这一段议论，算得上是对曹玺、曹寅父子，吸取了明代的教训，督理织造有善誉的概括。

（3）关于巡盐。盐课是封建王朝的重要经济来源。在明代，盐有专官，两淮、两浙，还专门设置了御史巡盐。而在全国的各大盐场中，两淮最为重要，全国岁课400余万，两淮就占了一半。史载："两淮盐课几二百万，可当漕运米直全数。天下各盐运，两淮课居其半。"① 入清以后，两淮的盐课显得更为重要。清初军事活动颇多，兵饷浩繁，有赖盐课，顺治初年，户部即曾奏"加淮引十六万道归纲"。但是，无论明代也好，清代也好，盐政受封建关系制约，积弊丛生，无法克复。达官大吏利用封建特权，不断向盐课伸手，就是显著的陋规之一。巡盐御史，担任不易。康熙帝将巡视两淮盐政的监察御史这个经济要职也交给曹寅，这对曹寅来说，固然是个肥缺，以致他一再向康熙帝表示感恩戴德。但更重要的是，这是上关系到清王朝国库收入，下关系到民生的大事。清人王守基论及两淮盐政时有谓："至帑息时有乘除，每年亦五十余万两。总计淮南输纳之款，在五百万上下，此引目课程之大略也。以区区三州之地，所办课赋至五百万，此非全因地利，亦半由于人事。如修河渠以利运，设弁兵以巡私，裁浮费以恤商，筹款项以养灶，法详且备。若得廉明大吏，因时损益，当为万世之利。"② 此说从总的方面看来，不失为公允之论。曹寅在巡视两淮盐政期间，也正是在这个范围内，做过一些努力。康熙四十三年（1704）十月，曹寅任职伊始，即奏请禁革浮费，谓："闻巡盐御史于每年额引之外，有盐二十斤，名为院费，故御史与笔帖式有三十万两之羡余，因此条充织造衙门钱粮。其承差发收，系近年漏规，于二十斤之外又多增七斤……臣寅今日履任，随将无院札承差及发收等项，一概裁革，从此众商可苏一分。但浮费之革，必清其源，上自督抚，

---

① 徐学聚：《国朝典汇》卷96户部拾"盐法"。
② 王守基：《盐法议略》卷1"两淮"。

下及州县，内外过往官员尚属众多，前总督阿山名为禁革浮费，独不自禁及其所属，实恐臣等内员，一遇事件即行人告，故于臣未到任之前，先为之计。其十三款内，尚有一二件应留以恤地方贫苦者，俟部议下再当奏陈，以仰答皇上恤商爱民之至意。"①但康熙帝却不以为然，给他碰了一个钉子，批曰："生一事不如省一事，只管为目前之计，恐后尾大难收，遗累后人，亦非久远可行，再留心细议。"当然，康熙帝的中心意思，无非是要曹寅对于如此积重难返的弊政采取慎重态度，不使各种矛盾尖锐化。可贵的是，曹寅并未因此停止他的努力。不过事隔一个多月，曹寅又再上禁革两淮盐课浮费折，谓："察访两淮浮费甚多，比来盐壅商困，朝廷钱粮渐有积欠，若不痛革禁止，则于课饷有碍。臣筹画至再，是以将一切浮费，细行酌定禁革。"他列出院费、省费、司费、杂费四款，将近200万两银子。结果，康熙帝除不同意将省费亦即江苏督抚司道各衙门规礼共34500两裁革，认为"此一款去不得。必深得罪于督抚，银数无多，何苦积害"②而外，其余三款，都同意了。为了保证盐船的畅通，他曾主持重修"水陆转运之地"的仪真东关石闸，此闸由于往江南、江西、河南、湖广四省的盐商，必须经此地出发，"是此一闸，区淮水两分漕于平地"，至为重要。这项工程只花了两个月的工夫即已建成，据谓"不浪费一力，弃一钱"。③此语虽夸大，但建闸工程进行顺利，效果是好的。曹寅死后，张伯行在祭文中谓："两淮盐课，为财赋要区，公则悉心经理，尽力缉私，诸如请蠲逋，议疏通，绰然有赋充商裕之机权。"④这个评价，大体上是符合实际的。诚然，曹寅死后，因两淮商欠钱粮，按照康熙帝"官商分认"的指令，他应认23万两，却无法拿出，欠下一大笔

---

① 故宫博物院明清档案部编：《关于江宁织造曹家档案史料》，第24页。
② 同上书，第27页。
③ 曹寅：《楝亭集·重修仪真东关石闸记》。
④ 张伯行：《正谊堂文集》卷23《祭织造曹荔轩文》。

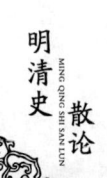

债。但这并非是他侵吞盐课所致。这些钱绝大部分都用到《红楼梦》第16回赵嬷嬷所形容的"别讲银子成了粪土，凭是世上有的，没有不是堆山积海的"接待康熙帝南巡时巨额靡费中去了，而且"王公贵人，不时笀索，所费无算，皆取之府库"①。但尽管如此，曹寅任职期间，增加了清王朝盐课的收入，充实了国库，毕竟是主要的，是应予肯定的。

（4）关于经管铜斤。铜的开采与转运，是关系到铸造钱币的大事。清代铸钱，每年要用铜料一千几百万斤，仅京师宝泉、宝源两个铸钱局，每年用铜即需440余万斤，先后定由京师的崇文门、山东的临清等14个税关负责购办。清初，这些铜料全部靠国内供给，康熙二十二年（1683）开放海禁后，大部分取之外洋，所谓洋铜，几乎全部来自日本。②如何确保这些铜料的转输，以供铸钱之急需，这是一大问题。从康熙三十八年（1699）起，拨芜湖、浒墅等六关办额，归内务府商人采购，直到康熙五十五年（1716），才废商办，改由督府委官办解，可是此后却越办越糟。康熙四十年（1701），曹寅曾向内务府提出，将十四关铜斤，全部交给他承办。条件是借支银十万两，八年期满，销除本银后，可节省银90万两，比原经办者上缴银数，要多出50万两。③但是，未获批准，只同意将十四关中的龙江、淮安、临清、赣关、南新五关，计需采铜1011189斤余，交给曹寅及其弟曹荃办理。曹寅办的结果如何呢？据内务府康熙四十八年（1709）四月的奏折，"曹寅自四十一年起，至四十七年止，共交铜斤节省银二十七万六千七百一十两"，这个数字是相当可观的。虽然有一年应交的39000余两，尚未交纳，但实际上距八年期满之日，尚有一段时间，因此康熙皇帝特批"曹寅并未贻误，八年完了；今若再交其接办

---

① 邓之诚：《清诗纪事初编》卷6《曹寅》。
② 参见严中平：《清代云南铜政考》，中华书局1957年版，第3页。
③ 故宫博物院明清档案部编：《关于江宁织造曹家档案史料》，第17页。

八年,伊能办乎?"① 实际上是授意让曹寅继续办下去。只是由于三年后曹寅病故,未能克臻其终。内务府在研究是否要让曹寅继续承办铜斤时,一再强调"铸钱铜斤及节省银两,关系甚为重大"②是有道理的。而综观曹寅在承办铜斤期间,既保证了铸钱局铜料的正常供应,又上缴了大笔银两,这对于清王朝的财政来说,显然是做出有益贡献的。

二

曹寅在江南的另一方面的重要活动,是政治活动。从总的方面来看,曹寅政治活动的历史作用是:调整、缓和了清政府与江南地主阶级的矛盾,防止了明末闹得沸沸扬扬、以江南地主阶级代言人为核心的党社运动的死灰复燃,促使了江南地主阶级中最有影响的代表人物——一些著名知识分子,顺应满汉地主阶级、清政府与江南地主阶级矛盾运动日趋缓和的历史潮流,使江南地区的政治局面得以保持安定,这不仅保证了江南经济命脉不致中断,支持了清王朝强化中央集权的一系列政治、军事措施,而且对于江南经济的发展,也在客观上起了推动的作用。

如前所述,唐宋以来,随着江南经济的发展,中央王朝与江南地主阶级之间围绕租赋分割而展开的争夺财富的矛盾斗争,一直没有停止过。在明代,更是愈演愈烈。明末江南知识分子的结党立社,特别是著名的东林党,实际上是江南地主阶级为谋求自己的阶级私利,企图在最高统治集团中间取得合法地位而聚集的政治组织。他们与阉党的火并,风风雨雨,直至农民军打进紫禁城,崇祯皇帝悬尸煤山之后,仍在苟且于残山剩水间的南明小朝廷里,继续泛起死水浊澜。吴梅的《仙吕桂枝香·过明故宫》有谓:"江山如纸,宫门如市。小朝廷病入

---

① 故宫博物院明清档案部编:《关于江宁织造曹家档案史料》,第69页。
② 同上。

膏肓，经不起群雌狂噬。""更弘光半年，更弘光半年，春灯燕子，金盆狗矢，不多时，野草迷丹阙，秋槐发别枝！"①这正是明末两党斗争最终加速明朝覆亡的生动写照。清初李塨对此也曾慨乎言之："明自万历以后……文墨之士，自以为忠，负气而争，鼓舌而辩，呼朋引类，号呼喧阗，各不相下，使听之者迷，当之者瞶，而国是因之日乱矣。至今世呼生员曰雀咀。又谚曰：秀才造反，三年不抟，谓其聚咶而无实用也。"②这是痛定思痛，对明末党社运动的抨击。清政权建立后，鉴于明末的历史教训，对结党立社深恶痛绝。清军进入北京两个多月后，多尔衮即下令："自今以往，嘉与维新，凡五月初二日，昧爽以前，不拘在京在外，事无大小，已发觉未发觉，已结正未结正，悉行宥免，如违谕兴讼者，即以所告之罪罪之。官司受听者并治。"③这个命令是针对明朝遗留下来极复杂的人事关系而发的，对东林党、阉党之间的派系斗争，予以束之高阁、不了了之完事。但是，江南地主阶级的一些代表人物，在顺治、康熙之交，并没有理会这道命令。他们沿袭明末的老谱，不但继续拖欠钱粮，重弹在明代一直喋喋不休的大嚷江南重赋的老调，而且继续结社，甚至在朝中为江南地主阶级争权夺利。从在京中身任要职的江南人陈名夏、陈之遴、金之俊等的奏疏中，不难看出这个政治动向。这就使江南地主阶级与清朝中央政府之间的矛盾剧化。顺治朝后半期发生的奏销案、科场案，就是在这种背景下，清政府从经济、政治两个方面严惩江南地主阶级的行动。但是，随着清廷与三藩的对立日益尖锐，清王朝为了取得江南地主阶级在经济上的大力支持，逐步缓和了同他们之间的矛盾。康熙执政后，对江南地主阶级采取怀柔政策，使江南的政治局面能够处于比较安定的状态。这对他取得平定三藩等政治、军事斗争的胜利，是必不可少的重要前提。

---

① 吴梅：《霜崖曲录》卷1《仙吕桂枝香·过明故宫》。
② 李塨：《阅史郗视》续编卷1。
③ 蒋良骐：《东华录》卷1顺治朝，中华书局1980年版，第16页。

而在三藩事件结束后，清廷更没有必要再与江南地主阶级之间处于紧张状态，因此康熙所采取的政策，也就更为宽容，以广泛培植、扩大其封建政权的阶级基础。

当然，这绝不等于说康熙皇帝从此对江南地区就高枕无忧，不再予以密切注视了。他曾经愤愤然地说："蛮子那有一个好人！"①而曹寅正是作为康熙帝的心腹，以特使身份，根据变化了的形势，贯彻康熙帝的意图，加强对江南的统治。

曹寅自幼受汉学熏陶，会写诗、填词、度曲、撰文。朱彝尊曾誉曹寅诗作谓："楝亭先生吟稿无一字无熔铸，无一语不矜奇，盖欲抉破藩篱，直窥古人奁奥。当其称意，不顾时人之大怪也。"②这些话是吹捧过分了。其实，曹寅文不如诗，诗不如词，曲尚可，虽亦间有佳句，但绝无千古绝唱。但尽管如此，他的文化素养给他的政治活动是带来颇为有利的条件的。他结交了江南大批著名知识分子，跟其中的某些人过往甚密，诗酒流连，友情深厚。他奉康熙帝之命，不断密折奏闻江南各个阶级的动向，但从未无中生有，诬陷江南的知识分子。就连康熙帝的启蒙老师熊赐履削职赋闲家居后，虽然康熙帝一再下令搜集熊的材料，但曹寅则如实禀报："熊赐履在家，不曾远出。……因其不与交游，不能知其底蕴。"③这跟居心险恶的告讦者相比，是有霄壤之别的。

满洲贵族在北方降满派的地主阶级作伥下入主中原，打的旗号是从李自成手里夺天下，为明室复仇。相传顺治帝曾至崇祯坟上假惺惺地痛哭，连呼"大哥、大哥"。这对汉族知识分子来说，具有很大的腐蚀作用。看来，曹寅是很懂得此中奥妙的。康熙四十七年（1708），南京洪武陵出现塌方，民间讹言纷纷，曹寅除了奏闻康熙帝外，下令

---

① 李光地：《榕村续语录》卷10"本朝时事"。
② 曹寅：《楝亭集·朱彝尊序》。
③ 故宫博物院明清档案部编：《关于江宁织造曹家档案史料》，第65页。

守陵人员，将陵园开放三天，"许百姓纵观，咸知讹谬，至今寂然，遂无异说"①。这是很高明的一招。因为此时的朱元璋，已成无害的圣像，而江南一些知识分子又爱舞文弄墨，为故明王朝唱唱无关痛痒的挽歌，曹寅做出的保护洪武陵园的姿态，有助于与江南地主阶级的代言人找到共同的语言。实际上，他跟江南或流寓江南的故明宗室亦颇有交往，如朱赤霞，曾任曹寅幕府。号"苦瓜和尚"的著名画家石涛，今故宫博物院所藏其《对牛弹琴图》，既录曹寅写的诗，又复和韵，很可能与曹寅有来往。②曹寅与明遗民的往来更为频繁。其中的钱澄之、杜浚、杜岕、顾赤方等更是知名之士。以钱澄之而论，更属典型。他原名秉镫，字饮光，粤归后，更名澄之，号田间。早年入社盟，清兵南下后，曾起兵震泽，后又辗转于福建、广东等地，继续抗清，兵败后归乡。正是这样一个清之仇敌，与曹寅结交后，颇相契，最后竟向曹寅托付子孙，以示交谊之笃。"秉镫颇负文名，诗文有法，吐辞骏快可喜。……四十以后，与海内名流酬酢，辈行日尊，篇翰益富。"③对于这样一个有影响的人，曹寅能够与之深交，无疑是能带动一批人的。对于明末的党争，江南的结社，曹寅当然是深恶痛绝的。但是，他仍然写了《复社姓氏记》，说"合复社姓氏共二千二百五十五人为一卷"，"呜呼，即二千二百五十五人而明亡矣"。④这种低回三叹，与南方文士总结明亡教训时的口吻是合拍的，而对于复社、东林的后裔更具有安抚作用。曹寅死后，张伯行在祭文中有谓："沈下僚者蒙迁擢，罹文网者获矜全。"⑤这反映了南方知识分子对曹寅的感激。曹寅对江南士子的笼络，是收到很大成效的。从现存的《楝亭图咏卷》看来，对曹寅的楝亭作画、题诗者，不下数十人之多，大半为南方文采

---

① 故宫博物院明清档案部编：《关于江宁织造曹家档案史料》，第58页。
② 参见周汝昌：《红楼梦新证》，第397页。
③ 邓之诚：《清诗纪事初编》卷1《钱秉镫》。
④ 曹寅：《楝亭集·复社姓氏记》。
⑤ 张伯行：《正谊堂文集》卷23《祭织造曹荔轩文》。

风流绝代者,如尤侗、禹之鼎、恽寿平、严绳孙、邓汉仪、毛奇龄、姜宸英、杜濬、余怀等。有人在介绍此图时说:"还有明遗民像恽寿平、陈恭尹、杜濬、余怀等,在当时'故国之思'是非常明显的,操行也相当坚定的,但也不能不敷衍曹寅。"①此说并不确。实际上,随着明末诸如三饷加派之类无法解决的社会积弊在清初逐步消除,随着清初全国阶级斗争总形势的改变,清政府对江南地主阶级不再采取经济打击政策,政治上也对南方士子开放、优容——如康熙十八年(1679)的一次应试,江浙中试者即占百分之八十②,等等,这就大大缓和了它与南方地主阶级之间的矛盾,其结果,甚至使他们之中曾经参加过抗清运动的知识分子也纷纷转化,与清政权合流,这成为当时的一股历史潮流。汪琬概述这种趋势说:"自有明既亡,吴中好事者亦皆弃去巾服,以隐者自命。当其初,流离患难之中,希风慕义,俨然前代之逸民、遗老也,既而天下荡平,苦其饥寒顿踣(按:汪氏此语较近视,未能以变化之政治局势看问题),有能初终一节,且老死牖下不恨者,盖实无几人。"③即便是顾炎武、黄宗羲、阎尔梅、傅山那样曾经抗清的代表人物,都转而顺应上述潮流,直接、间接地为清朝服务,严格地说,他们都已不是遗民。关于这个问题,笔者已撰有专文,将要发表,此处不赘述。因此,余怀、恽寿平等人,为曹寅作画、题款,不但不是"敷衍",而正是与清政权合流的表现。事实上,江南知识分子的这种转化,正是与曹寅的努力分不开的。这是曹寅在江南历史作用的另一个重要方面。

明朝的覆亡,在明清之际的地主阶级知识分子中激起巨大反响,惊呼为"天崩地坼",④此语在清初的诗文集中,俯拾即是。所谓的"天

---

① 少文:《记楝亭图咏卷》,《文物》1963 年第 6 期。
② 毛奇龄:《康熙十八年召试博学鸿词题名碑录》,见《昭代丛书》戊集卷 6。
③ 汪琬:《尧峰文钞》卷 15《金孝章墓志铭》。
④ 顾炎武:《顾亭林诗文集·亭林余集·先妣王硕人行状》。

崩地坼"，绝不是如史学界某些同志所说的那样，是什么封建生产方式的崩解，而是指朱明王朝的倾圮，地主阶级政权的垮台。"天崩"者，地主阶级建筑在压迫、剥削农民和手工业者基础上而建立的天堂——明政权崩塌之谓也。满族入关，由于生产方式、生活方式与汉族的差异，在争夺、巩固天下的斗争中，不能不具有某种民族矛盾的外观。但是，历史事实表明，由满族贵族与汉族地主阶级联合再建的政权，其阶级实质，亦即其政权的阶级属性，与明王朝没有任何区别。明末农民战争限于历史条件，没有能够把明末尖锐的社会矛盾——如民不堪命的三饷加派、乌烟瘴气的党争等加以解决，但清政权在明末农民战争的基础上，却很快加以解决了，就这个意义上来说，清初政府所做的努力，一言以蔽之，正是"补天"——巩固、完善地主阶级政权，特别是强化中央集权。曹寅在江南所起的历史作用，也正属于"补天"的一部分。清朝前期，无论在经济、政治方面，都比明朝末年要进步得多，即使较诸所谓汉唐盛世，也并不见绌。因此，曹寅的"补天"，在历史上是起了进步作用的。他应当是在清初历史中值得大书一笔的正面的历史人物。离开了明清之际的历史特点，把曹寅从清初的矛盾运动中游离出来，只看到他是康熙帝的耳目，甚至斥之为特务，眼睛盯着他死后还有不少房子和财产，从而据以立论，那不过是远离历史唯物主义的皮相之谈，是笔者不敢苟同的。

1979年6月于北京
（《红楼梦学刊》第1辑，百花文艺出版社1980年版）

略论八旗子弟（1979）

一

八旗子弟，也曾经有过他们的英雄时代。

这首先要从八旗制度说起。所谓八旗，是清朝的开国皇帝努尔哈赤在战火纷飞中创立的。究其原始，源于"牛录额真"，即箭主，而此前，则有十人之总领，十人各出箭一枝，牛录即大箭。明朝万历十一年（1583），努尔哈赤以其父遗留下来的13副盔甲起事，自后即有牛录额真之部伍。随着征服各部落战争的顺利进行，队伍愈益扩大，至万历二十九年（1601），一牛录扩充为300人，牛录额真升格为官名，成了率领300部伍的将官。当时，有四牛录，分黄、红、蓝、白四色为旗，拥有能征善战的士兵1200人。其后，又经过14年的戎马征程，即到万历四十三年（1615），女真各部族，除叶赫外，均已被努尔哈赤所统一，而且汉人、蒙古族亦多有降附，牛录已增至400，人数已百倍于初。于是，努尔哈赤正式创立了八旗。下分正黄、正白、正红、正蓝四旗，另增镶黄、镶白、镶红、镶蓝四旗。以后，天聪九年（1635），又设蒙古八旗，崇德七年（1642），立汉军八旗。八旗制度，已经完善。

八旗制度，并不是单一的军事组织，而是军政一体、兵农混一的联合体。八旗旗民的户籍，均隶属于各旗之下，其子弟，永远当兵。各旗的旗主，平时为行政长官，战时则为军事指挥。这种兵农合一的制度，决定了在八旗旗民的心目中，打仗就是生产，战事愈多，仗打得越好，他们得到的好处才会愈大。因此，八旗子弟——特别是居于首脑地位的满洲八旗子弟，自幼苦练骑射，剽悍善战。在统一女真各部族的战斗中，以及使蒙古族臣服的战斗中，特别是在推翻明王朝，与汉族地主阶级争夺天下的战斗中，都充分显示了八旗子弟是生气勃勃的，无愧于健儿的称号。这里，不妨看一看他们的战史：万历四十五年（1617），明朝派遣杨镐调集福建、浙江、四川、甘肃等地"号四十七万"（按：明兵之确数，历来记载不一。《盛京通志》等称"明兵四十万人"。萧一山据魏源等说认为"不足十万"，未必可信）大军，讨伐金国，努尔哈赤率领八旗兵，不过六万人，奋力迎战于萨尔浒山，激战仅五日，杀死了明朝的主将杜松，并打败了左右翼马林、刘纤绖军，杀死明军数万，使明朝大军一败涂地，而旗军不过受伤数百人。于此不难想见，八旗子弟在战场上是杀出威风的。其后的历史更表明，在推翻腐朽的明王朝的斗争过程中，曾经叱咤风云、驰骋疆场的明末李自成农民军，也不是他们的对手。这虽然有多方面的原因，但用以说明八旗兵在入关前以及入关后的初期具有很强的战斗力，则是毋庸置疑的。

二

但是，正如俗语所说，"好景不长"。随着满族的定鼎中原，满、汉地主阶级联合专政的清王朝的巩固，当年以骑射为生涯、在刀枪丛中威风凛凛的八旗健儿，日渐萎靡、腐败。

"养兵千日，用兵一时"，关键在于平时的严格训练。这个道理，封建皇帝当然也是懂得的。顺治皇帝就曾经下令："我朝以武功开国，频命征讨不臣，所至克捷，皆恃骑射。今……天下一统，勿以太平而忘武备，尚其益习弓马，务选精良。"①顺治初年，旗兵每月尚训练五六次，后来则次数减少，甚至流于形式。到康熙末年，训练者，已是一团糟。早在雍正元年（1723），雍正帝在召见八旗大臣时，即已指出："训练士卒，有实心操习者，亦有虚应故事者；若尔等按期较射，以图塞责，不过闲谈饮茶而散。"②外省驻防将军及绿营提镇，"出行则皆乘舆"③，以骑马为耻，武艺日益荒疏。有一次，乾隆皇帝亲自检阅八旗大臣引见的军事人员，结果如何？"步箭甚属不堪，且有年岁尚轻，所射非不至布把（靶），即擦地而去；甚至有任意放箭，几至伤人者，成何事体！"④在这些身无技艺的将官统率下，旗兵的训练，只能追求表面文章。乾隆初年，陆军"各省操演之法，大抵旗矗戈甲，期以饰观"；"水师营汛，亦不过演就水阵，聊以塞责而已"；"大概甲丈旗帜，尚属鲜明，而鸟枪骑射各种技艺，则皆属平常"。⑤这种追求"期以饰观"，纯粹为了好看的结果，有时闹出煞风景的笑话。乾隆二十二年（1757），弘历巡幸杭州，"其接驾之绿营兵丁，有奏箫、管细乐者……技近优伶"⑥，不伦不类。

上行下效，八旗士兵不断腐化、溃烂。雍正五年（1727），雍正曾痛心疾首地指出满族旗兵酗酒、赌博，"往赴园馆，一次即费数金"，斗鸡、（斗）鹌鹑、（斗）蟋蟀，"讹诈、盗窃"，"雇人当差"、转卖口粮，"放印子（钱）"、"典（当）钱粮"、"科敛钱粮"⑦，等等，无所不为。更有甚者，有不少旗兵花天酒地，狂嫖滥赌，银钱花光了，干脆把盔甲器械送进当铺。以致雍正不得不重申禁令："从前曾经禁止质当盔甲器械等物，今再严加禁约，交与八旗五城，于京城内外当铺中，所

---

① 刘锦藻编纂：《清朝文献通考》卷192，第6552页。
② 《上谕八旗》第1册，第6页。
③ 刘锦藻编纂：《清朝文献通考》卷192，第6559页。
④ 同上书，第6560页。
⑤ 同上书，第6558页。
⑥ 同上书，第6559页。
⑦ 《上谕八旗》第5册，第21—23页。

有盔甲器械,著以来年正月为限……朕派侍卫官员,乘其不意,将各当铺稽察,倘经察出,务将五城官员及开当铺人、质当之人并该管人、稽察人等,从重治罪。"①但是,收效甚微。数年后,在平定准噶尔的战役中,有一支旗兵居然在前线"贪饕饮食,肆意靡费,以致变卖衣服"②,连穿的也不顾了!到了乾隆、嘉庆之际,八旗子弟更趋堕落。时人载谓:"日逐下流,不知自爱,屡犯王章,不知自改;其所行为,令人不忍言、不忍听,凡世人之鄙而贱之、唾且骂之、君子远而避之、王章犯而惩之之事,彼必锐身而行之,且若曰,非我也其谁能之!其服饰起居,自不待言矣。尤可怪者,人人以赵姓自居,或人亦以此呼之曰赵某、赵几,或黄某、黄几。近日有巴达棍赵二、母猪赵二、忘八赵二、鸡屎赵二之号,言之痛心,不知为其祖若宗者在九泉如何切齿也!"③而至清末,八旗子弟中的很多人,唯知抽鸦片、提鸟笼,什么样的丑事都干得出来。"戳包儿"的把戏,就是典型的例子。史载:"有宦京买妾者,旗女也。一日,忽多人纷至,谓女为宗室,已许嫁,汝何人?乃私娶宗女,罪大恶极,非控告不可。时即有状若差役持黑索欲关提到案者,又有出而排解者,谓女可迎归,某既误娶,罚锾可耳。于是多人拥女去,又留数人迫之出钱,乃奉以三十金,始散。"④这种伎俩何其卑劣。

八旗子弟堕落到这步田地,他们出征时的战斗力,也就可想而知。其实,早在康熙初年平定"三藩之乱"时,八旗兵力的衰弱,已明显可见。当时有个名叫衣衣道人的,曾经说过:"满洲诸将,自尚善贝勒一路外,皆怀二心,有欲举襄阳以北降者,赖蔡制府毓荣(汉人)持之以免,故屯兵岳州城下,八年不战,诸将皆闭营垒而已。"⑤甚至有的将领一听到吴三桂进兵的消息,吓得胆战心惊,埋大炮于土中,赶忙退却,

---

① 《上谕八旗》第2册,第5—6页。
② 《上谕八旗》第10册,第18页。
③ 奕赓:《管见所及》。
④ 徐珂编纂:《清稗类钞》第40册棍骗类"戳包儿"条。
⑤ 昭梿:《啸亭杂录》卷10《衣衣道人》。

唯恐溜之不远。乾隆时期，有论者谓："兵贵朝气，而戒暮气，乾隆之末，皆暮气也！"①当时八旗军丁之腐败，于此可见一斑。如乾隆十三年（1748），在平定金川之役中，讷亲为经略大臣，每临阵，躲得远远的，在帐中发布指示。3000步兵攻打碉堡，遇敌数十人迎击，旗军即败得落花流水。嘉庆初年，旗兵已几乎不能打仗。川、楚、陕等地白莲教起义爆发后，旗兵的腐败，更暴露无遗。时人载谓："征剿阅七年而后，静费国帑以万万计。盖贼无定所，此捕窜彼，彼捕窜此。官兵疲于奔驰，黎民遭其践踏。故彼时有'贼似梳，兵如篦……'之谣；又曰'贼至官兵不见面，贼去官兵始出现'。又大帅景安，专拥兵自卫，闻何处贼至，虽武弁跪求发兵，不许也，只探闻贼遁，彼即拔营缓进三五站，名曰尾追，以掩人之耳目，故有'迎送伯'之号。"②而至道光时期，八旗兵连同康熙平定三藩后兴起的绿营兵，已糜烂到不可收拾的地步。在鸦片战争中，清廷曾命奕山为靖逆将军，赴广东；奕经为扬威将军，赴浙江。这两个八旗子弟表现又怎样呢？"山乃市井无赖，经又富贵膏粱，均不知兵为何物。于是山至广东，大收贿赂，且翠玉甚伙，故有'翡翠将军'之号；经则以酒色为事，妓不离营，故有'琵琶将军'之称，言其抱肉琵琶也。又曰'六子将军'，谓收金子、要银子、养兔子、嫖婊子、请翎子、怕鬼子也。又有套千家诗二首，曰：'清明时节炮纷纷，文蔚奕经吓断魂，借问逃军何处去？渔人遥指麦香村。''月落乌啼炮满天，将军参赞对愁眠。姑苏城外王家港，夜半姑娘上战船。'"③如此荒淫无耻，可谓登峰造极。清季末叶，八旗子弟已成为社会寄生虫，他们的出路也就剩下一条：连同其安身立命的寄生体——清王朝，被人民革命的怒涛席卷而去！

---

① 转引自萧一山：《清代通史》卷中，第210—211页。
② 奕赓：《管见所及补遗》。
③ 奕赓：《管见所及补遗》，第5—6页。

三

清初学者顾炎武在总结明亡教训,论及明代简直是多如牛毛的宗室之患时,曾谓:"为宗属者,大抵皆溺于富贵,妄自骄矜,不知礼义。至其贫者,则游手逐食,靡事不为,名曰天枝,实为弃物。"[①]八旗子弟,尤其满洲八旗子弟的上层,在定鼎中原、重建统一的地主阶级政权的事业中,他们是胜利者,是清王朝的有功之臣;就此而论,他们与明代的宗室一样,是所谓"天枝";但是随着岁月的消逝,这些"天枝"与明代的"天枝"一样,最终也成了一钱不值的"弃物"。八旗子弟的蜕化、战斗力的逐渐丧失,其原因,从根本上说,是在于入关后,满族落后的生产方式,很快就被汉族地区已达烂熟程度的封建生产方式所陶冶,原来的兵农一体,迅速趋向兵农分家;而作为一种职业兵,他们绝对逃脱不了历来汉族地主阶级武装腐化、瓦解的规律。兼之,清初的八旗子弟,是以征服者、胜利者的身份出现的,他们的历史包袱,就必然背得格外沉重。考察八旗子弟没落的过程,不难发现,封建世袭制和封建特权,是八旗子弟的腐蚀剂、滋生社会寄生虫的温床。

八旗中的有功之臣,尤其是宗室,均世袭其职,称为世职。如顺治二年(1645),宗室五灵珠因父登西克阵亡,袭三等轻车都尉;乾隆二十五年(1760),彻尔登阵亡,赏云骑尉;乾隆四十九年(1784),明善阵亡,赏骑都尉,子孙皆世袭。这些还是等而下者。上者更袭公、侯、伯等。其实,清朝统治者早就对他们的宗室封爵,分为十二级。[②] 世袭的结果,不少八旗子弟,几乎还在娘胎里,就已经有了官衔。只是至雍正时,胤禛这个务实的皇帝,才稍加改变。雍正元年(1723),他即指出:"世袭佐领及世袭官员,有年幼者于供职之处,未曾历

---

① 顾炎武:《日知录集释》卷9"宗室"条。
② 《清会典》卷1。

练……嗣后凡十六岁上朝之佐领，著委令一员率领指教，俟四五年后，再令其自行供职。其十八岁上朝之世职，亦令委员指教，俟三年后，再令其自行供职。"① 同时，在新的征战中，立大功者，亦授予世袭官职。如平定西藏后，雍正元年（1723），对"两路率领八旗官兵进剿之将军等，著给与世袭三等阿达哈哈番（官名）"②，凡世袭官职者，均写进家谱，以便代代相传。甚至即使因犯罪被革退者，仍可袭于旁支子孙；包括因在军政大计方面犯有重大罪行而被参革者，乾隆年间又特准承袭。③ 乾隆四十七年（1782），"又有冠顶之恩。除王公子弟，例有应封者，及岁时先冠用应封顶戴外，凡不应封之闲散宗室，至十八岁，俱冠用四品顶戴，准用四品武职补服，于是乎冠而冕之，堂且皇也"④。乾隆五十一年（1786），世袭的范围又进一步扩大，"凡阵亡人员，无论汉人及旗人之用于绿营者，总与旗人一体给与世职，即袭次完时，亦照例给恩旗尉，俾得赏延于世……使其子孙永承恩泽"⑤。这种世袭制的结果，导致八旗子弟自幼即跻身青云，安富尊荣，肥马轻裘，挥霍无度。

八旗子弟享有的种种封建特权，更是书不胜书。

在政治上，他们可以从普通的八旗士兵，爬到将军、大臣的高位。雍正帝就对他们喋喋不休地说过："况尔兵丁，世受国恩，朝廷爱养，犹如赤子，凡八旗将军大臣等，多由行伍出身，渐登荣显。"⑥ 雍正初年，还特设"教养兵"，"将旗下满洲、蒙古、汉军共选四千八百人为教养兵，训练艺业，每人各给三两银粮"⑦，以事栽培。八旗子弟畜奴成风，对奴婢恣意虐待，致使婢仆往往饮恨自尽，仅康熙初年，每

---

① 《上谕八旗》第 1 册，第 9 页。
② 《上谕八旗》第 1 册，第 13 页。
③ 奕赓：《管见所及》。
④ 同上书，第 3 页。
⑤ 王嵩儒辑录：《掌固零拾》第二卷 2，文海出版社 1967 年版，第 60—61 页。
⑥ 《上谕八旗》第 8 册，第 1 页。
⑦ 刘锦藻编纂：《清朝文献通考》卷 192，第 6394 页。

岁报部自尽者,即不下2000人。[1]而八旗子弟并未受法律制裁。事实上,他们在法律上,即享有种种特权;犯罪后,都不归司法机关处理,而另归其步军统领、都统、将军或内务府慎刑司,并有"换刑",如"笞杖照数鞭责,军、流、徒免发遣,分别枷号"[2]。至于免刑、宽刑等项,基本上都属于他们独享。

在经济上,清兵进入北京后,八旗即圈占近畿房地,拨为旗产,又发给口粮。子女七岁以上,即食全俸。有些旗兵,已是满头白发,老朽昏聩,也不革退,照拿薪饷。为了让日益腐化的八旗士兵偿还债务,清朝皇帝还动辄发赏银,康熙皇帝一次"曾发帑金五百四十一万五千余两……其后,又发帑金六百五十五万四千余两";雍正皇帝即位后,也发赏银数次,"每次所赏需银三十五六万两"。而旗兵到手后,依旧大肆挥霍,使这些巨款很快便"荡然无存……悉成乌有"[3]。康熙帝、雍正帝还在旗兵中特设所谓"公库"、"广善库",将大宗银两借给旗兵,结果,大量拖欠,归还无日,最后又"全部豁免"。旗兵的田产,往往大量隐瞒,也不追究。

在文化方面,从清初直到嘉庆四年(1799),宗室"俱不由乡举,径赴会试"[4],优待至极。更举行宗室会试,成绩稍有可观者,即委以重任。清朝皇帝还常常对八旗中的举人、生员予以优厚待遇,让其专心攻书。

但是,八旗子弟的特权越多越大,只能使他们腐败的速度越快,程度越重。八旗子弟有句口头禅,即"汉人无累,旗人有累"。所谓"累"者,即老本也。老本是什么?无非是仰仗他们的祖先当年曾以血肉之躯,出生入死,杀出了一个清王朝。因此,他们觉得有恃无恐,认为坐吃俸禄理所当然。对此,雍正帝曾予以痛斥,谓"自兹以

---

[1] 徐珂编撰:《清稗类钞》第39册,第5页。
[2] 中华人民共和国国务院法制局法制史研究室注:《清史稿刑法志注解》,法律出版社1957年版,第104页。
[3] 《上谕八旗》第5册,第19页。
[4] 王嵩儒辑录:《掌故零拾》第二卷3,文海出版社1967年版,第2页。

后……不得藉汉人无累、旗人有累之说，以遂其罔上行私之术"，令"八旗子弟，各习其业"，念"从前积累之维艰"。①但是，雍正的痛斥也好，命令也好，效果只能是等于零。因为，封建特权是封建等级制的产物，君权本身就是封建等级制真正的护法神，也是封建特权最大的体现者和最高的代表者。由皇帝来限制八旗子弟的特权，无异是大巫骂小巫，骂来骂去还是巫。而事实上，从根本上说，君权正是八旗子弟最大的保护伞。如嘉庆二十一年（1816），御史罗家彦上疏，为解决旗民生计，建议"八旗老幼男妇，皆以纺织为业"，竟遭嘉庆帝的严厉训斥，当即被"革退御史"②，丢了乌纱帽。乾隆时，为了卸下八旗生计日益贫困的沉重包袱，以减轻清政府的财政压力，曾实行过"移住旗人"实边与移"八旗屯种"实边，但也了无结果。八旗垦户或屯户，皆用汉人代垦、代耕，收租取成，不劳而获；最后，索性仍溜回北京居住，将清政府赐给他们的土地，或典或卖，不久依旧两手空空。显然，没落的封建地主阶级，是无力也不可能挽救本阶级走向灭亡的命运的。清代的历朝皇帝，特别是雍正，曾反复劝谕，并采取种种措施，企图改变江河日下、世风日颓的八旗子弟急剧没落的趋势，但历史表明，这不过是已进入末世的地主阶级的悲鸣而已。

这里，历史的教训应该说是够清楚了：搞世袭制必然没落，坚持封建特权，必然衰亡。清朝的世袭制与封建特权，使八旗子弟踞于人民之上，与生产脱离，其结果，只能使他们成为酒囊饭袋，一堆废物。民谚有谓："金丝笼中金丝鸟——一定养不好。"这是闪烁着真理火花的格言，发人深思。

（原载中国社会科学院写作组：《未定稿》，1979年第44期，后被《百科知识》1980年第1期转载）

---

① 《上谕八旗》第2册，第2页。
② 奕赓：《东华录缀言》卷6。

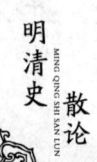

论"四权"与明末农民战争的关系（1980）

所谓"四权"，是指政权、族权、神权、夫权。毛泽东曾经指出："中国的男子，普遍要受三种有系统的权力的支配：（1）由一国、一省、一县以至一乡的国家系统（政权）；（2）由宗祠、支祠以至家长的家族系统（族权）；（3）由阎罗天子、城隍庙王以至土地菩萨的阴间系统以及由玉皇上帝以至各种神怪的神仙系统——总称之为鬼神系统（神权）。至于女子，除受上述三种权力的支配以外，还受男子的支配（夫权）。这四种权力——政权、族权、神权、夫权，代表了全部封建宗法的思想和制度，是束缚中国人民特别是农民的四条极大的绳索。"[①]这里，尽管毛泽东所论述的"四权"，是针对现代——具体地说，即半殖民地半封建社会的旧中国而言的。但是，毫无疑义，这种对"四权"的概括，也适用于中国古代的封建社会。一部中国古代封建社会史充分表明，"四权"亦即四条极大的绳索，是对农民阶级和地主阶级这两大对抗阶级间矛盾的概括。在20世纪60年代初期，史学界曾经探讨过"四权"与中国古代农民战争的关系。当时，针对史学界特别是某位史家在论述"四权"与中国古代农民战争关系时，将"四权"抽象化、简单化的观点，笔者曾参与写了《论"四权"与中国古代农民战

---

① 《毛泽东选集》卷1，人民出版社1966年版，第31页。

争的关系》[1]一文，予以讨论。中华民族在经历了林彪、"四人帮"这一场空前的文化浩劫之后，农民战争史研究领域，像其他领域一样，正在复苏。从目前农民战争史的研究动向来看，"四权"与中国古代农民战争的关系，实际上又被重新提到课题上来，而且分歧不小。这里，本文拟对"四权"与明末农民战争的关系，略抒管见。鉴于明末农民战争是中国古代农民战争史上的一个典型，搞清楚"四权"与明末农民战争的关系，对于了解"四权"与中国古代的农民战争，显然是很有必要的。

一

在波澜壮阔的明末农民战争中，农民军的主要代表人物李自成、张献忠，曾先后建立了政权，这在史学界是没有疑义的。但是，在对这种政权的理解上，分歧就很大了。特别是李自成的大顺政权，是不是封建政权？有没有向封建政权转化？有没有完成这个转化？这些问题，史学界曾经热烈地辩论过，尽管在辩论中，后来由于十几年前那种大家都知道的、从上到下的特殊风气使然，给主张大顺政权是封建政权或认为李自成失败前大顺政权已完成向封建政权转化的某些同志，粗暴地扣上种种帽子，这是错误的。但是，经过那场论战，对明末农民军所建政权的研究，毕竟是深入了一步。

较早开始研究中国农民战争的前辈史学家陈守实教授，生前曾提出这样一种看法：在自然经济主宰的封建所有制下，古代农民在革命战争中所建立的政权，无所谓向封建政权转化，而是发展的必然趋势，

---

[1] 陈嘉铮、龙德瑜：《论"四权"与中国古代农民战争的关系》，《学术月刊》1960年第12期（又收入史绍宾编：《中国农民战争问题讨论集》，生活·读书·新知三联书店1962年版）。这是在陈守实先生的建议、指导下，由包括笔者在内的几位同志共同讨论、执笔，用笔名发表的。

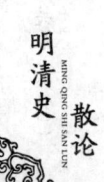

因为当时既没有资产阶级，也没有无产阶级，在封建生产方式下发生的农民革命，在战争中所建立的政权，无法摆脱封建生产方式的制约，因而最终必然在封建所有制下发展成为封建政权。[①]笔者认为，陈守实先生的这一观点，是颇有见地的。

在封建社会内，农民阶级和地主阶级间的矛盾、对抗，其社会基础是地主土地所有制。而地主土地所有制，不仅包含了地主、贵族及其最大的代表者皇帝拥有最大部分的土地，而农民则很少土地，或者完全没有土地，农民不得不去租佃地主的土地，把收获的大部分作为地租交纳给地主。而且还包含了中国封建社会两三千年来，始终是以一家一户为单位的个体生产，是自给自足的自然经济占主要地位，这就是封建统治的经济基础。作为"四权"之一的政权这根绳索，既是这种社会经济基础的反映，也是为巩固这个社会经济基础而服务的上层建筑。喘息、挣扎在地主阶级铁蹄下的农民，被逼上梁山，奋起造反后，必然把矛头指向地主阶级政权这根绳索，不断地打击它、松动它，并在斗争中建立起与地主阶级政权相对抗的革命政权。但是，从陈胜、吴广大起义直到近代洪秀全等领导的太平天国运动，所有的农民没有也无法认识到产生封建关系的另一个根源，不是别的，正是地主土地所有制的另一个重要方面，即两三千年来，以一家一户为单位的个体生产、自给自足的自然经济占主导地位的经济关系。对于这个封建剥削与封建压迫的社会基础，在我国古代前仆后继的农民战争中，没有一次农民战争曾经予以触动。而事实上，正是在这个以一家一户为单位的自然经济基础上，不仅不断滋生出新的封建剥削关系，而且革命农民在这个经济基础上建立的政权，无法摆脱与这个经济基础相适应的、以家长制为其重要内容的封建等级制的制约。下面，本文从明末农民军所建政权的礼仪这一侧面，来看一看大顺政权发展的必然

---

① 详见陈守实先生的遗稿：《中国农民战争史散论》，中国农民战争史研究会编：《中国农民战争史研究集刊》第1辑，上海人民出版社1979年版。

趋势究竟通向何方。

李自成进入北京后,在农民军内部,曾发生过这样的事:"闯贼日置酒宫中,召牛金星、宋献策、宋企郊、刘宗敏、李过等欢饮。牛、李执礼恭,闻呼辄避席而答。余贼杂坐觥倾酒,手攫食。宗敏时呼大哥,闯贼无如之何。贼党久称公侯将相,而贼态自在。坐则相压,行则相逸,谑以诟詈,戏则推蹴,目不能识丁,手不能握管。……时加以规讽,不能改也。"①又,农民军的重要将领"顾君恩往往科头坐吏部堂,举足置案上,乘醉携蛮童,唱边关调为乐。伪尚书企郊规之曰:'衙门自有体,不比营中可以自放。'君恩哂之曰:'老宋犹作旧时气象耶?'"②此事颇为发人深思,它尖锐地表明了革命农民与封建礼仪之间的矛盾。牛金星出身举人,对封建礼节当然是娴熟的,李过是李自成的养子,而且常常身不离自成左右,对日益发展起来的封建礼节耳濡目染,自然也早已适应,所以才那样"执礼恭"。而像刘宗敏、顾君恩那样的重要将领,特别是战功赫赫、握有兵权的刘宗敏,来自农村,出身寒微,对封建礼节还很不习惯。"老宋犹作旧时气象耶?"顾君恩可谓一语道破了革命农民与"旧时气象",亦即附着在旧的地主阶级政权机体上那套封建礼仪之间的矛盾。这时,李自成毕竟还没有正式登上皇帝的宝座,东有满兵及吴三桂,南有南明,西南有张献忠,一言以蔽之,大顺政权还没有一统天下,而且根本还谈不上巩固二字,因此李自成至高无上的专制权威还没有完全确立,他对于老部下的失礼行为,暂时也就只能"无如之何"。当然,不管是刘宗敏也好,还是顾君恩也好,他们对李自成的失礼,毕竟是那个历史时期暂时的现象。如果李自成的帝位坐稳了,无论是刘宗敏、顾君恩或是其他任何人,如果他们不存心想身首异处的话,就必须得惶惶然地向李自成叩首称臣,严格遵从一切有关的封建礼节。追溯历史,这个问题便更为了然。

---

① 戴笠、吴殳:《怀陵流寇始终录》卷18。
② 同上。

汉高祖刘邦当了皇帝后，起初还是"五日一朝太公，如家人父子礼。太公家令说太公曰：'天无二日，土无二王。今高祖虽子，人主也；太公虽父，人臣也。奈何令人主拜人臣？如此则威重不行。'后高祖朝，太公拥彗，迎门却行。高祖大惊，下扶太公，太公曰：'帝，人主也，奈何以我乱天下法？'于是，高祖乃尊太公为太上皇"①。就刘邦父子而论，当了皇帝后，父子关系必须服从于主臣关系，当年他们在泗水之滨耕作之际，恐怕是做梦也没有想到的。必须看到，李自成与牛金星、顾君恩等将领之间，以及顾君恩与旧营垒中进士出身的士大夫宋企郊之间礼仪上的矛盾，绝不是彼此间个人品质的不同而造成的，归根到底，还是那个封建经济基础的必然产物。

礼是什么？作为人类社会生活的产物，它是关于人类社会生活秩序和社会关系的规定，而在封建社会中，则是封建等级制下尊卑贵贱秩序的规范。让我们来看一看，李自成在北京登基时，究竟采用了什么礼仪。

需要指出的是，李自成正式登上皇帝的宝座，固然是在北京。但实际上，在西安名曰称王，实已称帝。从李自成在西安以及在北京坐上金銮宝殿之前的一系列礼仪上，不难窥知这一点。例如，李自成在西安称王后，"追尊其曾祖以下，加谥号"②，这就不是行的王礼，而是行的帝礼，李自成"每三日，即亲至大教场校射，身御蓝布袍，张小黄盖乘马，百姓望见黄龙旗皆辟易"③。李自成穿蓝布袍并不像某些史学工作者所解释那样，是什么艰苦朴素，保持农民本色，而是由于李自成等在五德始终说的影响下，认为明朝既是火德，他们便"以水德王，衣服尚蓝，故军中俱穿蓝，官帽亦用蓝"④。值得注意的是，所张

---

① 《史记》卷 8《高祖本纪》。
② 《明史》卷 309《流贼传》。
③ 吴伟业：《绥寇纪略》卷 9《通城击》。
④ 赵士锦：《甲申纪事》，中华书局 1959 年版，第 16—17 页。

"黄盖"，亦即华盖，也是用天子之礼。又如：李自成早已称朕。崇祯十七年（1644）二月，李自成在攻克潞安，分骑趋怀庆、彰德时所发布的檄文中有谓"朕起布衣，目击憔悴之形"①云云，是其一例，进京后，三月二十三日，李自成在文华殿召见明朝降官时，谓"朕只为几个百姓，故起义兵"②，是另一例。人所周知，朕，我也，在先秦时代，不论尊卑贵贱，都可以称朕。但至秦始皇时，在李斯的建议下，朕变成了皇帝的代名词、专用品，后世一直沿袭下来。不仅如此，李自成在部属、降官甚至百姓的口语中，也早已被称之为圣上、天子、皇帝、万岁。请看事实：李自成克昌平后，"我兵（指明朝军队）至三里坡，已有老人、生员在前迎接，刘老爷（指刘宗敏）先至，吾辈跪云：昌平守兵降。刘老爷云：圣驾在后。须臾皇帝（自成）至，跪降之"③。进京后，宋企郊对前来攀附的秀才说："贺朝大典，安用若辈，速回读，候新天子考试。"④而普通百姓，在李自成军刚刚攻破北京之际，"设香烟，粘黄纸一条，书大顺永昌皇帝万岁万万岁"⑤。凡此都充分表明，实际上李自成早已称帝，那套散发着封建君主腐朽气息的礼仪，犹如蛇菌、毒蕈，把李自成装点得面目全非了。而李自成在北京正式登上皇帝宝座时的礼仪，因为事先就经过精心的安排、演习，虽然是在山海关战败之后匆匆举行的，但仍然颇为隆重。史载："二十九日丙戌，僭帝号于武英殿，追尊七代皆为帝后，立妻高氏为皇后。自成被冠冕，列仗受朝。金星代行郊天礼。"⑥而在此前，大顺政权的礼部已"示闯贼先世祖讳，如自、印、务、明、光、安、定、成等字悉避"⑦。事

---

① 谈迁：《国榷》卷100"思宗崇祯十七年甲申正月至三月"条。
② 钱𫐐：《甲申传信录》卷5《槐国衣冠》。
③ 赵士锦：《甲申纪事》，第16—17页。
④ 钱邦芑：《崇祯甲申燕都纪变实录》，第2页。
⑤ 赵士锦：《甲申纪事》，第9页。
⑥ 《明史》卷309《流贼传》。
⑦ 戴笠、吴殳：《怀陵流寇始终录》卷18。

物是相比较而存在的。这里，本文不妨将李自成的登极仪，跟被李自成推翻的明王朝的老祖宗朱元璋称帝时的登极仪，略予比较。史载："明兴，太祖以吴元年十二月将即位，命左相国李善长等具仪。善长率礼官奏。即位日，先告祀天地。礼成，即帝位于南郊。丞相率百官以下及都民耆老，拜贺舞蹈，呼万岁者三。具卤簿导从，诣太庙，上追尊四世册宝，告祀社稷。还，具衮冕①，御奉天殿，百官上表贺。"②对比一下李自成和靠农民起义起家、最后当上封建皇帝的朱元璋的登极仪，不难发现，何其相似乃尔！

过去，史学界某些同志在论述李自成政权时，强调李自成的称帝及其封建礼仪，只不过是沿袭了封建政权的形式，并不影响大顺政权的性质。笔者认为，这种看法是难以成立的。恩格斯说过："直到现在社会是在阶级对立之中发展，所以道德总是阶级的道德……只有在不仅消灭了阶级对立，而且甚至在实际生活中这种对立已被遗忘了的社会发展阶段上，超越阶级对立及对这种对立的回忆之上的、真正人类的道德方才成为可能。"③恩格斯分析的道德，也适用于礼仪。在阶级社会里，礼仪总是阶级的礼仪，超阶级的礼仪是没有的。本文在前面已经指出，封建社会的礼仪，是封建等级的产物，是对地主阶级确立的尊卑贵贱秩序的规范。李自成及其大顺政权既然被这种规范所制约，就不能不在实际上被这种规范所筑起的一堵高墙，与革命农民相隔绝，沿着封建化的道路迅速滑下去。更何况问题还在于另一个方面，即植根于一家一户个体生产的自然经济基础上的家长制，本身就是历代封

---

① 蔡邕：《独断》："天子出，车驾次第，谓之卤簿。"明人王三聘辑：《事物考》卷4："卤簿大驾……自秦始有其名。……国朝凡正旦、冬至、圣节三大朝会，兵部车驾司会同锦衣卫陈卤簿大驾于殿之东西……"礼极隆重。李自成登基后，亦行卤簿之礼。钱䭰：《甲申传信录》卷8《借兵复仇》："闯自永平驰千里马，一日夜至京师广……佯以登极祀天，陈卤簿出郊，二十八日宵遁。"载之甚明。
② 《明史》卷53《礼七》，登极仪。
③ 恩格斯：《反杜林论》，人民出版社1956年版，第96页。

建帝王统治的支柱，而作为不断分化的小生产者的代表人物李自成，随着起义后地位的改变，手中的权力愈来愈大，是很容易沿着家长制的道路，由一家一户的家长，变成全国最大的家长——封建皇帝的。这是历代农民革命变质的内因，李自成及其大顺政权，丝毫也不会例外。仅仅从大顺政权的封建礼仪这一侧面，难道还不足以看出，这个政权发展的必然趋势，最终不正是通向封建地主阶级的政权吗？必须看到，包括封建礼仪在内的地主阶级的政权形式，本身就是农民不可能斩断的绞索。把这根绞索抽象化，抹杀其阶级实质，起码也是一种对历史的误解。

二

如前所述，家长制是封建等级制的基础。两三千年来的封建社会，贯穿着这根宗法纽带。封建的家长制，是封建经济基础的产物，又是巩固这个基础的利器。地主阶级及其政权通过封建家长来实现它对农民的各种经济的、政治的要求。儒家的"君为臣纲，父为子纲，夫为妻纲"的陈词滥调，被历代统治阶级奉为金科玉律，大肆宣扬，以确立家长在家庭内的绝对统治。封建的政治体系与家族宗法的伦理体系密切配合，巩固封建家庭秩序和巩固地主阶级的统治紧紧相连。因此，封建家长的权力，实际上代行着一部分封建国家的职能。明中叶尹畊有谓："国制，族有望，甲有长，里有总，其乡秩然也。"[①]这就清楚地表明，明代的封建统治者，把封建家族关系与基层政权的保甲制糅合在一起，使族权这根绳索，更紧地捆绑在广大人民，特别是农民的身上。

与历次农民起义一样，明末农民大起义从酝酿发动到燃起燎原烈

---

① 尹畊：《乡约》，畿辅丛书本，第1页。

火的过程，就是冲破封建宗法关系束缚，不断对族权予以打击的过程。就张献忠来说，史载："开科取士，状元姓易，本姓杨，因张献忠极恨朱、杨、左三姓，见无不杀，故去木旁以避之也。"① "凡王府宗支，不分顺逆，不分军民，是朱姓者尽皆诛杀，在城乡绅，亦无噍类"②，张献忠对朱明王朝及其忠实鹰犬杨嗣昌、左良玉恨之入骨，遇此三姓，严厉镇压，对封建宗法关系，当然是个沉重打击，但不分青红皂白，仅仅以姓划分，确定打击方向，也充分反映了作为私有制下农民这个自发阶级的领袖张献忠，还不可能真正认清封建族权的阶级本质，因而扩大了打击面。这个问题从根本上来说，也恰恰表明了古代的农民革命，是不可能真正斩断族权这根绳索的。

事实正是这样，在明末农民战争中，在封建宗法关系这株枯藤老树上滋生的家族观念、地方观念，成为农民军及其领袖的严重腐蚀剂。有的农民军的将领，囿于家庭的束缚，成为叛徒。刘国能即为一例。史载："（崇祯十一年）大贼闯塌天姓名刘国能降于左良玉。……国能曾为庠生，被掠入贼，不得返正。遂以智勇著名，性孝，归降，奉其母命也。"③刘国能后在叶县被农民军所杀，成了明王朝的殉葬品。宗法观念也常常使农民军混淆阶级界限。如："甲申，寇变，邑绅士俱被掳掠，君父亦见幽于公廨，君号泣赴之，哀动路人。贼咄咄相谓曰：孝子也，卒脱于难。"④又如，明督师李建泰刚刚投降，李锦即"呼建泰为叔父"⑤。亲热如此之早，其唯一的原因，不过是李建泰姓李而已。再如，即使在激烈的战斗中，双方对阵时，农民军遇到官军中的亲友，仍亲热异常，委以诸事。史载：崇祯九年（1636）四月，"陕按钱守廉奏曰：贼复入秦，据西安州县，攻杀寨堡。延安南北，尸积原野，血

---

① 花村看行侍者：《谈往》卷1。
② 阙名：《纪事略》，中华书局1959年版，第42页。
③ 戴笠、吴殳：《怀陵流寇始终录》卷11。
④ 申涵盼：《忠裕堂集》，丛书集成本，第52—53页。
⑤ 戴笠、吴殳：《怀陵流寇始终录》卷17。

泛荒河。贼本起于延安，官兵多其亲旧。每对阵时，拱手寒温，赠人事，寄家书，委以财物、牲畜、人口，斩级报告"①。即使像张献忠那样的农民领袖，对于明朝官吏的任用，往往不论其表现如何，而以是否同乡为转移。例如，张献忠攻克成都后，"惟按台及成都推官刘士斗、华阳知县沈云祚被执，刘、沈二公当时见杀，张献忠以按台同里，强欲留用。而按台坚白之操，任其磨涅，终不磷缁。张献忠给衣帽，即当面掣碎，以金杯致酒，按台迎面掷之，溅忠满面，骂不绝口。又强留数日，按台勺水不入口，惟求速死，至七日后方见杀"②。对于张献忠来说，真不啻是自讨没趣了。同宗、同乡观念，更为明朝官吏在农民军内部重新掌握大权大开方便之门，成为农民革命队伍变质的一个重要原因。例如，崇祯十六年（1643）正月，农民军攻克承天府，"巡抚李振声迎降，与自成通谱"③。后即被委以兵政府侍郎。而在进入北京后，"工科给事中高翔汉、翰林院检讨刘世芳、少詹事胡世安，并改为宏文馆检讨，俱自成乡曲奥援也"④。而李自成在西安称王后，"大会群贼，戎马万匹，旌旗百里，诣米脂祭墓"⑤，"访求宗人，赠金封爵"⑥。上行下效。"凡秦人之为贼者，无不访宗族，修坟墓。"⑦李自成在北京甚至公开宣称："陕，吾之故乡也。富贵必归故乡，即十燕未足易一西安！"⑧在这衣锦还乡、大肆扫墓、访求宗人的金鼓声中，以及"十燕未足易一西安"的声言中，我们仿佛看到了衣锦还乡的汉高祖刘邦在历史的坟墓中向李自成招手，农民起义领袖向封建皇帝蜕

---

① 戴笠、吴殳：《怀陵流寇始终录》卷9。
② 阙名：《纪事略》，第14页。
③ 徐鼒：《小腆纪年》附考卷1，中华书局1957年版，第15页。而据郑廉：《豫变纪略》卷5载，自成甚至因李振声是米脂人，既同乡，又同姓，呼之为兄。
④ 谈迁：《国榷》卷100"思宗崇祯十七年甲申正月至三月"条。
⑤ 吴伟业：《绥寇纪略》卷9《通城击》。
⑥ 《见闻随笔》卷上，临海宋氏刊本，第31页。
⑦ 吴伟业：《绥寇纪略》卷9《通城击》。
⑧ 谈迁：《国榷》卷101"思宗崇祯十七年甲申三月至五月"条。

化的历史悲剧,再一次在我们的眼前重演。显然,在明末农民战争中,叱咤风云的农民英雄们,与古代历次农民战争一样,他们没有,也不可能完全打破家族宗法思想对他们的束缚,真正推翻封建族权这座大山。

三

历代封建统治阶级都以神道设教,用宗教迷信麻痹人民的反抗思想。明王朝利用各种形式,通过各种渠道,在宣扬阴阳五行、君权神授、敬天法祖、祀神祭鬼、万事命定等方面,可谓竭尽全力。早在洪武元年(1368),朱元璋即命令李善长撰《郊祀议》,鼓吹"'王者事天明,事地察,故冬至报天,夏至报地,所以顺阴阳之义也。……今当遵古制,分祭天地于南北郊。冬至则祀昊天上帝于圜丘,以大明、夜明、星辰、太岁从祀。夏至则祀皇地祇于方丘,以五岳、五镇、四海、四渎从祀。'太祖如其议行之"①。仅从此郊祀之制,不难看出明王朝在宣扬天命论方面,如何费尽心机。而兜售天命论的各种所谓警语、格言,像噩梦一般缠着人们的头脑。什么"天道远,人道近,顺人情,合天理;人间私语,天闻若雷,暗室欺心,神目如电……人可欺,天不可欺,人可瞒,天不可瞒;人善人欺天不欺,人恶人怕天不怕;若问前世因,今生受者是,若问后世因,今生作者是"②,如此等等。毫无疑问,神权是套在劳动人民头上的另一根绳索。

过去,史学界有人认为明末农民战争与宗教没有发生什么关系,这是明末农民战争的一个显著特点。这种说法并不妥当。马克思曾经指出:"那种生产组织,为劳动生产力的低级发展阶段,和物质生活创造过程中人与人间及人与自然间相应的狭隘关系所规定。这种现实的

---

① 《明史》卷48《礼二》。
② 陈元靓:《事林广记》卷9"譬世格言"。

狭隘性，观念地反映在古代的自然宗教和民众宗教上了。现实世界的宗教反映，一般说来，只有到实际日常生活的关系已经在人面前表现为他们相互之间以及他们和自然之间的明白合理的关系的时候，才有可能消灭。"①显然，宗教是人类历史发展上的一个幼稚病，是人类对社会和自然一种软弱的表现。这种幼稚和软弱是随着人类社会的发展，逐渐减淡而趋于消亡的。而在明代那样的封建社会中，"人与人间及人与自然间"的关系，在"实际日常生活的关系"中，当然还绝对不可能表现为"明白合理的关系"，因此，作为人类发展史上的幼稚病，明代劳动人民是难以祛除的。换言之，他们还不可能完全排除宗教的迷雾，真正跳出神权的牢笼。

当然，如同毛泽东指出的那样，"神权的动摇，也是跟着农民运动的发展而普遍"②。明末农民大起义爆发后，对神权是个沉重打击。以凤阳为例，王世贞谓："国初欲都之不就，今为中都留守司。城周三十里，门九正，南曰洪武……左曰长春，右曰朝阳，正西曰涂山。"③其中紫禁城内，有皇陵享殿，城中并有龙兴寺等，被视为神圣不可侵犯之所。可以说，凤阳不仅是明王朝政权的重要组成部分，也是神权的一个象征。但是，崇祯八年（1635），农民军打下凤阳，一把火烧了皇陵、龙兴寺，这对神权来说，不能不是个沉重打击。也正是在此役后不久，张献忠在进军全椒途中，"诣神祀卜所向，不吉，碎其像去"④。这一举动，在一定程度上显示了对神权的蔑视。但是，这一举动的本身，即"诣神祀卜所向，不吉"，同样也清楚地表明了，张献忠脑子里仍然盘旋着宗教观念，依然有天命论的思想。甚至他有时杀人，也"名曰天杀"⑤，无非是表明"替天行道"。四川民间，流

---

① 马克思：《资本论》卷1，人民出版社1963年版，第56页。
② 《毛泽东选集》卷1，人民出版社1966年版，第32页。
③ 王世贞：《凤洲杂编》卷1，纪录汇编本，第1页。
④ 吴伟业：《绥寇纪略》卷3《真宁恨》。
⑤ 吴伟业：《绥寇纪略》卷10《盐亭诛》。

行俚语曰"张家长，李家短"，对这句今日还普遍流行的口头禅，张献忠竟以谶纬之说视之，"笑曰：此我家胜自成之谶也"①。对于李自成来说，更是如此。早在荥阳大会时，李自成提出分兵主张，最后却以"其利钝举听之天"作结，并"列阄而定之"。②在进攻北京途中的檄文里，开头第一句就说："上帝监视，实惟求莫，下民归往，祗切来苏。"又谓"犹虑尔君若臣未达帝心"③，云云。进京后，李自成又是宣扬"识天时"④，又是迷信天象的吉凶⑤，不一而足。凡此都清楚表明，李自成不仅没有摆脱封建统治阶级极力散布的天命观的束缚，而且在西安名曰称王实已称帝后，尤其进京后，俨然以真命天子自居。这正是表明，他在封建化的道路上已经走得够远了。必须指出的是，最近史学界有的同志认为地主阶级有地主阶级的天命观，农民阶级有农民阶级的天命观，并概括出"两个阶级两重天"的政治命题，也有的同志说"革命农民的天命观尚有其一定的进步性"。笔者认为，这种观点是站不住脚的。作为神权的精神支柱的天命观，是反动的、落后的意识形态，如果以为农民军可以把它改造成为另一种有益于自己的、革命的思想武器，只不过是想当然耳，正如有的同志所指出的那样，"是把农民保守的落后的思想当作革命思想来颂扬"⑥，在客观上美化了神权。天命论只有一个，它不可能具有二重本质。在封建社会，农民起来反抗封建统治时，绝不是夺取神权，而是动摇神权。还需一提的是，史学界主张农民有所谓革命哲学思想，看不到农民阶级根本不可能与地主阶级的天命论完全决裂的同志，为了证明明末农民军的敢于骂天、反天命，每引用艾纳居士《豆棚闲话》中所谓"边调

---

① 吴伟业：《绥寇纪略》卷10《盐亭诛》。
② 吴伟业：《绥寇纪略》卷2《车厢困》。
③ 谈迁：《国榷》卷100"思宗崇祯十七年甲申正月至三月"条。
④ 陈济生：《再生纪略》，第13页。
⑤ 《北归纪》，第14页。
⑥ 蒋祖缘：《李自成与朱由检争夺天命的斗争》，《学术研究》1979年第3期。

曲儿"的"老天爷，你不会做天，你塌了罢"的话，以此证明农民军的所谓"塌天改世"革命"哲学思想"是何等的坚定、强烈。实际上，这条史料大有问题。笔者初步考辨的结果证明，"边调曲儿"不是民谣，而是地主阶级文人写的恶毒咒骂农民军的歪诗。对此，因已撰有专文①，限于篇幅，这里不再赘述。

关于夫权，明末农民大起义爆发后，亦随之动摇。在农民军中，妇女是一支重要力量，发挥了很大作用。甚至在明末农民战争的初期阶段，有时"贼所部妇女倍于男"②。妇女除了"作军装，乘马以从"③外，其中的一部分还直接参加战斗。但是，这种夫权的动摇，绝不能视之为夫权的瓦解。妇女解放的任务，不是农民这个自发阶级所能完成的。在明末农民军内部，仍然有很重的夫权色彩，"兵死令妻妾缢以从"④，典型地表明了这一点。虐待、污辱甚至杀害妇女的现象，也并不是没有发生过，史有明载，毋庸讳言，尤其在张献忠的队伍中更甚。当然，比起农民军的历史功绩，这毕竟是支流。

四

通过上述对明末农民战争与"四权"关系的粗略考察，笔者认为，明末农民奋起反抗地主阶级统治的战斗历程，就是打击、削弱"四权"的过程。这一历史功勋是彪炳史册的。但是，农民是个自发的阶级，在当时没有新的生产力和新的生产关系，一家一户的个体小生产构成的自然经济这一封建经济基础，并未也根本不可能受到农民军丝毫触动的历史条件下，革命农民尽管打击了"四权"，但只是动摇了

---

① 参见王春瑜：《明末农战史杂识》第二节"'边调曲儿'辨"，中国农民战争史研究会编：《中国农民战争史研究集刊》第1辑，上海人民出版社1979年版。
② 查继佐：《罪惟录》卷17《毅宗纪》。
③ 戴笠、吴殳：《怀陵流寇始终录》卷6。
④ 吴伟业：《绥寇纪略》卷9《通城击》。

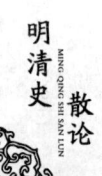

这四根绳索。他们推翻了明王朝的地主阶级政权，但却又模仿、因袭它，使自己用碧血建立起来的革命政权，逐步向地主阶级政权发展、衍化，他们打击了神权、族权、夫权，但宛如魔影相随，并不能摆脱它的反动影响。与古代历次农民战争，包括近代的太平天国革命在内，均以失败告终一样，明末农民军被满汉地主阶级联合绞杀后，革命农民重新被"四权"的绳索紧紧缚住。四根绳索难斩断，常令史家愤不平。这是明末农民英雄们的悲剧所在，也是所有旧式农民革命的悲剧所在。真正彻底斩断这四根绳索这一艰巨的历史任务，只有在近代的无产阶级领导下，并在夺取政权后，不断革命，清除封建主义的污泥浊水，经过相当长历史时期的斗争，才能完成。

（《中国农民战争史论丛》第 2 辑，河南人民出版社 1980 年版）

论朱升（1980）

前几年，由于某种历史机缘，活跃在六百多年前——也就是元末农民战争历史舞台上的朱升，成了妇孺皆知的人物。他献给朱元璋的著名三策"高筑墙，广积粮，缓称王"，被赋予新的含义，为人们所津津乐道。但是，乐道并不等于研究，如果有谁问起朱升的其人其事，恐怕除了前引"三策"中的九个大字外，未必再知有其他。其实，朱升在历史上的贡献，又岂止向朱元璋提出"三策"！

多年来，史学界几乎无人研究朱升。在各种涉及历史人物的年表、辞书中，有提到朱升，介绍他的主要活动，也仅仅是"三策"，连朱升的生、卒年，均付阙如。[1]实际上，朱升生于元成宗大德三年（1299），卒于明洪武三年（1370）冬十二月。[2]在这里，笔者拟钩沉史实，对朱升的评价提出一些看法，尚望读者指正。

一

朱升，字允升，休宁人，后徙居歙。歙，隋开皇九年（589）置歙

---

[1] 包括《辞海》（三卷本），1979年版，第182页，以及台湾出版的《中文大辞典》第16册，第308页，都付阙如。

[2] 朱升：《朱枫林集》卷9《学士朱升传》；傅维鳞：《明书》卷143《朱升传》，畿辅丛书本，第5—6页。又，据笔者所知，现存《朱枫林集》的最早刻本似即万历刻本。近访黄裳同志，据谓曾亲眼看过明初黑口本《朱枫林集》，录此备考。

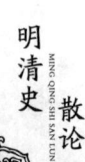

州，宋宣和三年（1121）改名徽州，所以某些史籍亦称朱升为徽州人。朱升幼年，师事当地的著名学者陈栎。陈栎，字寿翁，屯溪人，"十五乡人皆师之"。何以故？因为他"私淑朱子"，感叹"宋亡，科举废，慨然发愤，致力于圣人之学，涵儒玩索，贯穿古今"，"于是朱子之说复明于世"。陈栎虽居于丛山峻岭之中，"未尝出乡里"，但为人"尤刚正"，"与人交，不以势合，不以利迁"。①凡此，都对朱升有很大影响。朱升经常向陈栎"剖击问难，多所发明"②，颇受陈栎的器重。至正四年（1344），朱升登乡贡进士第二名，八年（1348），任池州路学正。管理学田有方，"讲授以身示法，南北学者云集"③。这不仅显示了朱升的才干，而且表明了他在知识分子中的影响远远超出徽州地区。朱升治学，不泥古，"不先经后史，不外子内儒"，这在当时是很难得的。更难得的是，他"平日事师交友，读书听语，下至里巷山野樵渔妇女，一言一事，于人有补者，莫不谨服而博取之"④。这种博采众长不以"闻于贱者"为耻的治学态度，使他知识渊博，了解民情。这对他后来在扶翼朱元璋削平群雄，推翻元朝，建立大明王朝的事业中，具有决定性的作用。

至正十二年（1352），朱升"秩满南归"，在家乡石门山隐居。此时，元末农民战争的烽火已经愈燃愈炽，徐寿辉的人马一直打到徽州，朱升的息养之所成了交兵之地。后来，他追记此事说："十二年，蕲黄兵躁郡邑，自是四五年间胜复者六七，杀伤炳尽，东奔西避……百死一生。"⑤这种战乱颠沛的经历，应当是朱升不久即致力于统一战争的一个重要原因。在这兵荒马乱的岁月里，朱升"虽避兵奔窜，往往闭户

---

① 道光《休宁县志》卷12"人物·儒硕"引《弘治府志》；赵吉士：《寄园寄所寄》卷11《泛叶寄·新安理学》。
② 朱升：《朱枫林集》卷9《学士朱升传》。
③ 同上。
④ 朱升：《朱枫林集》卷3《墨庄率意录序》。
⑤ 朱升：《朱枫林集》卷8《程国英墓表》。

论朱升（1980）

著述不辍"①，依然手不释卷。

五年后，也就是至正十七年（1357），朱元璋"率诸将亲征浙东道徽州"②，第一次与朱升见了面。关于这次会面的情形，史籍上的记载并不完全相同。官修史书谓："太祖下徽州，以邓愈荐，召问时务。对曰：'高筑墙，广积粮，缓称王。'太祖善之。"③其他一些史籍，多与此同。④但事实证明，朱元璋首次会见朱升，并非"召问"，而是效法三国时刘备亲顾茅庐的故事。明万历间，朱升的同乡范涞写道："高皇底定徽郡，大兵下连岭，出石门，亲临其室。"⑤成文更早的《学士朱升传》⑥的记载也更具体："丁酉（1357），天兵下徽，上素闻升名，潜就访之，升因进三策曰：'高筑墙，广积粮，缓称王。'上大悦。命预帷幄密议，所居梅花初月楼，上亲莅宸翰赐焉。"这就充分表明，朱元璋初见朱升时，是何等礼遇！当时，朱元璋虽有一支军队，几块地盘，但要削平群雄，称孤道寡，手中的本钱还差得太远，因此需要大力延揽群英，罗致人才，以是故，他才会特地登门，向朱升请教。至正二十四年（1364），朱元璋称吴王后，竟板起孤家的面孔，说什么"尔朱升新安师儒，怀抱著述，及有元失驭，群雄扰攘……未几兵会新安，尔察历数，观天文，择主就聘，首陈三策，朕实嘉行"⑦，炮制了一个朱升所谓顺天意而择英主的故事。真乃此一时也，彼一时也！

朱升加入朱元璋军后，做了哪些贡献？《学士朱升传》谓："大抵礼乐征伐之议，赞画居多。"但是，朱升究竟"赞画"过哪些"征伐之议"？未载。《明史》、《明书》更是只字乌有。值得庆幸的是，《翼运

---

① 朱升：《朱枫林集》卷9《学士朱升传》。
② 高岱：《鸿猷录》卷2《延揽群英》。
③ 《明史》卷136《朱升传》。
④ 如傅维鳞：《明书》卷143《朱升传》、高岱：《鸿猷录》卷2《延揽群英》等。
⑤ 朱升：《朱枫林集·序》。
⑥ 《学士朱升传》收入《朱枫林集》卷9时，原注载"徽郡志"。
⑦ 朱升：《朱枫林集》卷1《免朝谒手诏》。

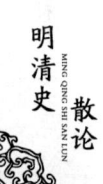

绩略》①填补了这个空白，读罢此篇，朱升在军事上积极为朱元璋出谋划策，以及跟着他在刀剑丛中出生入死，甚至还救过他的命等巨大功绩，便生动地展现在我们的面前。概括起来，主要有以下几点。

（1）徽州说降。这是朱升为朱元璋立下的首次军功。前已述及，早在朱升任池州学正时，"南北学者云集"，颇有号召力。同时，从宋代直至清朝初年，徽州地区宗法势力极强，聚族之风，历久不衰。史载"新安（徽州、歙州的别称）各姓，聚族而居，绝无一杂姓搀入者。……千年之冢，不动一抔，千丁之族，未常散处，千载之谱秒，丝毫不紊"②。朱元璋曾称朱升为"宗长"③，固然显示了他礼贤下士，对同姓老者的尊重，同时也反映了朱升在徽州同族中享有族长之类的声望。朱升利用这种影响，跑到徽州城下说降。当时，元军福童八元帅等，在徽州"练兵完城，坚守拒命"。但是，"朱升独立城下"，说道："江南行省平章吴国公，智量英武，一代真主也，将军可早为善后之计，全万民之命。福童等素服升有先见，遂开城出降。"《翼运绩略》的这一记载，是否可靠呢？看看朱元璋是怎样叙述此事的吧。他在称吴王后为尊重朱升而特地给他下达《免朝谒手诏》中，历数朱升之功德，其中有一条说："新安款降，不俟兵刃，四方之士，杖策来从，皆卿齿德俱尊倡之也。"④这就足资证明，朱升的徽州说降，完全是事实。

（2）保全婺州。至正十八年（1358）十一月，婺州（金华）"久拒不下"，朱升建议朱元璋亲自前往指挥，朱元璋"因问兵要"。朱升说："杀降不祥，惟不嗜杀人者天下无敌，五、七年为政于天下，乃成

---

① 朱升：《朱枫林集》卷9《翼运绩略》，为它书所不载，是研究朱升的珍贵史料。
② 赵吉士：《寄园寄所寄》卷11《泛叶寄·故老杂记》。
③ 如至正十七年（1357）十月，朱元璋授朱升咨议，朱升告归省，辞不受，朱元璋对他说："宗长南还，可传我意"云云，见朱升：《朱枫林集》卷9《翼运绩略》。又，次年，朱元璋在《赐朱升召书》中谓："烦访山中有精天文箸数者，邀请同来，可再致意，肯同宗长来佐助者，必以佳宾右之。"见朱升：《朱枫林集》卷1《赐朱升召书》。
④ 朱升：《朱枫林集》卷1《免朝谒手诏》。

数也。"朱元璋采纳了他的建议，率领总制将军副都指挥使杨璟等众十万，命令行枢密院判官胡大海等"城破无许妄杀"。十二月，婺州破。朱升的建议，不仅有利于瓦解婺州守军，为攻克婺州铺平了道路。同时，克城后，使婺州得以保全。这对于提高朱元璋军的声誉，壮大军事力量，当然是很有益的。

（3）力荐三贤。打下婺州后，朱元璋即问朱升处州是否可伐。朱升对曰："处州有刘基、叶琛、章溢，皆王佐才，难致麾下，必取处州，然后可得。"朱升对刘基等的赞誉，并不过分。刘基是青田大族，饱览经史，足智多谋。至顺年间考中进士，任高安丞、江浙儒学副提举等官，是在浙东地主阶级知识分子中极有声望的代表人物，"士大夫皆仰基名若景星庆云"[1]。叶琛，丽水人，在元将石抹宜孙幕府，官行政元帅。章溢，龙泉人，是著名理学家许谦的再传弟子，累官浙东都元帅府佥事。[2] 叶、章二人，皆博学多才，能文能武，同时也都是处州地区有名望的豪族。刘、叶、章三人，加上宋濂（金华人），被称为"浙东四贤"。他们的加入，对朱元璋事业的发展，具有重大意义。至正二十年（1360）三月，刘基、宋濂、章溢、叶琛应聘到南京见朱元璋，朱"喜甚，曰：吾为天下屈四先生耳"，并特"创礼贤馆处之"[3]，优礼有加。此后，刘基"侍帷幄，预谋机务"，章溢、叶琛"并为营司佥事"，宋濂则被委任为"为江南等处儒学提举"，并"遣世子授经"。他们在各自的岗位上，用自己的才智，有力地推进了朱元璋的统一事业。以刘基而论，无论是在拱卫南京的决策中[4]，还是在此后与陈友谅争雄和讨伐各地割据势力的进程中，都起了军师的作用。章溢、叶琛在统

---

[1] 阙名：《国初礼贤录》。
[2] 《明史》卷128《叶琛、章溢传》。
[3] 高岱：《鸿猷录》卷2《延揽群英》；阙名：《国初礼贤录》，第1页。
[4] 刘基等受聘至南京时，正值陈友谅攻下安庆，准备顺流东下，进攻南京，形势严重。刘基建议"倾府库，用至诚，以固士心。且天道后举者胜，宜伏兵伺隙击之"。朱元璋纳之，遂胜。见阙名：《国初礼贤录》。

一战争中也是克尽全力，叶琛最后在洪都（南昌）战火中壮烈牺牲。还需指出的是，作为浙东地区地主阶级代表人物的刘基等人参加了朱元璋部，这对该地区政治局面的稳定，是有很大作用的。有了这个局面，才能保障素有丝库、谷仓之称的浙东地区，向朱元璋提供大量的粮税以充军饷，如"处州之粮，其旧额一万三千石有奇。后以军兴，加征至十倍"①；也才可能从这里征调大量壮丁扩大军队，如仅章溢一人即"集到原部下二万名，令男章允载管领，赴京听调"②。不言而喻，朱升力荐三贤，堪称卓识，功不可没。当然，朱升替朱元璋罗致的人才并非仅仅是上述"三贤"，甚至在朱元璋定都南京后，他还向朱元璋推荐过饱学有识之士。如"（杨）季成先生讳琢……隐居讲学，善赋诗，明太祖定鼎，同邑朱学士升荐诸朝，召对称旨，授本邑教谕"③。

（4）救朱元璋命。至正二十三年（1363）七月，朱元璋亲率20万大军，增援已被陈友谅军包围85天的洪都守将朱文正，汉军被迫退去，但紧接着，双方在鄱阳湖激战36天。战斗的规模，残酷的程度，在中国古代水战史上都是空前的。水战初期，朱元璋军三胜之后，旋失利，为陈友谅所逼。都指挥使韩成向朱升求救，朱升建议："贼尽兵而来，众多粮少，不能持久，我师结营于南湖嘴，绝贼出入之路，待其粮尽力疲，进退两难，前后受敌，克之必矣。"朱元璋说："我粮亦少。"朱升对曰："去此百里许，有建星、子星、天保、刘椿四家，蓄积稻粮，宜急去借，勿为贼先取也。"朱元璋即时派人往取，"果得粮万余，六军皆呼万岁，欢声震动天地"。朱升的建议，成了朱元璋战胜陈友谅的根本策略。至水战后期，陈友谅"粮且尽"④，无法支持下去，就从鞋山冒死突围，打算从禁江口奔还武昌。朱元璋唯恐陈友谅逃走，

---

① 宋濂：《宋文宪公全集》卷4《御史中丞章公神道碑》；阙名：《国初礼贤录》，第8页。
② 刘辰：《国初事迹》，借月山房汇钞本。
③ 储同人：《在陆草堂文集》卷3，雍正元年刻本，第43页。
④ 童承叙：《平汉录》，今献汇言本。

冒着生命危险，在雨点般的流矢中亲"坐胡床指挥"。朱升见之，连忙将朱元璋"捧进船舱，而贼发流矢，已中胡床板矣"！如果不是朱升及时将朱元璋推进船舱，他很可能一命呜呼。也正是在这千钧一发之际，"陈友谅大喜张望，反被我师一箭射死"。据郎瑛考订，射死陈友谅的箭手，是郭英。① 朱升在鄱阳湖决战的关键时刻，所起的作用是如此之大，因此朱元璋在给朱升的《免朝谒手诏》中，也感激地说："卫余难于禁江口，尔宁不顾己躯；足兵饷于鄱阳湖，众跃声震天地。"

以上所述，不过是举朱升战功中的荦荦大端者。此外在攻诸暨时，朱升及时提醒严防张士诚部大将吕珍来堰水灌城，使朱元璋军"豫防击败之"，以至捷报传来，朱元璋感叹地说："朱允升知其神乎！"鄱阳湖大捷后，朱元璋挥师武昌，朱升认为陈友谅之子"陈理恃张定边等奸谋拒命，难以战伐招降"，建议"不如为久困之计，分兵四门，立栅围之。江中连舟为砦，以遏水陆饷道，城中乏粮，心离乱作，可片纸下矣"。朱元璋从其计。次年二月，他又替朱元璋起草给陈理的招降书，"遣罗复仁入城"②投送，陈理遂"肉袒衔璧出降"③。至正二十六年（1366）正月，"朱升参赞军机"，大败张士诚军于孟子河，"迫至巫子门，获贼众一千"。次年九月，朱元璋"大集文武，议北伐中原，东取闽越，南平两广"，朱升出了不少点子，朱元璋"多善升议"。如此等等。朱元璋曾概括其军功说："每奉征聘，即弃家从朕，亲率六军，东征婺州、诸暨、处州、巫子门、洋子江诸砦，俘获龙江，西伐铜陵、江州、洪都、武昌、安庆、北援寿春、金斗，南服傜蛮，蓍言趋吉避凶，往无不克。……及收抚伪汉黎庶，擒逆张，取中原，谋猷多中，岂非知无不言，言无不验者乎！岂非受委心腹，辅运名世者乎！……

---

① 郎瑛：《七修类稿》卷24"郭四箭"条。亦说是郭子兴，因同姓故，被郭英后代郭勋用捣鬼术冒其功。见沈德符：《万历野获编》卷5。
② 童承叙：《平汉录》，今献汇言本。
③ 阙名：《皇朝本记》，丛书集成初编本，第52页。

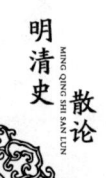

于戏！太公韬略兴周室，方叔功名照汗青。"① 后来，朱升曾谓："伏承我圣皇应运，召侍军门十有四年，剪除群雄，战胜攻取，机变妙于武子，阵法合乎武侯。"②如果将这段话视为朱升战功、军事才能的自我写照，应当说基本上是合乎实际的。

朱升不仅有武功，而且有文治。明代万历间，程好礼谓："当高庙龙飞，聘侍军门……令议礼乐征伐之事，其信任眷顾之隆，自韩国（李善长）、诚意（刘基）而下，一时文臣莫及也。"③清代史家评曰："升于明兴之初，参赞帷幄，兼知制诰，一切典制，多出其手，与隐安、宋濂等名望相埒。"④这是符合历史实际的。朱升在文治方面，从根本上说是为朱元璋制礼作乐，完善其政权，直至正式建立明王朝，把朱元璋捧上九五之尊的皇帝宝座。

至正二十七年（1367）十二月，朱元璋的北伐大军已平定山东，南征军已降方国珍。朱元璋感到形势空前有利，可以高踞皇位了，即"命朱升兼仪礼官"。不久，朱升"制定即位礼仪成，进上览毕，付中书省"⑤。在演了一幕群臣拥立、"推尊帝号"⑥的闹剧后，朱元璋于次年正月初四日登上皇位，定国号曰大明，建元洪武。与历代封建皇帝一样，朱元璋的礼仪是以法古为则，核心是维护封建等级制。朱升等人制定的礼仪，"法周为治，宏纲大要，举之于上，以正百官者，盖取诸《周礼》；繁文缛节，颁之于下，以正万民者，盖取诸《仪礼》"⑦。他还专门为朱元璋制定了祭祀、斋戒礼，写了《斋戒文》，并为朱元璋编纂《女诫》，以防"内嬖惑人"，败坏朝政。⑧尚需指出的是，朱元璋"大封功

---

① 朱升：《朱枫林集》卷1《免朝谒手诏》。
② 朱升：《朱枫林集》卷3《孙子旁注序》。
③ 朱升：《朱枫林集》卷10《程好礼集枫林文集序》。
④ 《四库全书总目提要》卷175《枫林集》提要。
⑤ 朱升：《朱枫林集》卷9《翼运绩略》。
⑥ 《明太祖实录》卷24。
⑦ 朱升：《朱枫林集》卷9《翼运绩略》。
⑧ 《明太祖实录》卷31。

臣，制词多升撰，时称典核"①。朱升为朱元璋写了李善长、徐达、常遇春、朱文忠、邓愈、刘基、陶安、范常、秦中、陈德等人的诰书②，陈敬则对他写的李善长、徐达、常遇春、刘基四诰尤为称赞，以《明文衡》未收入为憾事。③其实，朱升并不是一个擅长文辞的人，他的文章与诗赋，就文采而论，绝非千古绝唱。但是，朱元璋却把赐给李善长、徐达、刘基等开国元勋的制诰交给朱升撰写，这充分反映了朱升在朱元璋登极之际，在群臣中享有很高的威望。同样也表明了朱升在帮助朱元璋从打天下到坐江山的过程中，以老迈之身，效尽犬马之劳。

二

在功臣受封、加官晋爵的庆贺声中，朱升——这位追随朱元璋14年，出谋划策的老元勋，却"众醉独醒"，头脑冷静。在朱元璋称帝后的次年三月，朱升即"请老归山"，要求重返林泉。朱元璋"欲锡以爵土"，朱升"固辞不受"。他说："臣后人福薄，不敢叨天恩也！"朱元璋说："卿子几何？即不受吾爵，独不使辅朕乎？"朱升"涕泣下，哽咽对曰：'臣一子名同，事君之忠有余，保身之哲不足，臣所以不令其仕者，恐他日不得老死牖下也！'"朱元璋听了很不高兴，说："恶，是何言欤！朕与卿分则君臣，情同父子，何嫌何疑，而虑及此乎？"朱升答："非臣过虑，数固然耳。但愿陛下哀念老臣，臣子不免，赐以完躯幸矣。"说罢，"涕数行下"，真是老泪纵横。朱元璋见之，"亦为恻然，因与朱同免死券以慰之，驰驿送归"④。君臣间的问答，俨如戏剧舞台上的对话，但这是千真万确的史实。

---

① 《明史》卷136《朱升传》。
② 参见朱升：《朱枫林集》卷1诸诰。
③ 陈敬则：《明廷杂记》，转引自《四库全书总目提要》卷175《枫林集》提要。
④ 傅维鳞：《明书》卷143《朱升传》。

朱升的辞归，在群臣中激起了很大的反响。陶安、詹同、范准、吴鼎、练高、汪强、刘彦等皆赋诗送行：或摇首叹息，语极凄凉，如练高诗谓："岁久百川归学海，天空千里识文星。怀人霜鬓秋先白，送客云山晓独青。珍重回车烦寄语，长沙贾谊足飘零。"或称颂其识，善能保身，如吴鼎诗谓："掀天事业乾坤内，开国功勋宇宙间。明哲保身归隐后，翰林声价胜封王。"[1]但是，叹息也好，称颂也好，都没有也不可能道出朱升归隐的真正原因，揭示出它所包含的深刻的社会性。

朱升在归里的次年，亦即洪武三年（1370）十二月，寂寞逝去，享年七十二岁。死讯传来，朱元璋没有任何表示。倒是朱升的友人、镇国上将军、驸马都督王克恭写了一篇祭文，文中有谓："呜呼哀哉！我知先生殁有遗憾者，岂不以其书未传其人耶？子孙未见其众多耶？"[2]这些话，虽然伤感，但并没有触到朱升生前遗憾、沉痛之所在。

朱升的退隐以及很快死去，无论从哪一点看，都不能不是个值得回味的悲剧。

朱升真的是那样无心爵禄，功成勇退吗？并不尽然。实际上，他深知朱元璋对他早有看法。吴元年（1367）七月，时称吴王的朱元璋，令朱升率领宫廷乐队入见，"设雅乐阅视"。朱元璋亲自击石磬，命朱升识五音。朱升"误以宫音为徵音"，朱元璋很恼火，幸"赖熊鼎解之得止"[3]。这件事，不能不在朱升的心中投下阴影：听错一音，竟招来朱元璋龙颜大怒，如果犯了其他过失，岂堪设想！如果说朱升真的有什么过失的话，按照朱元璋的逻辑，他的过失不外乎两条：一是曾经在元朝做过官，二是通晓天文，善于谋划。而说得直白一点，一言以蔽之，不过是朱升本领高、功劳大。

清代乾隆皇帝命令修《四库全书》时，征集天下群书，安徽巡抚

---

[1] 朱升：《朱枫林集》卷9《翼运绩略》。
[2] 朱升：《朱枫林集》卷10《王驸马祭文》。
[3] 朱升：《朱枫林集》卷10《王驸马祭文》。

采进《枫林集》献上。纪昀等为此书作提要时，写道："升身本元臣，曾膺爵禄，而《贺平浙东赋·序》，肆言丑诋，毫无故君旧国之思，是尤不可训也。"①纪昀等这样写，当然是为了讨好乾隆皇帝，此时清廷的避讳，不但包括金，而且包括元，看到书中有夷狄之类的字眼，就要勃然大怒，轻则删改，重则付之一炬，毁尸灭迹。但是，这条提要倒也为本文道出了朱元璋讨厌朱升，或者说朱升畏惧朱元璋的一个重要原因。朱元璋在反元斗争中，态度从来是暧昧的，最近友人陈高华同志在《学术月刊》著文论之，笔者很赞同其论点。唯其如此，朱元璋建国后，很快建庙大祀历代帝王，将元朝皇帝也供奉其中，俎豆千秋，对元世祖的像，"塑工频加修饰"②。对余阙等元朝的殉葬者，也大力表彰，血食一方。而对于元朝的降官，或在元朝任过职，后来参加朱元璋部打天下的文武官员，则加以污辱甚至杀害。如对危素，朱元璋不仅嘲笑他③，甚至拿他与元顺帝的那头入明后不肯起舞因而被杀的大象比较，"作二木牌，一书'危不如象'，一书'素不如象'，挂于危素左右肩"④。此举堪称开"文化大革命"中给"臭老九"挂黑牌的先河。朱升任过元朝池州路学正，加入朱元璋部后，在《贺平浙东赋并序》中，确实痛斥过元朝，说"奚有华夷之分，内中国而外四夷也……元主中国，天厌之久矣！……驱胡虏而复圣域，变左衽而为衣冠，再造之功，于是为大"⑤。不难想见，如果朱升不是归隐得早，并死得也早，朱升的最好下场，也不过像危素那样备受凌辱。是的，在朱升向朱元璋提出归田时，朱元璋曾经表示"欲锡以爵土"，但那不过是嘴上的东西而已！朱元璋在登极后，文武功臣一个个加官晋爵，授予庄田，独朱升却无寸土之赐，虽升本院学士，兼东阁学士，知制诰，兼修国史，

---

① 《四库全书总目提要》卷175《枫林集》提要。
② 郎瑛：《七修类稿》卷7"世祖像泪"条。
③ 祝允文：《野记》，丛书集成初编本，第32页。
④ 黄溥：《闲中今古录摘抄》，纪录汇编本，第2页。
⑤ 朱升：《朱枫林集》卷2《贺平浙东赋并序》。

实在无足轻重。其中奥妙，朱升当然早就看穿了。

至于朱升的功劳，前已详述。关于他的本领，一个突出之点，是精通天文。但是，在朱升生活的时代，天文学还处在神学的包围中，往往与占卜等求神问天的形式缠夹在一起。在朱元璋的东征西讨中，朱升不断以他的天文知识替朱元璋出谋划策，甚至被誉为"蓍言趋吉避凶，往无不克"，不由得赞叹："朱允升知其神乎！"[①] 但是，一旦天下夺到手中，在朱元璋看来，朱升这样的人就成了最危险的潜在政敌。从朱元璋称帝后即禁止私习天文[②]，通晓天文者"率多不免于祸"[③]，以及与朱升一样精通天文的军师刘基最终仍不免被毒死的一系列事实中，是不难窥知其中消息的。

在元末的风云际会中，某些南方知识分子对历代封建帝王的屠戮功臣，是怀有戒心的。如昆山人顾阿瑛，拒不出仕张士诚、朱元璋，在《白云海歌·再叠前韵》一诗中，尖锐地写道："大笑白衣对户牖，肘后黄金大于斗。草间逐兔纵得之，九鼎热油烹走狗！"[④]"狡兔死，走狗烹；高鸟尽，良弓藏；敌国破，谋臣亡"，这是韩信被诬谋反就擒时说的悲愤之语[⑤]，是封建时代功臣每遭杀戮下场的惨痛概括。对于这种下场，朱升当然没有顾阿瑛看得那样敏锐，但是，比起李善长、徐达、刘基等人，毕竟要远胜一筹。当朱升归隐时，李善长还致书挽留，说："先生文学德誉，圣君所知，实儒流之老成，国家之重望，兹当作兴斯文，口求治道之际，岂宜高蹈丘园，独善而已哉！"[⑥] 而李善长自己最后的下场又是什么呢？洪武二十三年（1390），朱元璋将李善长牵扯到胡惟庸案中，假托星变，需杀大臣应灾，杀了善长（时年已

---

① 朱升：《朱枫林集》卷9《翼运绩略》。
② 祝允文：《野记》，第58页；王鏊：《震泽长语》，丛书集成初编本，第25页。
③ 皇甫录：《近峰纪略》，百陵学山本，第1页。
④ 顾阿瑛：《玉山逸稿》卷2。
⑤ 《史记》卷92《淮阴侯列传》。
⑥ 朱升：《朱枫林集》卷10《韩国李公书》。

77岁！）和妻女弟侄家口70余人。[①]事后，解缙上书为善长辩诬[②]，驳得朱元璋无话可说，但李善长一家，早已是"血污游魂归不得"了。比起李善长和一大批被杀的功臣，朱升得以老死林下，还算善终。但是，其独子朱同的下场却被他不幸而言中，最后还是死于朱元璋之手。朱同早在朱元璋进军浙东初期，即立下军功[③]，明初官至礼部侍郎，善诗。"文才武略，图绘丹青，无所不精，时称为三绝。"[④]禁中画壁，多其题咏。[⑤]有一次，朱元璋命他题诗赐宫人，"忽御沟中有流尸，上疑同挑之，将赐死，因念允升请，使自缢"[⑥]，这就是朱元璋给朱升的恩典，这就是朱元璋的"免死牌"！什么亲顾茅庐、"宗长"、"情同父子"、"功名照汗青"，什么"卫余难于禁江口，尔宁不顾己躯"，朱元璋早已把救过他命的朱升的一切功劳，以及当年对他的赞扬、许诺，统统抛到九霄云外去了！可以说，朱同被害之日，正是朱元璋对朱升真情实感总暴露之时，也是朱升个人悲剧的最后一幕。

但是，朱升的悲剧，不能单纯归结为朱元璋个人的品质问题，源远流长的封建专制主义的寡头政治，是必定要不断制造出这一类悲剧的。这就是朱升式悲剧深刻的社会性。这就是历史的经验教训！

（原载《学术月刊》1980年第9期）

---

① 潘柽章：《国史考异》卷3，丛书集成初编本，第60页。
② 解缙：《解学士全集》卷首《年谱》。
③ 朱升：《朱枫林集》卷9《翼运绩略》。
④ 朱同：《覆瓿集》卷8，《四库全书》珍本初集，第1页。
⑤ 黄瑜：《双槐岁钞》卷1。
⑥ 赵吉士：《寄园寄所寄》卷11《泛叶寄·故老杂记》；《休宁县志》卷24引《稗史》。

李定国与云南少数民族（1981）

一

1646年12月，张献忠在西充凤凰山与清军之战中，不幸中箭牺牲。殉难前，张献忠已觉察到清军是主要敌人，主张联明抗清。在大西军撤离四川，准备突击陕西以袭清军后方时，张献忠曾叮嘱孙可望说："我死，尔即归明，毋为不义。"[①] 在时已发生重大变化的阶级斗争形势的推动下，以及在张献忠的影响下，李定国也日益感到联明抗清已经刻不容缓。四川败后，他更经常考虑："有明天下……决裂至是，吾辈……何惜此筋力不以恢廓疆土，归复明朝！"[②] 这种联明抗清的打算，是符合当时人民群众抗清斗争的要求的。

自西充兵败后，大西军迅速向西南撤退，攻克重庆，并南向贵州，相继攻克遵义、贵阳。大西军的节节胜利，震动了大西南。

此时的云南，正发生激烈的战事。阿迷州土司沙定洲与其妻万氏，眼红"沐氏世宝"，抱着企图"升秩世授，以定洲代天波"[③] 的个人野心，"声言已无朱皇帝，安有沐国公"[④]，纠合了一批少数民族的上层

---

① 王源鲁：《小腆纪叙·献忠屠蜀》。
② 邵念鲁：《西南纪事》卷10《李定国》。
③ 邵念鲁：《西南纪事》卷8《沐天波》。
④ 吴伟业：《鹿樵纪闻》卷中"沙定洲之乱"条。

分子，起兵反抗明朝勋臣黔国公沐天波，逼使沐氏逃到永昌。原石屏土司、明朝副将龙在田也逃奔大理。龙在田于崇祯年间曾在熊文灿军中效力，熊文灿招抚张献忠时，龙在田曾与张献忠交欢联络，拜干父义儿，并在幕府中结识了孙可望。当他得知孙可望军入平越，立即派人请孙出兵云南。孙可望与李定国连忙率军长驱直入，很快平定了沙定洲的叛乱，克复昆明。由于孙可望、李定国解除了沙定洲之流土司贵族的压迫，得到了少数民族人民的欢迎。史载"滇人被沙氏害者，皆以为快"①。此时，明朝云南迤西巡道杨畏知等人，又极力向孙可望等鼓吹扶明抗清。杨畏知劝告孙可望说："今日之劲敌，非直我明朝之患，令先人（指张献忠）曾被大难，是亦老先生不共之耻也。"②孙可望、李定国深为所动，遂决定与明桂王永历政权合作，将所辖贵州、云南等地置其版图之内，正式举起联明抗清的旗帜。不久，孙可望回师贵州，李定国则留军云南。从此，他在云南积极筹划联合少数民族，力图把云南变成抗清基地。

二

有明以来，云南少数民族人民的苦难是深重的。在明朝统治者的横征暴敛下，他们走投无路，不断揭竿而起，明中叶后，大规模的起义更不绝如缕。面对这样的现实，李定国深知要想联合少数民族人民共同抗清，不改变以往明政府仇视与残酷压榨少数民族的政策，对少数民族人民是不可能有号召力的，因而在经济、政治、军事等方面，陆续施行了一系列新的政策措施。

赋役问题，是云南各族人民带根本性的问题。李定国平定云南后，即制定丁赋。史载："通差贼众踏看田地所出，与百姓平分。田

---

① 李天根：《爝火录》卷18。
② 温睿临：《南疆逸史》卷35《沐天波传》。

主十与一焉。条编半征。人丁不论上、中、下，全征。"①"括近省田地及盐井之利，俱以官四民六分收。取各郡县工技，悉归营伍，以备军资。"②在征收赋税的过程中，李定国更明文规定，各地不得以任何形式加派虐民。少数官吏在征赋税时，弄虚作假，把用以计粮的扁斗的尺寸，制造得高过法定标准，人民颇为不满。武定知府谢秉铉将此况禀报李定国后，李定国立即毁斗弛禁，并派人至各地察访，将问题最严重的七人处死，受到各族人民的欢迎。③在徭役方面，如果为了军事需要动用民夫时，李定国规定不但保证民夫的口粮，而且给予一定的脚价银。从这些历史事实中，不难看出，在当时抗清斗争极为艰难、军需开支浩繁的条件下，这些赋役不能说过重。后来，李定国还更将"田地与盐井之利"，由"对半分收"改为"四六分收"，可见他确实是关心云南各族人民疾苦，将赋税一再减轻的。

在政治方面，李定国整肃吏治，尊重少数民族首领，维持社会秩序的安定。他经常派人乔装至各地私访，严惩贪官酷吏，罪行昭著者立拿斩首，传示各府州县。对于廉洁的官员，则予以奖励、提拔。在少数民族地区，如果发觉有些政策不便于民，允许地方头人上诉，确实不合理者，立即根除，有可以便于民者，立即实行。他对少数民族的首领颇为尊重。为了维持社会秩序的安定，李定国严行法治。有一罪汉用铁斧劈死姑母，昆明知县报知李定国后，李定国当即下令将罪汉就地斩首，以示惩戒。

对于军纪，李定国尤为重视。他规定军行有五要："一不杀人，二不放火，三不奸淫，四不宰割耕牛，五不抢财货。"④凡是军队经过的地方，百姓卖酒卖肉，不论银之轻重，酒一壶即与银一块，百姓喜之。

---

① 佚名：《滇南纪略》。
② 冯苏：《滇考》卷下。
③ 《新纂云南通志》卷6。
④ 转引自郭影秋编著：《李定国纪年》，中华书局1960年版，第18页。

对于违反军纪者，李定国处罚甚严。规定如果士兵有抢劫百姓一物者，立即斩首，而且如被害百姓不首告，也要连坐。对于犯罪士兵的直接辖官，同时责打八十棍，以惩失察之罪。由于这些军纪的严格执行，凡李定国所率军经过之地，鸡犬不惊，卖酒、卖肉的人，一路不断。甚至有时农民军在一些地方宿营很久，因与民无扰，包括少数民族在内的云南等地人民，感到跟没有驻过军队一样。明末遗老李寄曾目击农民军后来挥师北上，驻军长沙时的情况，载谓："定国兵纪极严，驻军半载，居民不知有兵。"[①]

其次是宗教政策。云南傣族、白族等少数民族，都笃信佛教。为了尊重他们，李定国改变了过去跟随张献忠在四川时采取的那种极端诋毁神佛的做法，自己也声称信奉佛教，对佛寺庙宇妥为保护。他还用晋王的名义刻过佛经，直到今天，云南图书馆还藏有此品。[②]

此外，李定国还积极组织各族人民努力生产，鼓励商人从事贸易。早在平定沙定洲之乱时，他即招抚外逃百姓回家复业，贫穷无力者，借给牛、种。后来，他将全云南各府州县的田地分给诸营头，令他们就地解决军需。[③]凡是金银钢铁等厂，听任百姓自备工本开采，官府只抽取一定的税额。凡是贸易商人，都发给护照，甚至将黑、琅两井之盐归官，令商人在昆明完工本，领票赴盐井支盐，促进了盐的运销。

李定国上述一系列政策、措施的陆续实行，使云南的社会面貌发生了显著的变化。农业生产获得发展，云南一省的物产，已能保证其所率抗清队伍的军事开支。少数民族人民和汉族人民一样，生活得到了一定程度的改善。

---

① 李寄：《天香阁随笔》卷1。
② 参见郭影秋编著：《李定国纪年》，第21页。
③ 《云南府志》卷5。

三

正是由于李定国一系列政策措施代表了少数民族人民的利益，因而得到他们的支持，壮大了联明抗清的阵营。

少数民族人民积极供应军需物资。如镇雄土司，给李定国供应战马、鸟枪，输纳各种物品。①

少数民族人民还纷纷参加抗清队伍，英勇作战。李定国军中究竟有多少少数民族的成员，史籍上缺乏明确记载。但从一些史料中，仍然可以充分看出，少数民族从军的人数是相当多的。如李寄谓："定国所将半为㑩㑩、猺獠，虽其土官，极难钤束，何定国之有法也！"②王夫之谓：李定国等四将军联合诸"㑩㑩"部，众至二十余万。③这些少数民族的战士，由于生产方式和生活方式的特殊条件所致，颇能吃苦耐劳，爬山越岭，如履平地。驱象作战，尤为擅长。据谓李定国军中大象不下十三头，各有其名，被封为大将军，作战时所向必碎。④在与清军的累次激战中，少数民族战士都出生入死，勇猛无比。据瞿昌文《虞山集》记载，"㑩㑩僰子，精悍绝伦，象骑云拥雷吼"⑤。又如1654年3月，李定国率领数千"㑩㑩"族战士与数万汉族战士一起，象十三骑，进攻廉州，将清军杀得大败，连克罗定、新兴、石城、阳春等县。⑥

由于少数民族人民的大力支持，使李定国所率以汉族为主的抗清军队力量大增，西南各地的抗清运动出现了大好形势。1652年，李定

---

① 彭孙贻：《平寇志》卷12。
② 李寄：《天香阁随笔》卷1。
③ 王夫之：《永历实录》卷14。
④ 查继佐：《罪惟录》卷9《宪宗纪》。
⑤ 转引自郭影秋编著：《李定国纪年》，第110页。
⑥ 刘湘客：《行在阳秋》卷下。

国率军出征，进军湖广，所向披靡，相继攻克湖南靖州、武岗、宝庆、沅州。在桂林之役中，他身先士卒，城破后"作贼一生"的孔有德举家自杀，落得个可耻下场。李定国更乘胜北上，连下湖南永州、衡州、辰州等地。清廷大为震惊，急忙派了亲王尼堪率领十万清兵来攻。李定国在衡州（今衡阳）城下，出奇兵突袭清军，杀死尼堪，大败清兵，获得巨大胜利。黄宗羲在评论桂林、衡阳战役时曾激奋地写道："李定国桂林、衡州之战，两蹶名王（指孔有德、尼堪），天下震动，此万历戊午（1618）以来所未有也！"① 这完全符合历史实际的评述。

四

李定国出征不到一年，纵横数省，收复湘、桂，击败数十万清兵，为明末抗清以来的空前大捷。但是，正是在这凯歌声中，当时的历史条件，却将他引向功败垂成的悲剧结局。

一方面，南明建立的几个小朝廷，无一不是腐朽的崇祯朝廷的再版。朱明的宗室尽管只是在残山剩水间自鸣得意，重新登上皇帝的宝座。但崇祯朝廷种种不可救药的痼疾，在重建的小朝廷的肌体上，继续恶性发展。顾炎武总结明亡教训，论及明宗室之患时指出："宋子京以为周唐任人不疑，得亲亲用贤之道。惟本朝不立此格，于是为宗属者，大抵皆溺于富贵，妄自骄矜，不知礼义。至其贫者，则游手逐食，靡事不为，名曰天枝，实为弃物。"② 南明几个小朝廷的天子，正是比那个蜀汉时捧不起的刘阿斗还要糟糕的一小撮"弃物"。以李定国拥戴的桂王而论，是一个无能的怕死鬼，每遇大敌当前，唯知鞋底擦油，以致成年播迁不定，疲于逃命。顺治五年（1648）初，桂王想从桂林西奔武岗，瞿式耜向桂王劝说："敌骑在二百里外，何事张皇？今播迁无

---

① 黄宗羲：《永历纪年》。
② 顾炎武：《日知录集释》卷9"宗室"条。

宁日，国势愈弱，兵气愈难振，民心皇皇，复何所依！且势果急，甲士正山立，咫尺天威，劝激将士，背城借一，胜败未可告。若以走为策，我能走，敌独不能蹑其后耶？！"桂王听罢，竟"厉声曰：'卿不过欲朕死社稷耳！'"[1]桂王是如此昏庸，朝臣大僚又如何？史载："以呼卢酣饮为事，否则灌园怡情，无复有计军国一事者。"[2]大厦将倾，独木难撑。李定国把自己的命运与桂王之流联系在一起，虽然他克尽全力，像诸葛亮那样鞠躬尽瘁，死而后已，但从历史发展的趋势来看，最终是不可能有什么前途的。

另一方面，孙可望是个极为卑劣的野心家。他盘踞贵州，独揽大权，将永历帝完全当作傀儡。在他的记录簿上，不过写着"皇帝一名，皇后一名，及从官数名"[3]而已。结果，在永历小朝廷中，重开党争，发生了拥帝派与拥孙可望派的激烈火并。孙可望兴起大狱，将拥帝派的吴贞毓等18名大臣杀死，株连多人。更严重的是，孙可望一贯嫉恨李定国，将他视为篡夺永历帝位的巨大障碍，必欲除之而后快。顺治十四年（1657），他竟因痛恨李定国将永历帝接到昆明，悍然发兵进攻云南，遭到李定国迎头痛击，尽歼其军。孙可望在个人野心幻灭之余，可耻地到湖南投降清军，妄图在新主子的卵翼下，乞食一杯残羹，成了抗清事业的叛徒。

永历政权内部的党争、火并，严重地削弱了抗清力量，给清军以大举进攻的机会。孙可望降清后，为虎作伥，使清军对云南虚实尽知。经过几次战斗，李定国连连失利。1659年，昆明失守，桂王与一部分朝臣逃入缅甸。

在这抗清事业存亡续绝之秋，李定国虽遭重挫，并未气馁，仍对抗清斗争满怀信心。他广造印敕，遍结土司，进一步联合少数民族，

---

[1] 温睿临：《南疆逸史》卷21《瞿式耜传》。
[2] 阙名：《残明纪事》，第18页，转引自《李定国纪年》。
[3] 徐鼒：《小腆纪传》卷65《孙可望传》。

"耕田输粮如县例"①，积蓄力量，组织反攻。这使统率清军的汉奸洪承畴深为顾忌。他在给清廷的奏疏中说："屡闻李定国等勾结土司，觊由景东、沅江复入广西，各土司私授劄印，歃血为盟，伺隙起衅"②，言之惶惶然。在李定国的组织、影响下，少数民族人民纷纷起义抗清。元江土知府那嵩，首先起兵收复维摩州（丘北县西），围攻临全府（建水县），各处土司群起响应。吴三桂率领数万清军围攻元江，用箭射书城中，以屠城威胁那嵩投降，那嵩不但坚决拒绝，并针锋相对，用箭射书城外，列数吴三桂入关以来累累罪行。书中"署曰：山海关总兵吴三桂开拆"③，表示了对汉奸吴三桂的极大蔑视。城破后，那嵩"自北门驰归，与妻妾登楼自焚"④，十分壮烈。此后，吴三桂攻磨乃，土司龙吉兆、龙吉佐等，原与那嵩约定，誓死不降，守城达七十余日，栅破被执后不屈牺牲。这些事例都表明了少数民族人民在抗清斗争中大无畏的英雄气概。

康熙元年（1662），吴三桂引兵入缅，迫使缅甸国王交出桂王，俘至昆明绞杀。李定国在孟艮闻讯，悲愤交加，于是年六月二十七日在勐腊发病身死。临终前，他对其子李嗣业及部将靳统武说："宁死荒外，勿降也！"⑤大义凛然，留下千秋正气。

李定国虽然死了，但云南少数民族人民抗清斗争的烈火，并没有熄灭。康熙六年（1667），贵州水西苗族领袖安坤等起义，称"晋王李定国尚在，谕令起兵"，继续举起李定国的抗清旗帜。宁州土司禄昌贤等趁吴三桂进攻水西之际，率众克复宁州，直逼昆明，接连攻下弥勒县和石屏县，与吴三桂交战达三年之久，最后才被迫撤退到森林地

---

① 叶梦珠：《续绥寇纪略》卷4。
② 《清史列传》卷78《洪承畴传》。
③ 庄仲求：《滇事总录》卷上。
④ 《清史列传》卷11《李定国传》。
⑤ 冯苏：《见闻随笔》。

带。①接着,女英雄陇氏又率部万余在乌撒起义,与清军激战,坚持达十余年之久。②这种前仆后继、不屈不挠的斗争精神,是难能可贵的。

云南少数民族的人民,对李定国颇为尊崇、怀念,在李定国的原葬地勐腊,他们经过那里,总要虔诚地膜拜。他们甚至奉李定国为神,在勐腊后山建起一座"汉王庙",岁时致祭,礼极隆重。③这些事实生动地表明:李定国——这位体现了我国各族人民不堪压迫剥削、敢于反抗斗争的光荣传统的农民革命英雄,他在云南等地联合少数民族人民共同抗清的历史,乃其战斗一生的重要篇章,与其前期反抗明王朝的历史交相辉映,是不朽的,应予充分肯定。史学界那种简单化的、不加分析地将南明抗清运动史一笔勾销,连李定国的抗清斗争也予以否定的论点,新则新矣,但与历史事实不符,是笔者不敢苟同的。

(原载《中国农民战争史论丛》第3辑,
河南人民出版社1981年版)

---

① 谢国桢:《南明史略》,第190页。
② 岑毓英:《云南通志》卷103《武备志》。
③ 参见郭影秋编著:《李定国纪年》,第29—30页。

论明末农民战争与清初反君权思潮（1982）

明代是极端专制主义的君权高度发展的朝代。作为皇权大肆膨胀的一个标志，是皇帝被进一步神化，所谓"每日清晨一炷香，谢天谢地谢君王。太平气象家家乐，都是皇恩不可量"[①]。差不多至迟在明朝后期，以神化皇帝、崇尚君权为核心的"天地君亲师"的神牌，在千家万户供奉起来。[②]但是，在阶级社会中，任何一种占统治地位的思想存在，必然会产生与它相对立的思想。明代中叶，承平日久，随着经济的发展，物质财富的增多，统治阶级的消费幅度越来越大，明武宗之流穷奢极欲，就不能不在思想界激起怀疑、批判君权的火花。当然，人们慑于封建专制主义的淫威，这种对君权的怀疑、批判，只能用历史批判的形式出现，而不可能对当朝皇帝进行直接的批判。例如，万历中期的谢肇淛，尽管他也曾煞有介事地说什么"我朝若二祖之神圣，创守兼资，而纪纲法度已远过前代矣。仁宗之宽厚，宣宗之精勤，孝宗之纯一，世宗之英锐，穆宗之恭俭，皆三代以下之主所不敢望者，而宣、孝二主尤极仁圣，真所谓圣贤之君六七作者，固宜国祚之悠久无疆也"[③]。但是，这一长串的溢美之词，不过是障眼法，或者说是为否定君权而披上的外衣。正是在这一大段为本朝皇帝唱赞歌的文字前

---

① 石成金：《传家宝》卷4。
② 参见王春瑜：《说"天地君亲师"》，《新时期》1981年第2期。
③ 谢肇淛：《五杂俎》卷15《事部三》。

面，谢肇淛痛快淋漓地写道："三代以下为主，汉文帝为最；光武、唐太宗次之；宋仁宗虽恭俭，而治乱相半，不足道也……建武之政，近于操切；贞观之治，末稍不终……盖不惟分量之有限，亦且辅相之非人。宋仁宗四十年中，君子小人相杂并进，河北西夏，日寻兵革，苟安之不暇，何暇致刑措哉？四君之外，汉则昭、宣、明、章，唐则玄、宪、宣、武，宋则太祖、太宗、孝宗，其拨乱守成，皆有足多者。而隋之文帝，唐之明宗，周之世宗，又其次也。大约贤圣之君，百不得一；中上之资，十不得一。庸者什九，纵者十五，世安得而不乱乎？"①这里，谢肇淛把"三代以下"的皇帝大部分都否定了，指出他们当中连"中上之资"也"十不得一"，绝大部分都是庸庸碌碌、放纵浪荡之辈。这就揭开了天人合一、君权神授的假面具，戳穿了皇帝是神的神话。类似谢肇淛这样批判君权的思想，一直流波不息。清初雍正皇帝曾愤愤然地说："昔明嘉靖、万历之时，稗官野史所以诬谤其君者，不一而足，如《忧疑议录》、《弹园杂志》、《西山日记》诸书，咸讪诽朝廷，诬及宫壸。当时并未发觉，以致流传至今，惑人观听。"②这正是从一个侧面反映了明中叶后思想界否定君权的动向。但是，这种批判君权的思想，在明王朝封建专制主义的桎梏下，毕竟没有能够形成一股强劲的思潮。没有封建秩序的大动荡，就不可能有新思潮。只有在政权、族权、神权、夫权这四根封建主义的绳索遭受沉重打击而出现松动后，批判君权的思潮才可能形成。轰轰烈烈、势如狂飙席卷大半个中国的明末农民战争的风暴，正是起了松动这"四根绳索"的伟大作用。以李自成、张献忠为代表的明末农民军，不仅焚毁了所谓神圣不可侵犯的凤阳皇陵，杀了所谓"天潢贵胄"——藩王世子，甚至在攻克洛阳后，逮捕了福王朱常洵，"荐王于俎，酌其血杂鹿醢尝

---

① 谢肇淛：《五杂俎》卷15《事部三》。
② 曾静：《大义觉迷录》卷1。

之，曰此福禄酒也"①。直到进军北京，攻入紫禁城，迫使走投无路的崇祯皇帝朱由检悬尸煤山。同时，农民军由弱变强，节节胜利的过程，也是君权的腐朽、暴戾进一步暴露的过程。即以朱由检而论，性多疑忌，刚愎自用，锄去客氏、魏忠贤后，却继续重用阉人，让宦官监军，动辄大兴诏狱，革除、杀害大臣，17 年间，竟像走马灯似的换了 50 个宰相。②这就有可能使清初思想界的有识之士，从朱由检的身上看到了君权罪恶的缩影。

清初思想界把明王朝的覆亡惊呼为"天崩地坼"③、"天倾地陷"④。他们痛定思痛，在总结明亡教训、谋求治世药方的过程中，不能不批判明王朝的种种弊政。而这些弊政，绝大部分都不是明王朝特有的，乃是自秦汉以来即不断巩固、发展的封建专制主义带来的必然结果，而离开了君权，便无从谈论封建专制主义统治下的根本积弊。因此，批判的矛头，便不能不指向君权。黄宗羲慨乎言之："后之为人君者不然，以为天下利害之权皆出于我，我以天下之利尽归于己，以天下之害尽归于人，亦无不可。使天下之人不敢自私，不敢自利，以我之大私为天下之公。……凡天下之无地而得安宁者，为君也。是以其未得之也，屠毒天下之肝脑，离散天下之子女，以博我一人之产业，曾不惨然，曰我固为子孙创业也。其既得之也，敲剥天下之骨髓，离散天下之子女，以奉我一人之淫乐，视为当然，曰此我产业之花息也。然则为天下之大害者，'君'而已矣！向使无君，人各得自私也。……岂天地之大，于兆人万姓之中，独私其一人一姓乎？！"⑤这种措辞激烈、犀利的"无君"论，称得上是一篇讨伐君主制度的檄文。唐甄的批判，比黄宗羲更大胆，更激烈。他把帝王与盗贼相提并论，直接斥责"自

---

① 吴伟业：《绥寇纪略》卷 8《汴渠垫》。
② 顾炎武：《菰中随笔·明列辅起家考》。
③ 顾炎武：《顾亭林诗文集·亭林余集·先妣王硕人行状》；史可法：《史正公集》卷 2。
④ 李傃：《霜猿集序》；李长祥：《天问阁集》，第 18 页。
⑤ 黄宗羲：《明夷待访录·原君》。

秦以来，凡为帝王者皆贼也"①，并横扫帝王头顶上金光闪闪的灵光圈，把他们从"神"的宝座上拉下来，还其也不过是普通一人的真面貌："天子之尊，非天帝大神也，皆人也。……岂人之能蔽其耳目哉？势尊自蔽也。……位在十人之上者必处十人之下……位在天下之上者，必处天下之下。"②一方面，指出帝王也是普通的人，另一方面，指出"势尊"的危害性，这是很深刻的批判。如果没有以宗法血缘为纽带的封建等级制，让帝王在"溥天之下，莫非王土。率土之滨，莫非王臣"的宝塔尖上"位居九五之尊"，某些帝王也不至于昏聩、腐朽到骇人听闻的程度。康熙末、雍正初的曾静，在所著《知新录》中，则抨击皇帝是豪强、光棍。他说："皇帝合该是吾学中儒者做，不该把世路上英雄做。周末局变，在位多不知学，尽是世路中英雄，甚者老奸巨猾，即谚所谓光棍也。若论正位，春秋时皇帝该孔子做，战国时皇帝该孟子做，秦以后皇帝该程、朱做，明末皇帝该吕子做，今都被豪强占据去了。吾儒最会做皇帝，世路上英雄，他那晓得做甚皇帝！"③尽管今天在我们看来，曾静在皇帝该由谁做的问题上，所论未免迂阔。但是，在当时敢于以儒者的代言人自居，公然宣称应该由他们来当皇帝，痛斥以往的皇帝是"豪强占据"甚至是"老奸巨猾"的"光棍"，这同样是对君权神圣性的大胆否定与嘲弄，是难能可贵的。傅山则以赞赏的口吻，称道李白对皇帝的态度："李太白对皇帝只为对常人，作官只为作秀才，才成得狂者。"④这也是对君权神圣性的一种否定。

当然，像黄宗羲、唐甄、曾静站在这样的高度，以这样激烈的语言批判君权，在清初毕竟是少数。"清承明制"，从阶级本质上说，清朝与明朝并没有什么不同，都是地主阶级专政。在"三藩事件"平定

---

① 唐甄：《潜书·室语》。
② 唐甄：《潜书·抑尊》。
③ 曾静：《大义觉迷录》卷2。
④ 傅山：《霜红龛集》卷36"杂记"一。

后，清王朝把封建专制主义的国家机器愈拧愈紧。用赤裸裸的语言批判君权，很容易招来杀身甚至灭族之祸。即以上述黄、唐、曾三人而论，黄宗羲的《明夷待访录》，写成后只在至爱亲朋中流传，并未刊刻问世，直到清末才由梁启超等人大量翻印、流传；唐甄晚年思想转于消沉，从壮年时批判的峰巅上退下阵来，把书名也由锋芒毕露的《衡书》改名为《潜书》了；曾静则被逮捕入狱，由雍正皇帝亲自过问他的案件，被迫自打耳光，写了《归仁说》，以求饶免死。因此，清初思想界中批判君权的多数人，不得不以曲折的形式，用史论的外衣把自己包裹起来，挥笔上阵。批判秦始皇的高潮兴起，正是深刻地表明了清初批判君权思潮的一个重要特点。

秦始皇作为中国第一个封建专制主义的皇帝，集功过于一身，毁誉参半。但在清初思想界，他是被作为君权种种罪恶的渊薮、象征性的代表人物而加以讨伐的。这在清初人的诗文中，简直俯拾皆是。李塨谓："朝廷者，天下之首也。天下者，朝廷之腹背四肢也。世有腹背四肢疲病，而元首康安者乎？秦始皇以私智取天下，恐天下之叛也，遂削兵坏城，诛豪俊，坑儒生，为弱天下之谋，而不知其亡也忽焉。何者？腹背四肢病，而元首亦随之以亡也。呜呼，愚矣！"[①] 顾炎武在《秦皇行》诗中谓："秦肉六国啖神州，六国之士皆秦仇。剑一发，亡荆轲；筑再举，诛渐离。博浪沙中中副车，沧海神人无奈何。自言王者定不死，岂知天意亡秦却在此！陨石化，山鬼言，天意茫茫安可论。扶苏未出监上郡，始皇不死仇人刃。"[②] 傅山则在诗中辛辣地嘲笑了秦始皇的贪得无厌，帝王们都是乾坤的盗者："大宝非盘杅，缄縢不可藏。汲汲厌王气，愚哉秦始皇。竖儿攫团黍，得者矜其长。既唊复觍顾，唯恐夺于旁。志态亦何鄙，腹饱气不扬。旷观喜（按：唐林曰喜否之伪，否即音古今字）千古，乾坤真盗囊。稷契何盛际，揖让见虞

---

① 李塨：《阅史郄视》卷2。
② 顾炎武：《顾亭林诗文集·亭林诗集》卷1《秦皇行》。

唐。"①秦始皇的焚书坑儒，不断遭到后世的唾骂。清初思想界中批判焚书坑儒者更是大有人在。陈元孝《读秦纪》诗谓："谤声易弭怨难除，秦法虽严亦甚疏。夜半桥边呼孺子，人间犹有未烧书。"②袁枚录朱排山《咏始皇》诗云："诗书何苦遭焚劫？刘项都非识字人！"③这与唐章碣的"坑灰未冷山东乱，刘项原来不读书"，宋杨文今"儒坑未冷骊山火"，以及明末袁中郎"枉把六经灰火底，桥边犹有未烧书"都是一脉相承，尖锐地鞭笞了秦始皇。阎尔梅在《咸阳杂咏》中，尖锐地批判了秦始皇企图把家天下传至万世的迷梦："孝公修政徙咸阳，踵事增华历武襄。鹑首邀天原不醉，豺声震地遂如狂。开轩狭小前宫阙，变法焚烧古帝王。若使一家能万世，至今犹至筑阿房。"④归庄则在《万古愁》中抨击了秦始皇想长生不老，永远当皇帝，结果却二世而亡，留下千古笑柄："咸阳气正豪，六雀巢俱扫。琅琊碑镌不了秦官号，绿云鬟状不了阿房俏，人鱼膏照不了山泉奥，童女郎采不了长生料。怎知一霎时有赤帝子当道，巨鹿北，干戈倒；函关上，旌旗耀；轵道旁，婴前导。试看那咸阳三月彻天红，枉惹得关东六主泉台笑。"⑤阎尔梅对秦始皇滥用民力，修建规模宏大、富丽堂皇的骊山墓，做了更有力的批判。他在《游骊山题始皇陵》诗中写道："千尺神皋大半崩，幽王陵逼始皇陵。金刀斩绝温泉气，铜椁锹残冷水冰。宝物岂能生朽骨，长眠何用设明灯？羡门穿透烽台路，可有佳人笑裂缯？"⑥后又写《再题始皇陵》一首，讽刺他既寻仙药又建茔，妄图死后继续在地下宫殿内穷奢极欲，实际上是自掘秦王朝的坟墓："既闻沧海遥寻药，何故骊山预起茔？蜂准吹寒汤石火，鱼膏扑灭水银城。西邻□谷无多地，道是坑儒却自坑。"⑦

---

① 傅山：《霜红龛集》卷3《咏史感兴杂诗三十四首》。
② 杨钟羲：《雪桥诗话》卷1。
③ 袁枚：《随园诗话》卷74。
④ 阎尔梅：《白耷山人诗集》卷6。
⑤ 归庄：《归庄集》卷2《万古愁》。
⑥ 阎尔梅：《白耷山人诗集》卷6《游骊山题始皇陵》。
⑦ 阎尔梅：《白耷山人诗集》卷6《再题始皇陵》。

秦始皇既然成了箭垛，企图杀死秦始皇的刺客，也就必然被描写成英雄。曾经行刺秦始皇的荆轲，在宋朝、明朝人的心目中，往往成为丑化、攻击的对象。宋元以来的某些话本小说中，多半把荆轲写成狰狞的恶鬼，明人小说《今古奇观》中的《羊角哀舍命全交》，更把荆轲描绘为阴曹地府里蛮不讲理、霸占住宅的恶棍，俨然是九泉下的大流氓。而在清初，不少人为荆轲翻案，歌颂他刺秦皇的行动。侯朝宗在《太子丹论》中愤愤不平地说："天下有绳墨之论而挫英雄志士之气者，如以荆轲为盗是也……昔者燕太子丹遣荆轲入秦，刺始皇不中，秦人来伐……秦国竟以灭。宋儒曰：丹有罪焉，故书'斩'。呜呼，丹之心事可以告之皇天后土而无憾矣，其死也将下见其始祖召公奭于九原，即引而进之周之先文王、武王之侧，亦岂有惭色哉。本意欲杀敌，不遂，则死已决绝于易水送轲之日矣。其书斩者，固其所笑而不受也。……然则轲可为忠臣，丹可为孝子乎？曰：由今日论之，轲可为忠臣矣，而要之其人则英雄而感恩者也……若太子丹者，虽与日月争光可也。"①这里，侯朝宗不仅为荆轲翻案，同时为派遣荆轲刺秦皇的燕太子丹翻案，称颂他们是"忠臣"、"英雄"，可"与日月争光"，这个评价是够高的了。顾炎武则以同情、赞叹的笔调，分析荆轲未能刺死秦皇的原因，"荆卿'生劫'一语，乃解嘲之辞，其实轲剑术疏耳。错处只在'未至身'三字之间。盖匕首藏于图中，是极短小之物，持短兵而与人角逐于殿堂之上，其不胜必矣。所以反被人创，非秦王之用剑贤于轲，势使然也：人心一动，则神色必异。荆轲所以为神勇者，全在临事时，一毫不动，此孟贲辈所不及也"②。显然，在顾炎武的笔下，荆轲也还是英雄形象。在诗坛中，荆轲以及高渐离、张良成了讴歌的对象。张岱分别写了《荆轲匕》、《渐离筑》、《博浪椎》，每首诗前还写了荆轲、高渐离、张良的小传，介绍他们刺秦皇或谋刺秦王的事

---

① 侯朝宗：《壮悔堂文集》卷7《太子丹论》。
② 顾炎武：《菰中随笔》。

迹。诗谓："刺韩相，聂轵里，刺王僚，吴专诸。不了事，荆犹飞，鬼夜哭，樊於期。秦舞阳，若死灰。提药囊，有夏医。摘铜柱，中副车。易水祖道尽白衣，壮士一去不复归，怒发冲冠空涕洟。呜呼！怒发冲冠空涕洟。""天雨粟，马生角。太子丹，日夜哭。轲断臂，离瞳目。尔献图，余击筑。置锡铅，只一扑。眼中出火口生烟，肘后风雷来迅速。轲死为丹复为光，于期授首舞阳族。尔为死友极强秦，尔死不为人所促。""黄石公，赤松子，报秦仇，立韩祀。先见沧海君，千金募壮士。博浪只一椎，大索出秦市。圯上书未传，神奇已若此。赖汝一击功，明年祖龙死。副即辒凉车，鲍鱼臭方始。行将作帝师，肯与荆聂齿。满腹储风雷，貌一好女子。是不是？问太史。"①顾炎武在《高渐离击筑》诗中既歌颂了高渐离，也赞美了荆轲："神州移水德，故鼎去山东。断霓夫人剑，残烟郭隗宫。身留烈士后，迹混市儿中。改服心弥苦，知音耳自通。沉沦余技艺，慷慨本英雄。壮节悲迟晚，羁魂迫固穷。一吟辽海怨，再奏蓟丘风。不复荆卿和，哀哉六国空。"②颜元在易州望荆轲山，联想荆轲未能将秦始皇刺死，发出无穷的慨叹："峰顶浮图挂晓晴，当年匕首入强嬴。燕图未染秦王血，山色于今尚不平！"③乾隆年间"扬州八怪"之一的大画家郑燮，在《易水》诗中也唱出了"子房既有椎，渐离亦有筑，荆卿利匕首，三人徒碌碌。……萧萧易水寒，悄悄燕丹哭"④的挽歌。

前辈史学家陈守实教授生前常说："史论即政论。"这个见解是很精辟的。当然，史论与一般政论的表达方式不可能等同。但是，在古老的历史外衣掩藏下的史论，它的绝大部分内容都是历史批判，往往也是对现实的批判。毫无疑问，清初思想界对秦始皇的批判，对荆轲

---

① 张岱：《琅嬛文集·乐府》。
② 顾炎武：《顾亭林诗文集·亭林诗集》卷1《拟唐人五言八韵·高渐离击筑》。
③ 颜元：《颜习斋先生年谱》卷上。
④ 郑燮：《板桥集》卷1《易水》。

等人的赞颂，都是批判君权的特殊形式，都应当纳入反君权的思潮。尽管各个人的思想水平不一，批判的程度有深有浅，但都不失为批判君权思潮的一个侧面，即使是吉光片羽，也都是具有进步的历史意义的。

但是，清初的反君权思潮，并没有能够持续下去。大体上说，自雍正帝执政后，这股思潮便逐渐平息了。"九曲黄河万里沙，浪淘风簸自天涯。"古代历史上的任何一种进步思潮，从来就不是能够持续上升、一泻千里的。就清初的反君权思潮而论，所以会在雍正年间转于沉寂是有深刻的社会原因的。一方面，清初封建专制主义的中央集权很快便建立、巩固起来，比明王朝要坚固得多，文网的严密，很快便超过了明朝和其他朝代。明清易代，尽管有民族矛盾的色彩，但从阶级本质上说，不过是一统江山从朱姓手中转到爱新觉罗氏手中。君权的地位，依然是神圣不可侵犯的。清王朝钦定的御用思想是程朱理学，朱熹被钦定为大圣人加以供奉、膜拜。强大的封建专制主义国家机器，如参天大树，而具有民主色彩的反君权思潮毕竟是巨石压身的幼芽。从清初崇拜自然、特立独行、景仰无为的道家思想的逐步抬头，不难看出清初思想界"死的拖住活的"的痛苦，传统历史包袱的沉重。申凫盟在《毛颖君后传》中，对毛颖的"欷歔不自胜，遂发狂，常科头散发，不与士大夫相见"[①]加以赞叹。戴止庵"归里入鹿台山，不再入邑城，不与时官往来……鹿台山者去祁邑六七十里，荒瘠而多虎，先生创筑小寨居之……或早上寨墙周望，望见有虎侵牛犊，即遥呼寨下人，某山凹虎侵牛犊，向某处行，寨下人群逐之夺犊归也"[②]。而傅山对戴止庵的"自号止庵"，几乎不染尘嚣的行为，也是赞不绝口。张盖"归筑土室自封，屏绝人迹，穴而进饮食。岁时一出拜母，虽妻子亦不相见。家人窃听之，时闻吟咏声，读五经声，叹息声，泣声。母卒，出室成服，已复入室，如是者八年。一日忽破壁出，携琴一囊，

---

① 申凫盟：《聪山集》卷2《毛颖君后传》。
② 傅山：《霜红龛集》卷15《明户部员外止庵戴先生传》。

茗一壶，欲走无何有之乡，其子急迫之，至清源而返。……偶入郡，士大夫争为倒屣，相与弹棋蹴踘者竟日，次早折柬邀之，则已逸去，卧东桥土室中矣"[1]。对此，申涵盼在张盖小传后的赞语中，感慨系之地说："迹盖所为，前后若两人，盖古独行之流欤。"常年埋首土室，凄苦如是，在清初思想界的一部分人中，却视为崇高之举。如著名思想家傅山、李颙，前者也曾居于土室，后者则别署曰"二曲土室病夫"；与李因笃、李颙一起被称为"关中三李"之一的李柏，"时往来山中，或雪后独上高峰看丹，熊罴虎豹，叫啸前后。性滃郁孤愤，与世龃龉不可合。亦好为大言，奇服诡行以耀于时。于河东买大牛，高八尺，头尾长一丈二尺，骑牛入城市中，儿童噪且随之。牛归卧场圃，柏便坐牛髀胁间，击缶被发，歌呼乌乌，名其牛曰'牛蒲团'。……大旱，刍荄不继，牛亦饿死。尝驯一鹤曰松友者，柏出游归，鹤折其一足，柏生龁啖之，涕泗并下。鹤死，至操杖詈骂其老妻，任情放诞率如此。"[2]凡此种种表明，在清初封建专制主义的壁垒前，思想界中不少人感到无路可走，苦闷到极点，用奇特怪诞的行为，把自己的形象扭曲了。从这一个侧面，也不难窥知清初反君权思潮衰竭的情况。

另一方面的原因，正是在于明末农民战争自身的局限性。波澜壮阔的明末农民运动，用革命暴力推翻了明王朝，沉重地打击了地主阶级。但是，农民是个自发的阶级，在当时没有新的生产力和新的生产关系，一家一户的个体小生产构成的自然经济这一封建经济基础，并未也根本不可能受到农民军丝毫触动的历史条件下，农民革命尽管打击了"四权"，但只是动摇了这四根绳索，并不能斩断它，这是明末农民英雄们的悲剧所在，也是所有旧式农民革命的悲剧所在。[3]批判的武

---

[1] 申涵盼：《忠裕堂集·张命士传》。
[2] 吴怀清：《关中三李年谱》卷4《雪木先生年谱》。
[3] 参见王春瑜：《论"四权"与明末农民战争的关系》，《中国农民战争史论丛》第2辑，河南人民出版社1980年版。

器并不等于武器的批判。李自成、张献忠率领农民军经过长期浴血奋战，推翻了崇祯皇帝，但是，他们并不反对皇帝制度。以李自成而论，他在西安时名曰称王，实际上，种种事实表明，他已经当了皇帝，笔者在《李自成登极辨》①中已有所论列，此处不枝蔓。李自成在北京金銮殿坐上皇帝宝座时的礼仪，与朱元璋登极时的礼仪，几乎没有多大差别。明末农民军没有也绝不可能在思想领域对皇帝制度进行批判，植根于自然经济基础上的小生产者的家长思想，本来就是通向全国最大的家长——皇帝的桥梁。因此，就意识形态而论，明末农民军并没有给清初思想界的反君权留下足够的思想遗产。当然，更重要的是，明末农民军并没有也不可能摧毁封建专制主义的经济基础及主要制度，他们为清初思想界创造的历史舞台是比较狭小的，因而清初思想家演出的反君权的活剧，就不能不较早地收场。可是如果没有明末农民军以移山倒海之势把明王朝打得落花流水，使封建专制主义统治秩序中的种种顽症暴露无遗，使地主阶级思想家们痛感"天崩地坼"，迫使他们从传统思想的某些樊篱中跳出来，就不会出现清初反君权的进步思潮。这正是明末农民战争伟大历史作用的一个重要方面。有的学者在分析黄宗羲等人批判君权的思想时，论及社会背景，撇开明末农民战争的作用不谈，硬是要将黄宗羲等人与"市民"攀亲家，笔者以为从根本上说，这是找错了方向。当前史学界更有少数论者，在文章中将农民战争的伟大历史作用一笔勾销，甚至说起了阻碍历史前进的作用。仅仅从清初反君权思潮的出现这一点便足可表明，这种论调如果不是无知，便是妄说，因为它根本经不起历史实践的检验。

（原载《中国农民战争史论丛》第4辑，
河南人民出版社1982年版）

---

① 王春瑜：《李自成登极辨》，《中华文史论丛》1980年第4期。

施让地券及《云卿诗稿》考索（1982）

按：《水浒》作者施耐庵的生平，元末、明初的史籍、文献中，至今尚未发现可靠记载，明中叶后，虽有些零星记载，但又互相抵牾。由于文献不足征，稽考为难，某些人遂怀疑历史上是否有施耐庵其人。新中国成立初期，中央文化部及苏北文联，曾派人赴大丰县白驹镇、兴化县施家桥等地调查施耐庵史料。前者的调查报告未发表，据悉，结论大体上是认为苏北并无施耐庵，后者的调查报告，由丁正华、苏从麟同志执笔，在《文艺报》1952年第21号刊出，公布了《施氏族谱》等资料，把研究施耐庵的工作，向前推进了一步。但是，由于这次调查没有能够和元末明初的历史结合起来加以深入研究，特别是没有找到关键性的史料、文物，以致施耐庵之谜，未能完全揭开，直到不久前，有人还公开断言："我到苏北调查过施耐庵的材料，所有关于施耐庵参加过张士诚起义的传说，以及别种传说，全是捕风捉影，无稽之谈，连施耐庵的影子也没有。"[①]在某些文学史以及一些出版社的《水浒》前言中，提到施耐庵生平，均付阙如，表明了他们对学

[①] 聂绀弩：《中国古典小说论集》，上海古籍出版社1981年版，第4页。按：笔者也认为施耐庵确实未参加过张士诚起义，但大丰白驹等地关于施耐庵的种种传说，有一部分是反映了历史实际的；说"连施耐庵的影子也没有"，更是不敢苟同。

术界主张苏北有施耐庵之说者，是持否定态度的。

施耐庵的生平到底怎样？这对包括笔者在内的明史研究者来说，同样是个重要课题。今年3月初，笔者去施耐庵故乡苏北考察了20多天。承盐城、大丰、兴化等有关部门的支持，看了一系列新发现的施耐庵文物、史料。其中最重要的，是施耐庵之子施让地券、四世孙施廷佐墓志铭、九世孙施奉桥地券。把这些文物与解放初期发现的《施氏族谱》(支谱）与大丰县在去年10月发现的《施氏家簿谱》，以及其他史料，一起加以比较研究，看来是可以做出关于施耐庵生平的基本论断的。现对施让地券及《云卿诗稿》试作考索如下，希望得到学术界师友的指正。

地券，又称地契，通常是指土地所有权的证明书。但是，本文这里所要探讨的施让地券，与上述地券完全不同。这种地券，又名地照，埋在死者墓中，是死者身份、埋葬时间、坟地面积和所有权等的阴间执照。按其材料类别划分，有玉券、铅券、石券、砖券，前两种很少，后两种甚多，绝大部分皆刻有文字。地券始于何时？罗振玉说："古者丧葬之有地券，不知所自始。以予平生所见，传世之先者，当汉之建初。"[①] 建初，是东汉章帝的年号之一，时在公元76—83年。罗氏的这个结论是正确的。最近，笔者就此问题向古文字、考古学专家张政烺教授请教，他也认为地券当始于东汉。明代，地券普遍流行于民间葬礼中，苏北地区也毫不例外。

今年3月19日下午，在兴化县政协老同志的座谈会上[②]，县教育局许勤同志给笔者看了施让铭文抄件，由偕笔者同行的盐城新四军军

---

① 罗振玉：《地券征存》，中国社会科学院历史研究所图书馆抄写本，第10页。
② 与会者有朱道广、黄友梅、赵振宜、魏平孙、魏伯壎等同志。感谢他们向笔者提供了有关情况。

部原址纪念馆筹备处的阴署吾同志当场誊录一份。兴化县进修学校校长赵振宜同志介绍了施让地券的出土情况。此份抄件，讹舛之处不少，出土情况的介绍也比较简略。所幸最近盐城地区文化局王荫同志给笔者寄来兴化县散发的《清理施让残墓文物及继续调查施耐庵史料报告》（1962年9月17日）复印件，是研究施让地券的珍贵资料。赵振宜同志正是这份报告的执笔人之一。①现将这份报告中施让地券的发现经过，节引如下：

> 1962年6月27日，中共兴化县委宣传部派赵振宜等同志去施耐庵墓所在地施家桥采访，于社员陈大祥家发现施让（传为耐庵子）墓之"地照"②。方砖一块……据云该墓早在1954年治水时即曾被掘土堵塞缺口，1958年春又被掘取墓砖建造猪圈等物。而1958年掘墓非止一座，文物也散失较广。经再三访问，出土文物约知有铜钱及瓷碗、瓷酒盅若干，刻字方砖六块。实际数字，已不可知。出土瓷器大都毁失，仅收得破碗一只。一社员自称家中尚有洪武钱一枚，系1958年出自施让墓中者，未收取。刻字方砖得见者三：一即施让"地照"（1958年出土……）……为弄清残墓情况，搜寻施让墓志由尤振尧、赵振宜、丁正华等同志组织并指导了清理工作，计掘土约70余立方米，用工14个。墓基破坏很大，度其面积、位置约略可辨墓有三棺，询诸当年掘挖者，据云每棺有一小型拱顶砖廓，三廓相连，隔以单层砖墙。以此与墓志相校，基本相合，鉴于墓葬结构比较简单，随葬瓷器十分粗陋，远非明代官窑，可以想见死者生前比较贫困。但始终未找到墓志，殊为遗憾。

---

① 另有周正良、尤振尧、丁正华、陈安智、倪云飞等同志。
② 即地券。

施让地券的全文是：

　　维

　　大明景泰四年二月乙卯朔，越有十五日壬寅，祭主施文昱等伏缘父母奄逝，未卜茔坟，夙夜忧思，不遑所厝，遂今日者择此岗原，来去朝迎，地占袭吉，堪为宅兆。梯已出备钱财，买到墓地一方，东至青龙，西至白虎，南至朱雀，北底玄武，内方勾陈，分掌四域。丘承墓伯，封步界畔，道路将军，齐整，千秋万载，永无怏咎。若有干犯，并令将军、亭长缚付河泊。今备牲牢酒脯，百味香新，共为信契。财地交相，各已分掌，令善匠修□安厝，已后永保清吉。

　　知见：岁、月：主：代保：今日直符，故气邪精不得干犯，先有居者永避万里。若违此约，地府主史，目当其祸，助葬主里外存亡，悉皆安吉。玉帝使者女青敕令

　　券奉　后土　之神收执准此。①

为了更准确地判定施让地券的史料价值，有必要与同一时期的地券进行比较研究。现将明景泰七年（1456）的李某某地券②，节引如下：

　　维

　　大明国景泰七年岁次丙子……葬主孝男李□□缘□淹逝，未卜茔坟，夙夜忧思，不遑所厝，遂今日者择此高原，来去朝迎，兆占袭吉地葛子场之原，堪为宅兆，谨备钱彩，买到地一段，南北长一十六步，东西……东至青龙，

---

① 标点系笔者所加。
② 山东登州城东南隅出土，原为唐风楼藏。

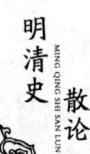

西至白虎，南至朱雀，北至玄武，内方勾陈，营分擘四域①，丘丞墓伯，封步界畔，道路将军，齐整阡陌，致使千秋百载，永无□□。若有干犯，并令将军、亭长，缚付河伯。今□此□□□，百味香新，共为信契。财地交相，各已分付。今工匠修营安厝，已后永保休吉。

知见人：……先有居者永避万里。若违此约，地府主吏，自当其祸，助葬主里②

外存亡，悉皆安吉。急急如

五帝使者女青律令……③

对比李某某地券与施让地券，不难看出，虽然前者远在山东登州，但与后者铭文款式基本相同，可以从中推知地券在明代葬礼中的普遍化，施让地券中的个别不明字及漏刻字，均可得以辨识、补充。如"道路将军，齐整"后面，漏刻"阡陌"二字，添上去，才能与"丘丞墓伯，封步界畔"对称，因为原文本来用的是骈句。"缚付河泊"之"泊"，应为"伯"字误刻，意思是说交给水神河伯惩处，只有这样才能求得通解。"修□"之"□"，应为"营"字，一望而知。"主史"应为"主吏"，"目当"是"自当"的误刻。"丘承"应作"丘丞"。

这块施让地券，具有重要史料价值。它不仅证实了1952年丁正华等同志发现的《施氏族谱》以及大丰县施耐庵文物、史料调查小组在去年11月新发现的《施氏家簿谱》是真实可信的，从而为施耐庵确有其人提供了铁证，同时，从一个侧面，为施让的诗集《云卿诗稿》及该诗稿末附施耐庵的《新水令·秋江送别——赠鲁渊、刘亮》这支曲子非伪作，也提供了一个有力的证据。

---

① 营、擘、四、域四字，原空，系笔者参照其他地券款式文字试识。
② 此字原空，系笔者据文义试识。
③ 罗振玉：《地券征存》，第7—8页。

且论第一点。

施让是施耐庵的儿子,这在施氏家谱中是有明确记载的。《施氏族谱》世系表载谓:"第一世:彦端字耐庵(行一),元配季氏,继配申氏→第二世:让字以谦(生于明洪武癸丑,没于永乐辛丑,隐居不仕,另有处士墓志),元配顾氏、陈氏→第三世:文昱字景胧(明,文学),元配陆氏→。"《施氏家簿谱》载谓:"元朝辛未科进士,第一世:始祖彦端公,字耐庵,元配季氏、申氏,生让→第二世:讳让字以谦(彦端公子),元配顾氏、陈氏,生文颢、文昱、文晔、文晖、文晊、文昇、文鉴→第三世:讳文昱字景胧(以谦公长子)→。"[①]两种家谱都清楚地表明了施耐庵、施让、施文昱是祖孙三代,现在有了施让地券相验证,是无可怀疑的。更重要的是,上述两种施氏家谱,都载有"淮南一鹤道人"杨新写的《故处士施公墓志铭》,亦即施让墓志铭。其中,《施氏族谱》的施让墓志铭内有"先公耐庵……国初,征书下至,坚辞不出,隐居著《水浒》自遣"[②]的记载。这段记载是带有关键性的。过去,有人怀疑施氏家谱不可靠,奉施耐庵为祖,是攀附名人,弄虚作假,因而认为杨新的施让墓志铭也是假的。虽然,施让墓志铭的实物至今并未发现,其原因,笔者在拙作《施耐庵故乡考察散记》[③]第二节中,已经做了一点分析,此处不枝蔓。需要着重指出的是,施让地券的立券时间是"大明景泰四年二月乙卯朔越十有五日壬寅",这与施让墓志铭文所署时间"景泰四年岁次癸酉二月乙卯十有五日壬寅立"完全相同。这就充分表明,杨新撰施让墓志铭文是真实可

---

① 引自《施氏家簿谱》原件复印件。
② 大丰县新发现的《施氏家簿谱》中,无此段文字。其原因很可能是:此谱的抄写者施满家(于1918年在白驹南丁溪义阡寺丈室抄成)因家贫,自小即出家为僧,恪守佛门戒规。佛门戒律甚多,和尚有200多戒,尼姑则多达400余戒,但最重要的是五戒:不杀生、不偷盗、不邪淫、不贪酒、不妄语。此点在《水浒》中亦有描写。在施满家看来,《水浒》是与五戒格格不入的,在家谱中保留祖宗施耐庵著《水浒》的文字,显然不妥,故删去——可惜施满家已于1959年病逝苏州。真相究竟如何?有待进一步调查。
③ 王春瑜:《施耐庵故乡考察散记》,《光明日报》1982年4月25日第3版。

信的。试想，如果杨新不是景泰四年的当时人写当时事，而是后人的杜撰，又怎么可能与立地券的时间暗合到如此天衣无缝的准确程度？因此，杨新的施让墓志铭文应当是可信的，其中关于施耐庵"隐居著《水浒》"的记载，是今天所见到的最早的文献记载。今天，有人仍然说，墓志铭文中施耐庵著《水浒》的这一段，是后人加上去的。但是，这样说证据何在？无。笔者想，如果只有大胆怀疑，而没有小心求证，特别是拿不出可靠证据，是不可能得出正确结论的。

关于施让诗集《云卿诗稿》，说起来，实在令人感到遗憾。

3月21日，笔者在盐城拜访盐城县政协副主席周梦庄老先生。他是一位很博学的学者，著有《蒋鹿潭年谱》、《宋射陵年谱》、《水浒传杂考》等23种，对盐城地区的历史，更是钩沉抉微，孜孜不倦，几十年如一日。1952年，他由范烟桥先生介绍，曾协助中央文化部的调查组，在大丰、兴化一带调查施耐庵史料。笔者与他谈起这次调查，他说："我没有调查完，就拂袖而去了！"问他何以故，老人说："有的人不作深入研究，就说无施耐庵其人，但却把施氏宗祠原物上写施耐庵名字的木主拿走了。施耐庵的儿子施让有一本诗集，叫《云卿诗稿》，是抄本，原藏施逸琴手中。这本《诗稿》后附施耐庵作的曲子一首，叫《新水令·秋江送别——赠鲁渊、刘亮》，是研究施耐庵的重要资料。有人看了《云卿诗稿》，认为诗稿以及施耐庵的曲子都是假的，但又偏要带走，经过这些年的政治沧桑，此书已经不知去向！"笔者问周先生尚能记得耐庵《新水令》词句否，他说："我已经82岁，记不清了，打算再仔细回忆一下。"要是《云卿诗稿》就此消失人间，太可惜了！

《云卿诗稿》是假的吗？不见得。施让地券对确有施让其人来说，堪称铁证如山。杨新写的施让墓志铭文中，明确地记载他"自以耕学扁斋……读书尚礼……忘形林泉之下，娱情诗酒之间"，他写了一本诗稿，有什么奇怪？施氏后裔，从无显宦、富商，至今我们连木刻本的施氏家谱都没有发现过,《云卿诗稿》靠手抄流传,完全可能。施让"隐居不仕",并非名人,又有谁会去造假,写一部诗集,却挂在他的名下?因此,说施让诗集是假的,未免轻率。说施耐庵的《新水令》也是假的,也未免武断。虽然《云卿诗稿》未见,我无法判断施耐庵写的这支曲子是施让编自己诗稿时作为附录收进去的,还是这本诗稿在传抄过程中由别人附带抄进去的,尽管如此,笔者认为仍然不难对这支曲子是否为施耐庵所作做出结论。问题的关键在于:鲁渊、刘亮是否历史上真有其人,而且与施耐庵生活在同一时期,甚至是同一地域?回答是肯定的。鲁渊,常见书《中国人名大辞典》即曾著录,这里自然无须征引。其实,记载其生平的原始资料并非一条。方志载谓:

> 鲁渊,字道源,岐山人。至正辛卯进士。出宰华亭,徽寇构逆,延及永平省,檄渊与监郡脱脱引兵而西,焚贼垒六十余,遂会大军于新安江中,与富山巡检邵仲华共守豪岭,贼再犯,众惊惧有退志,渊以忠义相激,遂无贰心。已而力不敌,为贼所拘。渊求死不得,逾年,寇平得脱,起为浙江儒学提举,寻以疾归,居岐山下。洪武初,以礼局召,坚辞还山。王逢赠诗云:"相期文苑传,独立义熙年。"所著有《春秋节传》、《策府枢要》,学者称为岐山先生。①

这里提到王逢赠鲁渊的诗。王逢何许人也?史载:

> 王逢,字原吉,江阴人。至正中,作《河清颂》,台臣荐之,称疾辞。张士诚据吴,其弟士德用逢策,北降于元以拒明。太祖灭士诚,欲辟用之,坚卧不起。隐上海之乌泾,歌咏自

---

① 《续纂淳安县志》卷9《忠义》。

适。……有《梧溪诗集》七卷，逢自称席帽山人。①

王逢在元朝灭亡后，始终眷恋故主，虽给张士德献过降元之策，但又拒绝与张士诚公开合作，因此清初纪昀等学者认为，"适张氏据吴，东南之士，成为之用，逢独高蹈远行"②。王逢在他的诗集中多次提到其友人鲁渊。前述赠鲁渊诗，见于《俭德堂怀寄凡二十二首（各有小序）》中，咏及鲁渊，特在序中写了鲁渊小传，文谓："鲁道原名渊，淳安人，由进士累迁浙西副提学。张太尉称王，擢博士，今召拜官，并辞还山。"并赋诗一首："我采云间药，公归白下船。相期文苑传，独立义熙年。北斗横山阁，西风熟陇田。季长门地盛，曾不让彭宣。"③他还写了《读贞燕记有怀鲁道原提学（记附）》④、《赠鲁道原县尹，时客授璜溪，吕氏大儿掖从读〈春秋〉》⑤等诗，对鲁渊怀有深厚的友情。值得注意的是，《赠鲁道原县尹，时客授璜溪，吕氏大儿掖从读〈春秋〉》一诗，开头两句为："河决多横流，世乱无完家。"这与相传施耐庵赠答顾逖的诗句"生荒世乱走天涯，寻得阳山好住家"⑥，思想、文风何其相似乃尔！这也许不失为施耐庵此诗非伪作的一个佐证。明清之际钱牧斋也曾述及鲁渊⑦，文字同王逢怀鲁渊诗序中的小传，不再具引。

关于刘亮，方志中也有记载：

---

① 《明史》卷285《戴良传附王逢传》。
② 《四库全书总目提要补正》，中华书局1964年版，第1450页。
③ 王逢：《梧溪集》卷5《俭德堂怀寄凡二十二首（各有小序）》。
④ 王逢：《梧溪集》卷4上《读贞燕记有怀鲁道原提学（记附）》。
⑤ 王逢：《梧溪集》卷4上《赠鲁道原县尹，时客授璜溪，吕氏大儿掖从读〈春秋〉》。
⑥ 此诗始见于兴化刘仲书《施耐庵历史研究稿本》、前述《清理施让残墓文物及继续调查施耐庵史料报告》加以著录。丁正华在《关于施耐庵的传说》（《江海学刊》1961年第6期）一文中，引此诗"生荒"作"年荒"。按：盐城方言中谓荒年即说"生荒年"。
⑦ 钱谦益：《国初群雄事略》卷7《周张士诚》。又，支伟成：《吴王张士诚载记》卷3，亦载有鲁渊小传，所述基本同《淳安县志》。

刘亮，吴郡人。元末尝仕于张士诚，后以巨舰尽载所藏书万余卷渡江，客如皋，主冒致中家，谋献其书，未果而卒。致中为收藏之，永乐中取入中秘。①

冒致中为如皋冒氏的始祖。《东林公家传》载谓：

公讳致中，字东林。先世为元镇南王脱欢之后，至正朝尝荐举儒术，为两淮盐运司丞，分巡丰利诸场，多所兴革，商民两德之。元亡，遁迹如皋，氏曰冒，为受姓之始。……勤学好修，聚书数千卷，闭门开帙……张士诚闻其贤，挟之入吴门，封妥督丞相，力以疾辞渡江归。事迹载州志文苑传、县志义行传及图书集成氏族典。②

刘亮事迹，载于冒氏《永宗公家传》中。文谓：

公讳基，字永宗。弱不好弄，见运丞公（即冒致中）所藏书而顾学焉。取经史子集，胪列类分，朝夕讽诵，务求淹通。……初，运丞公构层楼藏其友刘亮所欲献书，永乐间朝廷将修大典，诏命御史中珰及郡太守下县即公家征书，公望阙拜受聘币，尽发所藏书，载数舟上之。御史劝之仕，勿就。赐御书万卷楼额……著有《潜德遗稿》。以至正庚子某月日生，以宣德癸丑某月日卒，年七十四。③

----

① （道光）《泰州志》卷27《流寓》。又，此与乾隆《如皋县志》卷31《流寓传》所载相同。
② 此传载冒广生先生辑录其先世画像传中（未刊）。承冒广生先生之孙、友人冒怀辛同志见示，书此致谢。按：冒致中事迹又见于《如皋县志》（乾隆）卷31《义行传》；《古今图书集成·氏族典》卷485。
③ （乾隆）《如皋县志》卷31《隐逸传》所载刘亮事迹，与此同，冒广生先生辑画像传时盖取材于此。

上述材料表明，鲁渊、刘亮不仅与施耐庵一样，生活在元末明初，而且活动范围、思想倾向，都颇有相同之处。施耐庵祖籍苏州，在杭州做过官，对张士诚、朱元璋都采取了不合作的态度，并隐居于白驹。①鲁渊在浙江做过官，后避张士诚征，返回林泉，喜欢作诗，②刘亮虽一度在张士诚手下任职，但后来即避居如皋。显然，施耐庵与此二人交游，赠送他们一曲《新水令》，完全在情理之中。如果说此曲是伪作，倒是不可思议的。梁启超先生说得好："有名人的作品，赝品很多，名气愈大，假得愈厉害。即如《李太白集》，严格考起来，其中有四分之一是假的……盛名之下，最易盗窃，传抄的人，辗转加入，于是愈假愈多，愈多愈假了。"③这番话道出了文人作伪的一般规律。以此来衡量《新水令》，施耐庵从明中叶特别是明末以后，名气很大，但鲁渊、刘亮，皆非名人，今天专治元末、明初史者，颇费稽考后才能知其大略，在苏北的穷乡僻壤间，普通文人根本不知道历史上有此二人，怎么可能伪造出施耐庵赠此二人之曲？因此，笔者盼望知道施让《云卿诗稿》下落者，能够通知笔者，或有关部门，俾得窥知《新水令》全豹，以及施让之诗。这对于进一步研究施耐庵生平，无疑是极为重要的。

（原载《学术月刊》1982年第7期）

---

① 白驹曾属兴化县，今属大丰县。
② 《淳安县志》卷17（中华书局上海编辑所1965年影印宁波天一阁藏明嘉靖刻本，第14页），载有鲁渊诗三首，其《晨起》诗有谓："虹影截开千嶂雨，雁声惊破一天秋。若将成效论人物，空使英雄泪更流。"《云山楼》一诗则有谓："苍苍烟树微茫里，睡熟羊裘老钓翁。"《明诗别裁集》卷2载有鲁渊的《重九》诗："白雁南飞天欲霜，萧萧风雨又重阳。已知建德非吾土，还忆并州是故乡。蓬鬓转添今日白，菊花犹似去年黄。登高莫上龙山路，极目中原草木荒。"
③ 梁启超：《古书真伪及其年代》，中华书局1937年版，第12页。

《明代江南农业经济》提纲*

第一章 概论（约二万字）

一、开展地区经济研究的重要性

二、明代江南概貌

1. 地域，土壤、气候、水文
2. 人口
3. 江南经济区的形成及其主要特征

    3.1 江南经济区的概念

    3.2 江南经济区的形成过程

    3.3 从江南经济区看封建政治重心与经济中心的分离及其历史影响

三、研究明代江南农业经济的意义

1. 江南经济的基础——农业经济与其在明代经济上的地位
2. 江南农业经济与明代经济、政治、文化史研究的关系
3. 史学界研究明代江南农业经济的现状

---

* 此书曾列入历史研究所规划，由笔者主持，同事李济贤、林金树参加。后因故此书未能写出。

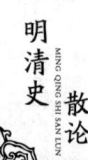

第二章　土地关系（约五万字）

一、明代江南土地所有制诸形态
1. 官田
    1.1 旧额官田：宋元以来江南官田的形成、发展过程、数额、比例及其地区分布
    1.2 明初抄没官田：由来、数量、比重、租额
    1.3 官田的性质、作用和私有化
2. 民田
    2.1 大地主的土地占有情况
        甲、江南大地主的数量
        乙、锡、昆一带诸大家族
    2.2 中小地主的土地占有
    2.3 自耕农的数量及其历史作用
3. 封建经济关系中公经济诸形式
    3.1 学田、义田、祠田及其隐没
    3.2 上述土地的性质、作用
4. 地主土地所有制的特殊形态——寺田

二、土地兼并
1. 明初对江南大地主的政策及土地关系的相对稳定
2. 明中叶土地兼并的加剧及阶级关系的变化
    2.1 江南土地兼并的基本趋势及出现的原因
    2.2 江南缙绅地主的形成
    2.3 "墓碑无逾二代"——江南中小地主的升沉隆递
    2.4 自耕农的破产与佃农队伍的扩大
    2.5 "二地主"的出现
3. 江南土地关系矛盾运动的特点及历史影响

第三章　赋役（约五万字）

一、明代江南赋税的演变

1. 鱼鳞图册的由来、发展、作用

2. 沉重的额赋

3. 名目繁多的土贡

4. 加派

二、徭役

1. 五花八门的劳役

　　甲、粮长

　　乙、里甲、均徭

　　丙、白粮、漕运

　　丁、马役

2. 役的转嫁、变形

三、"江南重赋"的由来和发展

1. 重赋的原因及对农业经济的影响

2. 明朝政府对江南土地、赋税的管理

四、明中叶江南的赋役改革

1. 周忱、欧阳铎、王仪改革的内容及历史意义

2. 一条鞭法在江南的施行

3. 江南均田、均粮、均役运动的历史意义

第四章　农业生产

一、江南农业的命脉——水利

1. 明初的"都水营田使"

2. 太湖水系的建设

3. 明初至明末对吴淞江的疏浚

二、明代江南农业经济的主导——粮食作物的生产

1. 粮食作物的品种、产量

2. 水稻栽培技术

三、经济作物的栽培

1. 江南植棉小史、棉的普及、产量

2. 水果——甘蔗、橘、杨梅、桃等的生产

3. 蓝及其他经济作物的生产

四、家庭手工业

1. "衣被四方"的棉织业

2. 太湖流域的养蚕、丝织业

3. 泥塑、刺绣等特种工艺品

4. 江南家庭手工业的性质、特点及其在江南农业经济中的作用

五、市镇的兴起

1. 元末明初城镇的凋敝

2. 弘治以后市镇的发展

3. 市镇在江南农业经济中的作用

六、明代江南农业生产关系中的辩证关系

1. 封建租佃关系的相对稳定及其绝对优势

2. 雇佣劳动的出现

3. 江南农业生产关系中的火花——微弱的资本主义萌芽

第五章 农业人口（约三万字）

一、明代江南农村人口的分布与密度

二、户籍制度

三、江南人口变化与农业经济发展的关系

第六章　江南农村的社会生活（约四万字）

一、地主阶级的穷奢极侈

1. 江南地主的挥霍无度
2. 所谓"经营地主"
3. 城居地主与乡居地主的流动，城居地主的乡居化
4. 江南园林的兴起
5. 横行乡里的豪奴恶仆

二、农民生活及反抗斗争

1. 自耕农生活一瞥
2. 广大农民的贫困生活；与北方农民生活的比较
3. 江南农民的反抗斗争

　　甲、逃亡

　　乙、秘密结社

　　丙、小股农民起义

　　丁、"民抄董宦"等反豪强事件

　　戊、晚期奴变及其性质

第七章　江南农业经济与明代政治、
　　　　 文化的关系（约三万字）

一、明代中央王朝对江南经济区的控制、掠夺

1. 明王朝对江南实行的国策
2. 宦官对江南的搜刮

二、东林党——"江南地主"的代言人

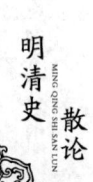

1. 东林党的阶级构成
2. 东林党所反映的"江南地主"的政治要求
3. "江南地主"与中央王朝矛盾运动的余波及终结

三、江南文化的繁荣
1. 明代江南进士统计、著作统计
2. 江南文化对全国文化的影响

  甲、文学作品中对江南农业生产、社会生活的描绘

  乙、江南农业生产技术的结晶——江南农书

  丙、顾炎武——江南文化的杰出代表

第八章　比较研究（约三万字）

  一、江南地区与扬州地区农业经济的比较：地域比邻，自然条件大体相同，但扬州地区的农业经济，远比江南落后。揭示其原因。

  二、江南地区与北直隶农业经济的比较：京畿地区虽是政治中心所在，但农业经济落后，仰仗于江南经济中心，从而对明代历史发展带来深刻的影响。

  三、江南地区与同一时期欧洲自然环境近似地区农业经济的比较：比较结果将表明，明代江南地区的农业经济，比其同一时期欧洲的农业经济要繁荣得多，在某些农业生产技术方面，更居于世界领先地位。历史经验值得总结。

后　记

1982年明史研究概述

1982年的明史研究取得不少成果，据不完全统计，发表了近70篇学术论文，出版专著、工具书、史资料数种。现将有关情况概述如下。

一

在明代政治特别是明初政治的研究方面，对朱元璋的评价一直是个重要课题。应该怎样看待朱元璋对知识分子的态度？任崇武在《论朱元璋对待儒士的态度》[①]一文中认为，朱元璋对儒士的态度，可分作两个时期，得天下之前重用儒士，得天下之后屠戮儒士，而这一切都是围绕着如何夺取政权、巩固政权进行的。冉光荣、汪宗华在《论封建社会农民起义领导的必然归宿》[②]一文中认为，在元末农民战争的年代里，朱元璋针对起义军中各军将领文化水平较低的弱点，提出要向儒者学习，增长才干，这在一定程度上保证了朱元璋能够提出一套行之有效的政策，以及拥有贯彻执行政策的人才，因而力量日趋强大。陈梧桐在《论朱元璋的民族政策》[③]中指出，如果说朱元璋对北方的蒙古偏于"以威服之"的话，那么，他对其他地区的少数民族则侧重于

---

① 任崇武：《论朱元璋对待儒士的态度》，《中州学刊》1982年第4期。
② 冉光荣、汪宗华：《论封建社会农民起义领导的必然归宿》，《四川大学学报》1982年第1期。
③ 陈梧桐：《论朱元璋的民族政策》，《中南民族学院学报》1982年第1期。

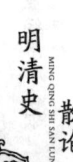

"以德服之"，分不同的情况，采取相应的怀柔措施安抚和笼络。朱元璋的民族政策与唐太宗的政策一脉相承，同属比较开明的政策，因此应该肯定。李殿元在《朱元璋背叛了农民革命吗?》[①]一文中提出了朱元璋没有背叛农民革命的看法。冯天瑜、周积明在《论反元战争中朱元璋集团的性质》[②]中认为，朱元璋集团尽管一度高举红巾军的旗帜，但是并无农民起义所必备的各种内蕴。而以收编现成地主武装作为基干队伍，以封建士人充作集团核心，以维护地主阶级利益为宗旨的军政策略，全都表明朱元璋集团自独立经营之始，便是一支反元地主武装。朱元璋是中国历史上"朝为田舍郎，暮登天子堂"的突出典型，他所走过的道路是：无业游民—反元豪强地主武装将领—反元地主军政集团首领—明帝国的开国君主。上述诸文，反映了对朱元璋的研究有所深入。

关于"靖难之役"以及与之相关联的对建文帝和永乐帝的评价，史学界一直有争论。商传在《试论"靖难之役"的性质》[③]中认为，过去常把"靖难之役"视为统一与分裂的斗争，这是不妥当的。从朱棣对待建文朝臣的态度看，无论杀戮或使用，都明显地反映了朱棣发动的"靖难之役"既不是要保护什么朱元璋的成法，也不是真要清除奸恶，而是一次赤裸裸的夺位战争。那些被杀的建文忠臣们，所忠的也不过是作为皇权代表的朱允炆个人。毛佩琦在《建文新政和永乐"继统"》[④]一文中认为，建文新政打断了朱元璋开始的进一步强化极端专制主义的进程，而朱棣所向往的，则是做一个极端专制的皇帝。变更祖制，削藩和右文轻武等措施，促使亲王和军人结成保守的联盟。"靖难之役"不仅是朱棣和朱允炆争夺最高权力的斗争，也是保守的亲王军

---

① 李殿元：《朱元璋背叛了农民革命吗？》，《重庆师范学院学报》1982年第1期。
② 冯天瑜、周积明：《论反元战争中朱元璋集团的性质》，《江汉论坛》1982年第12期。
③ 商传：《试论"靖难之役"的性质》，中国社会科学院历史研究所明史研究室编：《明史研究论丛》第1辑，江苏人民出版社1982年版。
④ 毛佩琦：《建文新政和永乐"继统"》，《中国史研究》1982年第2期。

人集团与开明的文人集团之间的斗争。一方要保持和扩大自己的既得利益，反对改制；另一方则希望较多地参与新政，变更旧制，推行新政。这就是这场斗争的实质。而斗争的结局是，一个靠左班文人支持的"仁柔"皇帝朱允炆，被以朱棣为首的强大的军人集团打垮了。建文新政给社会带来一定好处，是一部"未完成交响曲"。林仁川在《论永乐帝》①中认为，如果说建立明帝国的是朱元璋，那么使明帝国得到巩固和发展的则是永乐帝。纵观朱棣一生的主要活动，无论是对我们这个多民族国家的巩固和发展，或者是对于中华民族珍贵文化遗产的保存和整理，都做过一些有益的事情，他是一个应该肯定的历史人物。郭厚安在《"靖难之役"及其对明代专制主义中央集权的影响》②一文中指出，建文帝统治四年，与方孝孺等讨论如何改革典章制度，"锐意复古"，明成祖扭转了这一趋势，使朱元璋建立起来的极端君主专制集权继续发展，他是继朱元璋之后的一个关键性人物。

明朝是我国古代封建专制主义中央集权高度发展的朝代。君权、相权的发展变化，以及与宦官专政、厂卫制度的关系，过去史学界虽有论述，但有很多问题尚有待深入探讨。关文发在《试论明朝内阁制度的形成和发展》③中指出，尽管内阁首辅权力很大，与历代丞相颇为相似，但是，二者毕竟不同。其一，丞相历来有定员定制，而阁臣则无；其二，丞相是封建王朝法定的最高行政长官，六部为其法定的直接下属，而内阁则不是法定的最高行政机构，首辅亦非法定的最高行政长官，六部不是它的法定直接下属，阁臣的品秩有时比各部尚书还要低；其三，丞相拥有法定的权力，而阁臣包括首辅在内，只备皇帝"顾问"，因而阁臣权力的大小，完全取决于皇帝对他们的信任程度。

---

① 林仁川：《论永乐帝》，《北方论丛》1982年第4期。
② 郭厚安：《"靖难之役"及其对明代专制主义中央集权的影响》，《西北师院学报》1982年第1期。
③ 关文发：《试论明朝内阁制度的形成和发展》，明清史国际学术讨论会秘书处论文组编：《明清史国际学术讨论会论文集》，天津人民出版社1982年版。

因此，明朝以内阁制取代历朝的丞相制度，事实上反映了我国封建社会后期皇权的高度强化。李天佑在《明代的内阁》①一文中，考察了明代内阁的产生及其地位和职权的演变，以及内阁与翰林院、内阁与君主专制、内阁与司礼监的关系，也认为明代内阁是明朝统治者厉行专制独裁的产物。栾成显在《论厂卫制度》②一文中认为，明代厂卫的出现，既是封建君主专制统治极端强化的标志，又是封建社会行将没落时期极端腐朽的表现。杜婉言的《明代宦官与明代经济》③指出，明代宦官固然是封建专制制度孕育出来的怪胎，却又不同于汉唐时代，明代宦官并没有构成对皇权的威胁，它只是皇权的一种特殊使用形式。当然，从宦官对经济领域的破坏来看，明王朝重用宦官，到头来纵虎噬脐，加速了自身的崩溃过程。

二

关于明代经济关系、阶级关系和民族关系的研究，1982年比较活跃。傅衣凌在《明清封建各阶级的社会构成》④一文中，提出了一些令人注目的见解。他认为，明清时代封建各阶级不能成熟发展的原因是：既有阶级对立又有乡族结合；既有政权压迫，又有绅权压迫；既有经济强制，又有超经济强制；身份制与经济权的相对分裂而又抱合在一起；城市居民与农村关系的紧密结合。由于上述各种因素的相互结合、相互联系、相互融通，遂使阶级分化、职业分化、城乡分化十分困难，中国封建各阶级，无论是资产阶级的前身或无产阶级的前身

---

① 李天佑：《明代的内阁》，明清史国际学术讨论会秘书处论文组编：《明清史国际学术讨论会论文集》。
② 栾成显：《论厂卫制度》，中国社会科学院历史研究所明史研究室编：《明史研究论丛》第1辑。
③ 杜婉言：《明代宦官与明代经济》，《中国史研究》1982年第2期。
④ 傅衣凌：《明清封建各阶级的社会构成》，《中国社会经济史研究》1982年第1期。

都发展得不够成熟,不是作为独立的工商业阶级出现于社会,而只是地主、官僚的一种附庸。陈守实的遗稿《明史散论》①探讨了役的净化及役与兵的关系。文章指出,所谓摊丁入地,即劳动与劳动条件的结合,它由劳动的直接掠夺、直接剥削,发展到劳动实现后的产品剥削,从剩余劳动的剥削转为剩余产品的剥削,是一个新的阶段、新的进程。役与兵的历史是同一的,兵的历史是役的历史的另一种形式。封建王国的兵,只是剩余劳动剥削集结的一种最特殊的形式。兵多,剩余劳动、剩余产品集结多,土地兼并就特别厉害,最后形成争取剩余产品的解放与共同消费的斗争浪潮。自宋元以来,江南地区的赋税剥削日益加重,在明代,"苏松重赋",更是当时及后世经常议论的话题。林金树在《试论明代苏松二府的重赋问题》②中认为,明代苏松二府田赋独重是毋庸置疑的客观事实,但是,苏松赋重并非明太祖"迁怒"苏松的缘故,而是由于苏松历来官田多,而且官田之赋苛重。左云鹏的《明代商屯述略》③分析了明代的商屯,他认为,真正意义上的商屯,是指由盐商"募人垦田",自己经营农业,一般说来,在当时采用这种方式经营农业,和经营地主没有什么差别,和封建地租剥削形式相比,它无疑是一种较为进步的农业经营形式,但还不能说这就是资本主义萌芽的生产关系。

对明代商业史的研究也有所进展。明清时期的会馆,国内外不少学者认为是行会,吕作燮在《明清时期的会馆并非工商业行会》④一文中否定了这种看法。他的结论是:第一,会馆都以地域名馆,是以强烈的地域关系和观念为建馆的基础,只为规定地域范围内的同乡提供

---

① 陈守实:《明史散论》,中国社会科学院历史研究所明史研究室编:《明史研究论丛》第1辑。
② 林金树:《试论明代苏松二府的重赋问题》,中国社会科学院历史研究所明史研究室编:《明史研究论丛》第1辑。
③ 左云鹏:《明代商屯述略》,《陕西师大学报》1982年第1期。
④ 吕作燮:《明清时期的会馆并非工商业行会》,《中国史研究》1982年第2期。

居停、聚会的方便，与中世纪欧洲的行会有着原则的不同。第二，早期明朝会馆与工商业者毫无关系，后来虽然出现由商人出资兴建会馆的现象，但绝大多数会馆仍然作为同乡在京的仕宦、士绅、士子的居停、聚会之所。即使商人使用会馆，也仅仅是一定地域范围内的同乡商人，绝不是整个行业的商人。会馆是同乡组织而不是同行组织。唐文基在《明朝对行商的管理和征税》[①]一文中指出，明代的商业资本受到了官府的严重摧残，行商比起占籍于官府、要"当官"买办的城镇铺户，虽然人身较自由，但贩运买卖，自始至终也是在官府控制下进行的，同样被剥夺了贸易的自由。行商不仅要交纳苛重的商税，还受种种额外勒索，从而影响了商业资本的集中，发挥不出应有的历史作用。郑克晟在《明代的官店、权贵私店和皇店》[②]中认为，明朝皇店及权贵私店的出现，成为商业受桎梏、商人受盘剥、资本主义萌芽受摧残的一股时代逆流。许敏在《明代嘉靖、万历年间"召商买办"初探》[③]一文中认为，嘉靖、万历年间的"召商买办"实际上是封建贡赋制度的补充和延续，具有强烈的封建超经济强制的色彩，沉重打击了工商业的发展。李龙潜的《明代广东三十六行考释》[④]指出了明代广东三十六行是组织手工业生产、并将产品非法出口的手工业和对外贸易相结合的行业，不具有牙行的性质，和清代广东十三行没有社会历史的必然联系，它们在内容和经营方式上都不相同，因此不能相比。此外，林仁川、陈杰中研究了明代漳泉的海商资本[⑤]，张莲英论述了明代

---

① 唐文基：《明朝对行商的管理和征税》，《中国史研究》1982年第3期。
② 郑克晟：《明代的官店、权贵私店和皇店》，中国社会科学院历史研究所明史研究室编：《明史研究论丛》第1辑。
③ 许敏：《明代嘉靖、万历年间"召商买办"初探》，中国社会科学院历史研究所明史研究室编：《明史研究论丛》第1辑。
④ 李龙潜：《明代广东三十六行考释》，《中国史研究》1982年第3期。
⑤ 林仁川、陈杰中：《试论明代漳泉海商资本发展缓慢的原因》，《中国社会经济史研究》1982年第1期。

的中暹贸易[1]。对明代中外贸易史的研究，是国内史学界比较薄弱的环节，上述几篇文章是值得重视的。

关于东林党的阶级属性和历史作用，史学界的看法是有分歧的。许大龄在《试论明后期的东林党人》[2]一文中，认为东林党代表了中小地主的利益，他们中的一部分人也兼管工商业，与新兴市民阶层即城市的下层比较接近，对市民有一定的了解和同情，所以在反对矿税监和反阉党的斗争中，客观上反映了新兴市民阶层的要求。他们主张经世致用、兴屯田、惠商、推荐人才、经略辽东和为官清廉，也是应当肯定的。对于明代的火佃，近年来发表了几篇文章，看法分歧。刘重日的《火佃新探》[3]认为，火佃、火客、地客是同一类型佃户的异称。从现存徽州文书契约来看，明代火佃被地主役使的项目相当繁杂，但火佃与庄仆、僮奴毕竟不同，既没有严格的人身隶属关系，也缺乏封建法律的认可。梁淼泰《明代后期景德镇御器厂匠役制度的变化》[4]一文，分析了轮班匠、编役匠，雇募匠等的身份，认为匠役制度演变的缓慢曲折，从一个侧面表明景德镇这座手工业城市虽然萌现了资本主义的因素，但仍为封建统治的据点，它也为资本主义因素的成长和封建经济的分解起了阻碍作用。

关于民族关系的研究，黄振华的《明代女真文奴儿干永宁寺碑记新释》[5]参考前人成就，对女真文永宁寺碑重新加以考释，有所创见。吕光天的《明清之际黑龙江下游和库页岛的少数民族》[6]，对赫哲族、吉列迷，鄂伦春、苦夷等同明清两朝的关系做了考察。李兴盛《奴儿

---

[1] 张莲英：《明代中暹的贸易关系及华侨对暹罗经济发展的作用》，《中国社会经济史研究》1982年第2期。
[2] 许大龄：《试论明后期的东林党人》，明清史国际学术讨论会秘书处论文组编：《明清史国际学术讨论会论文集》。
[3] 刘重日：《火佃新探》，《历史研究》1982年第2期。
[4] 梁淼泰：《明代后期景德镇御器厂匠役制度的变化》，《中国社会经济史研究》1982年第1期。
[5] 黄振华：《明代女真文奴儿干永宁寺碑记新释》，《中国地方史志》1982年第2期。
[6] 吕光天：《明清之际黑龙江下游和库页岛的少数民族》，《社会科学辑刊》1982年第6期。

干都司的建立》[1]一文，论述了奴儿干都司建立的经过及其方位与辖境，指出奴儿干都司的建立构成了东北边疆史的一个新的历史转折，是明政府对黑龙江地区已经行使国家权力的重要标志，也是明政府已完全承袭了元朝对东北地区的统治的铁证，而奴儿干都司所辖的四百多个卫所的设置，则更有力地揭示了这一点。徐铭在《明代凉山地区的民族关系》[2]一文中认为，在明代三百年中，凉山地区各少数民族和汉族之间通过军事的、政治的、经济的和文化的途径，发生了极为密切的联系和频繁的交往，在地域上各民族杂居现象普遍，在经济上形成了互相依存，不可分割的整体，在民族融合方面，汉族同化为少数民族的很多，少数民族同化为汉族的也不少。他们共同推动了各族社会经济的发展，促进了凉山地区的历史进程。

三

对明代农民运动、农民战争史的研究，一年中争鸣热烈，为学术界注目。长期以来，李自成被目为"流寇主义"者，有人认为大顺政权失败的原因，就是因为农民军搞"流寇主义"。顾诚在《关于李自成"流寇主义"的商榷》[3]一文中，否定了这种看法。他认为，李自成起义军的长期流动作战应当肯定，李自成等大顺军领导人对保卫地方政权是相当重视的，采取的措施是有力的，综观李自成起义的整个过程，可以看出李自成起义军流动作战或守土不流，归根结底是由敌我双方力量的对比所决定的，因此，不应当把李自成起义纳入"流寇主义"的模式。

---

[1] 李兴盛：《奴儿干都司的建立》，《求是学刊》1982年第3期。
[2] 徐铭：《明代凉山地区的民族关系》，《西南民族学院学报》1982年第2期。
[3] 顾诚：《关于李自成"流寇主义"的商榷》，中国农民战争史研究会编：《中国农民战争史研究集刊》第2辑，上海人民出版社1982年版。

一年多来，关于李自成之死的争论，引起史学界广泛的兴趣。问题的焦点，集中在李自成死于通山是否可信。对此持否定看法的韩长根、向祥海又发表了《李自成未死通山诠证》[①]一文，从分析1645年的形势和大顺军抗清斗争的战略与策略入手，通过辨析李自成走死通山的史料，认为"李自成走死通山"的说法是一种了无根据的谣传，而且早在当时就已被否定。顾诚在《李自成牺牲的前前后后》[②]一文中则认为，李自成牺牲于通山无可怀疑，奉天玉和尚不是李自成。童恩翼在《李自成败亡及余部由降清到联明新探》[③]中也认为李自成"夹山为僧"说是不可信的。

关于李自成的赋税政策，史学界至今说法不一。有的认为李自成的"免粮"就是取消赋税，有的把李自成的"免粮"和"蠲租"加以区别，认为"蠲租"是免除地租，并把"不纳粮"说成是佃种大地主土地的贫苦农民不再向缙绅之家纳粮。王兴亚在《李自成赋税政策研究》[④]一文中认为，这些说法都是值得商榷的，李自成农民军赋税政策的基本点，不是取消赋税或不向百姓征收赋税，而是力图减轻百姓的赋税负担。李自成农民军及其政权，自崇祯十四年（1641）起，在其所辖的一些地方，是按照农民军的税收政策对百姓征收赋税的。在评论李自成的免粮主张和赋税政策时，既要充分肯定它在当时历史条件下的革命性和积极作用，又要看到它本身的局限性。蒋祖缘在《论李自成的军事思想和指挥才能》[⑤]一文中，对作为一个杰出军事家的李自

[①] 韩长根、向祥海：《李自成未死通山诠证》，《求索》1982年第3期。
[②] 顾诚：《李自成牺牲的前前后后》，《北京师范大学学报》1982年第2期。
[③] 童恩翼：《李自成败亡及余部由降清到联明新探》，《武汉师范学院学报》1982年第1—2期。
[④] 王兴亚：《李自成赋税政策研究》，明清史国际学术讨论会秘书处论文组编：《明清史国际学术讨论会论文集》。
[⑤] 蒋祖缘：《论李自成的军事思想和指挥才能》，明清史国际学术讨论会秘书处论文组编：《明清史国际学术讨论会论文集》。

成进行了探讨。王鹏《李自成领导的明末农民军为何不到江南》[①]一文,分析了明末南北社会经济、阶级矛盾发展的不平衡,认为在明朝末年,将斗争目标赋予新内容的,是江南地区同资本主义萌芽相联系的代表新的生产力的市民阶层,而不是以流民为基本队伍的李自成、张献忠起义军。

此外,刘志琴在《试论万历民变》[②]一文中,认为官员士大夫是万历民变的主要领导力量,反对矿监税使是大多数官员自发的行动和要求,并不限于某个党派。万历民变实际上遵循的是官员士大夫的执法思想,它对统治者与人民的矛盾起着缓冲和调节的作用,却没有革命的意义。说万历民变是新兴的市民阶级运动或地主阶级反对派的斗争,这种见解并不符合历史实际。李济贤的《徐鸿儒起义新探》[③],搜集的材料比较齐全,对这次起义做了细致的论述。

四

明代史料的介绍、评析、辨伪以及著作、资料的出版也取得了一定成果。其中,王毓铨的《〈皇明条法事类纂〉读后》[④]一文,从收藏与利用、内容和组织五个方面,扼要介绍并剖析了《皇明条法事类纂》这部约 120 万字的旧抄本,指出尽管它有不少缺陷和作伪之处,但仍有很高的史料价值,它所收录的当时文件,对研究明代中期的政情、军情和民情极为宝贵。傅衣凌的《周玄暐〈泾林续纪〉事件辑

---

① 王鹏:《李自成领导的明末农民军为何不到江南》,中国农民战争史研究会编:《中国农民战争史研究集刊》第 2 辑,上海人民出版社 1982 年版。
② 刘志琴:《试论万历民变》,明清史国际学术讨论会秘书处论文组编:《明清史国际学术讨论会论文集》。
③ 李济贤:《徐鸿儒起义新探》,中国社会科学院历史研究所明史研究室编:《明史研究论丛》第 1 辑,江苏人民出版社 1982 年版。
④ 王毓铨:《〈皇明条法事类纂〉读后》,中国社会科学院历史研究所明史研究室编:《明史研究论丛》第 1 辑,江苏人民出版社 1982 年版。

录——明末社会变革与动乱杂考之一》①指出，万历四十四年（1616）江苏昆山周玄暐因《泾林续纪》一书引起的民变风潮，纯属地方上大小地主之间的内争。谢国桢的《明清野史笔记概述》②从十个方面介绍了明清野史笔记的内容，指明其史料价值，对治明清史者颇有参考价值。

在论文集和专著出版方面，傅衣凌的《明清社会经济史论文集》③收入文章 29 篇，是作者长期从事明清社会经济史研究的重要成果。谢国桢的遗著《明末清初的学风》④内收论文 12 篇，附录文章 2 篇，其中一些文章曾受到史学界的重视。伍丹戈的《明代土地制度和赋役制度的发展》⑤是国内首次出版的研究明代土地和赋役制度的专著，受到明史研究者的重视。戴裔煊的《明代嘉隆间的倭寇海盗与中国资本主义的萌芽》⑥一书，认为嘉隆间的所谓"倭寇"，主要是要求出海贸易的中国人，而不是日本人，在其他问题上该书也提出了新的见解。蒋逸雪编著的《张溥年谱》⑦搜集的史料比较丰富，考订也很周详。

在史料的整理方面，《明史资料丛刊》第 2 辑⑧、李洵校注的《明史食货志校注》⑨、张维华注释的《明史欧洲四国传注释》⑩、谢国桢编

---

① 傅衣凌：《周玄暐〈泾林续纪〉事件辑录——明末社会变革与动乱杂考之一》，中国社会科学院历史研究所明史研究室编：《明史研究论丛》第 1 辑，江苏人民出版社 1982 年版。
② 谢国桢：《明清野史笔记概述》，中国社会科学院历史研究所明史研究室编：《明史研究论丛》第 1 辑，江苏人民出版社 1982 年版。
③ 傅衣凌：《明清社会经济史论文集》，人民出版社 1982 年版。
④ 谢国桢：《明末清初的学风》，人民出版社 1982 年版。
⑤ 伍丹戈：《明代土地制度和赋役制度的发展》，福建人民出版社 1982 年版。
⑥ 戴裔煊：《明代嘉隆间的倭寇海盗与中国资本主义的萌芽》，中国社会科学出版社 1982 年版。
⑦ 蒋逸雪编著：《张溥年谱》，齐鲁书社 1982 年版。
⑧ 中国社会科学院历史研究所明史研究室编：《明史资料丛刊》第 2 辑，江苏人民出版社 1983 年版。
⑨ 李洵校注：《明史食货志校注》，中华书局 1982 年版。
⑩ 张维华注释：《明史欧洲四国传注释》，上海古籍出版社 1982 年版。

著的《明代农民起义史料选编》[①]相继出版，有关出版社还重印或整理了其他一些明代史料。

在工具书方面，吴廷燮撰、魏连科点校的《明督抚年表》[②]受到了明史研究者的欢迎，该书取材宏富，除《明实录》、《国榷》、《明史》、《明史稿》外，征引各种史籍达四百余种，书后附有督抚人名索引，检索甚便。谢国桢的名著《增订晚明史籍考》[③]也得到了重版。

1982年的明史研究成绩可观，但也存在一些问题，如某些问题虽讨论得很热烈，但有的文章不过是重复陈言；有的领域还是空白，无人开拓；个别文章科学性较差。这些，相信在今后的研究中会得到克服。

（原载《史学年鉴》，人民出版社1983年版）

---

① 谢国桢编著：《明代农民起义史料选编》，福建人民出版社1981年版。
② 吴廷燮撰、魏连科点校：《明督抚年表》，中华书局1982年版。
③ 谢国桢：《增订晚明史籍考》，上海古籍出版社1981年版。

明代宦官与江南经济（1984）

在中国历史上，宦官的危害、影响是颇为深广的。清代乾隆年间的史学家赵翼曾经指出："东汉及唐、明三代，宦官之祸最烈。"[①]其实，作为已属中国封建社会后期的明代，随着封建专制主义的高度发展，皇权的大肆膨胀，附着于皇权腐朽肌体上的肿瘤——宦官，也恶性膨胀起来，他们的手几乎伸到政治、经济、军事、外交等所有领域。万历、天启年间，更达到空前的地步。近几年来，随着研究、批判封建专制主义残余的深入展开，史学界对宦官史的研究渐趋活跃。对于明代宦官的概貌及其对经济发展的破坏，笔者曾经做过一点粗浅的探讨。[②]这里，本文拟就明代宦官与江南经济的关系，再做一点初步的考察，看一看宦官对经济发达地区究竟起了何种历史作用，从而有助于剖析在封建专制主义集权的时代，中央王朝对经济命脉所在地区实行的国策及其特点和对经济调节的某种规律。

需要加以说明的是，在行文中个别地方，本文有时越出明代江南特定的地域范围，引用了在比较广义的概念上江南地区的某些史料，这仅仅是为了论述比较方便而已。

---

① 赵翼：《廿二史劄记》卷5《宦官之害民》。
② 参见王春瑜：《明代宦官简论》，王春瑜、杜婉言译注：《刘瑾·魏忠贤》附录，中华书局1983年版；杜婉言：《明代宦官与明代经济》，《中国史研究》1982年第2期。

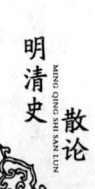

一

严格地说，洪武年间宦官已经开始干预经济领域。正统以后，经理仓场、提督营造、珠池、盐场、市舶、织造等，都有宦官染指其间。江南地区当然不会例外，宦官的触角很早就伸向这里了。

不能认为，明代所有的宦官都是历史的渣滓。明人陈洪谟曾经指出：

> 近时宦官如萧敬之文雅，陈宽之谨厚，何文鼎之忠党，皆不可少。前此若金安之廉，兴安之介，金英之知人，怀恩之持正，张永之刚勇，王高之雅饰，后乎此若芮景贤之安静，皆有取焉。①

但是，且不论这些宦官是否如同陈洪谟所评价的这么好，就连这样几个人，毕竟也只是凤毛麟角。就总体而论，宦官中有权势者的绝大多数，都是残忍贪鄙之徒。弘治初年，浙江仁和县闹虎灾，知县陈荣"命猎人捕得之"，缙绅纷纷献颂诗，浙江镇守太监张庆的帮闲俞玠，竟在诗中写道：

> 虎告相公听我歌，相公比我食人多。相公若肯行仁政，我自双双去渡河。

真是大煞风景。俞玠为什么敢于写这样的诗？就是因为"（张）庆兄弟三人皆专宦寺，亲幸用事，势张甚。玠为庆所亲任，假其威，

---

① 陈洪谟：《治世余闻》下篇卷3。

故敢为此言"①。"假其威"者，狐假虎威也。仅就经济方面搜刮的贪婪性而论，宦官者，虎也，是毫不过分的。明代派往江南地区的宦官，十之八九，亦皆为虎辈。例如，武宗时南京守备太监刘琅，仗着有刘瑾撑腰，不仅横行霸道，"或自判状送法司，莫敢抗者"②。而且，"贪婪益甚"，拼命榨取钱财，是一个典型的财迷。其"资积既厚，于私第建玉皇阁，延方外以讲炉火。有术士知其信神异也，每事称帝命以动之，饕其财无数。琅有玉绦环，直价百镒，术士给令献于玉皇，因遂窃之而去。或为诗笑曰：'堆金积玉已如山，又向仙门学炼丹！空里得来空里去，玉皇元不系绦环。'"③南京守备太监钱能还冒充风雅，与太监王赐狼狈为奸：

> 皆好古物，收蓄甚多且奇，五日令守事者舁书画二柜至公堂展玩毕，复循环而来。中有王右军亲笔字、王维雪景、韩滉题扇、惠崇斗牛、韩幹马、黄筌醉锦卷，皆极天下之物。又有小李、大李金碧卷，董范、巨然等卷，不以为异。苏汉巨、周昉对镜仕女，韩滉、班姬题扇，李景、高宗瑞应图，壶道文会黄筌聚禽卷，阎立本锁谏卷；如牛腰书，如顾宠谏松卷、偃松轴，苏、黄、米、蔡各为卷者，不可胜计。挂轴若山水名翰，俱多晋、唐、宋物，元氏不暇论矣，皆神品之物，前后题识钤记具多。钱并收云南沐都阃家物，次第得之，价迨七千余两。计所值四万余两。④

这些古字画，都是价值连城的稀世之宝，钱能竟箱满柜盈，非巧

---

① 田汝成：《西湖游览志余》卷23《委巷丛谈》。
② 《魏广渠先生集》，正谊堂全书，第1页。
③ 何孟春：《余冬序录摘抄内外篇》卷2。
④ 陈洪谟：《治世余闻》卷2。

取豪夺，从何而来？刘瑯、钱能这些人堪称活动在江南地区宦官的缩影。

宦官对江南地区的敲诈勒索，无孔不入。

（1）岁办、采办。利用皇权，向地方勒索贡品，是中国封建专制主义的一大弊政，明代更甚。所谓岁办，是各地每年上贡的物品。凡是有著名土特产的地区，几乎都派人去征纳。明中叶，更多为宦官把持。所谓采办，范围极广，只要皇帝想起什么，需要什么，就派宦官四出。仅此二项，给江南人民带来的祸害，就十分严重。

以岁办而论，其数大得惊人。谈迁曾记下南京贡船所装物品的种类及数量：

> 南京贡船：司礼监制帛二十扛，船五，笔料船二。内守备鲜梅、枇杷、杨梅各四十扛，或三十五扛，各船八，俱用冰。尚膳监鲜笋四十五扛，船八，鲫鱼先后各四十四扛，各船七，俱用冰。内守备鲜橄榄等物五十五扛，船六，鲜笋十二扛，船四，木犀花十二扛，船二，石榴、柿四十五扛，船六，柑橘、甘蔗五十扛，船一。尚膳监天鹅等物二十六扛，船三，腌菜苔等物百有三坛，船七，笋如上，船三，蜜饯樱桃等物七十坛，船四，鲥鱼等百三十合，船七，紫苏糕等物二百四十八坛，船八，木犀花煎百有五坛，船四，鸬鹚鹚等物十五扛，船二。司苑局荸荠七十扛，船四，姜种、芋苗等物八十扛，船五，苗姜百扛，船六，鲜藕六十五扛，船五，十样果百四十扛，船六。内府供应库香稻五十扛，船六，苗姜等物百五十五扛，船六，十样果百十五扛，船五。御马监苜蓿种四十扛，船二。共船百六十六只，龙衣、板方、黄鱼等船不预焉。兵部马快船六百只，俱供进贡。①

---

① 谈迁：《枣林杂俎》智集，国学扶轮社印本，第28页。

负担之重，可想而知。值得注意的是，宦官不仅对贡品产地的百姓勒索，在押运贡品船时，还对船夫百般敲诈。王世贞载谓："南京鲥鱼厂岁取里长二十名，各索银二十两，正德时复倍取其数。起运内官索茶果银百二十两，水夫银二百两，及鲜船时发，又取夫四千三百有奇，民不堪命。"① 也有史料记载，"南京进贡内臣多挟商货，索夫马价至数倍"②。

再以浙江地区而论，富阳县的茶叶与鲥鱼，都是贡品，镇守太监王堂之流"采取时，民不胜其劳忧"③，时任分巡佥事韩邦奇"目击其患"，曾写了一首《富阳民谣》，悲愤地揭露了王堂及其狐群狗党搜刮富阳人民的罪行：

富阳江之鱼，富阳山之茶。鱼肥卖我子，茶香破我家。采茶妇，捕鱼夫，官府拷掠无完肤。昊天胡不仁，此地亦何辜。鱼胡不生别县，茶胡不生别都。富阳山，何日摧！富阳江，何日枯！山摧茶亦死，江枯鱼始无。山难摧，江难枯，我民不可苏！④

韩邦奇还向正德皇帝上《苏民困以保安地方事疏》，指出"征科四出，军民困瘁已极"，建议"今后敢有指称进贡各色，在各地方需索财物，骚扰为害，应参奏者奏请究治，应拿问者径自拿问"。⑤ 当然，当时被"参奏""究治"的，绝不会是在皇权卵翼下不可一世的宦官，而是韩邦奇被王堂"奏公作歌怨谤，阻绝进贡，逮至京，下锦衣狱，褫

---

① 王世贞：《弇州史料》前集卷 14《中官考九》。
② 张岳：《小山类稿选》卷 16。
③ 徐咸：《西园杂记》卷下。
④ 韩邦奇：《苑洛集》卷 10《富阳民谣》。
⑤ 韩邦奇：《苑洛集》卷 13《苏民困以保安地方事疏》。

其官"①。

由于采办的范围十分广泛，其危害性之大，比岁办有过之而无不及。成化以后，购书采药的宦官，不断前往江南。江南巡抚王恕在奏疏中，曾揭露太监王敬及段英骚扰江南的罪行：

> 王敬动以朝廷为名，需索银两，无有纪极，东南骚然，民不堪命。王敬方来，太监段英又至，造办药料冰梅，苏、松、常三府已办与价银六千两，镇江、太平、池州、宁国、安庆、徽州、广德七府州与银一千五百余两，又发钞四百块，于松江府索银二千两。王敬发盐一万五千五百引与宁国等府，逼银二万二千五百两。……至苏、常等府刑驱势逼，索取官民银三万六千余两。其在江浙二布政司并南京沿途索要官民金银，不知又有几千万数。②

王敬还和奸徒王臣勾结，"采药江南，横索货宝，痛箠吏民，吴越大被其害"③。而据祝允明记载，王敬、王臣在"苏、杭，科需尤甚"，公然"信意出一币，录市人姓名，刮取金宝，人无得免。或挈室而窜，白日闭户。途路行人，妄传其徒将来，则市人空肆而匿。东南骚然，有类大变。郡县无如之何，亦或闭门不敢治事"。④ 如此横行无忌，对江南经济与社会秩序的破坏，是很严重的。

（2）征商税。从总的方面来看，明朝对商人的政策，仍是中国封建社会"重农抑商"的传统国策。宦官控制了税务机构后，商税多如牛毛。万历时，叶永盛在奏疏中对宦官在江南的滥增商税作过猛烈的

---

① 陶珽重辑：《沂阳日记》；陈田辑：《明诗纪事》丁签卷16；王学谟：《续朝邑县志》卷6。
② 王世贞：《弇州史料》前集卷14《中官考三》。
③ 何良俊：《四友斋丛说》卷7史三，中华书局1959年版。
④ 祝允文：《志怪录》，纪录汇编本。

抨击：

>中使狼戾，棍党横行……江浙之间，不胜其扰。……夫江南诸府县，虽深山穷谷，何处无河，何处无水道？虽穷乡僻坞，亦何处无土著，何处无交易？今不论内外，尽欲责令官兵搜刮隐税，此说一行，将举留都之府县，举各府县之河埠，细及米盐鸡豕，粗及柴炭蔬果之类，一买一卖，无物不税，无处不税，无人不税，自是县无宁村，村无宁家，内外骚动，贫富并扰，流毒播虐，宁有纪极，此开辟以来所未有之暴也！……中官藉此辈（指无赖武弁郑一麒、马承恩、韩文盛等）为爪牙，此辈又藉各土棍为羽翼。凡十室之村，三家之屋，有土著即有土棍，有土棍即有藉土商名色以吞噬乡曲者，是枭獍连袂，而戎莽接踵也，民尚得安枕而卧者！……在皇上之意，以为征商税，乃所以苏小民，不知奏内土著、土商，正所谓小民，民与商其实无两。……而况上取一，下取二，官取一，群棍又取二，利则归下，怨则归上……人穷则乱，恐斩竿揭木之变，不旋踵起也。①

透过叶永盛的大声疾呼，不难看出宦官不仅与地方官朋比为奸，而且以各地的土棍（即地痞）为羽翼，结成毒网，逞凶肆虐于江南的江河水道之上，商人阶层，民怨沸腾。商人从苏州贩运货物去四川，沿途"无不有征，一舟而经三十余关，一货而抽三十余次，商人不惟斩其息利，且折其母钱"，其结果，只能是"咸疾首而不乐江湖，吞声而不通货贿"。②这对商业的发展，不能不是严重的摧残。

（3）征派。宦官在江南地区的征派，名目繁多。如"苏、松、

---

① 叶永盛：《玉城奏疏》。
② 陈子龙辑：《明经世文编》卷444《王都谏奏疏》。

常、嘉、湖五府，正德年间以内府新添小火者5031名，岁用食粮各府征派共24148石余"，但从此即形成惯例，至嘉靖二十五年（1546），竟加耗达13.7万余石，使"小民重困"。①而内官监所消费的白粮，本来在苏、松、杭、嘉、湖的加耗，就十分惊人，"耗外加耗，垫外加垫……百石而铺垫及无名费加至十四五两，二十余两"，"诚所谓一米一珠，一粒一泪也"。②又如况钟在《请免苛征折布奏》中，曾揭露宦官王宠等到苏州等府坐买阔白棱绵布700匹，王宠等见苏州并不出产此布，竟每匹布逼价银三两，又巧立别的名目，征派银2100两，到松江等地购买。但一年后，王宠等居然又来苏州，"征收各县布价银两，但此价已经钦差太监刘宁等尽数收抄解去讫，又要各县重复科派，民力难堪"③。这种任意征派并重复科派的行径，使江南人民深受其害。

（4）建祠。天启六年（1626）六月，浙江巡抚潘汝桢第一个奏请为魏忠贤建立生祠，此后"建祠几遍天下"④。在江南，第一个紧跟潘汝桢的是南京孝陵卫指挥李之才，是年十月间，即在皇陵之侧，建起魏忠贤生祠，这对朱元璋来说，不能不是个莫大的历史讽刺。此后，在苏州、杭州，也陆续建起魏阉生祠。这些祠都极壮丽庄严：

> 不但朱户雕梁，甚有用琉璃黄瓦，几同宫殿；不但朝衣朝冠，甚且垂旒金像，几埒帝王。至迎像行九拜礼，称呼用九千岁，或九千九百九十岁。⑤

这实在是中国政治史上一幕大丑剧！建祠时的靡费，对百姓的苛扰，也是相当严重的。以苏州而论，魏祠建于风景秀丽的虎丘，取

---

① 顾炎武：《天下郡国利病书》卷21江南九《松江府志·田赋一》。
② 同上。
③ 况钟：《况太守集》卷8《请免苛征折布奏》。
④ 同上。
⑤ 郑仲夔：《耳新》卷7《丑媚》。

名普惠祠,督造者陆元科"倚势横行,官民衿绅或避其势,或加交纳于拨守祠樊太监。声势炎赫,侵夺坟墓田业,人无敢与抗,即匠作诸人,亦放纵无忌"①。杭州的魏祠,名永息祠,"穷工极巧,徙苏堤第一桥于百步之外,数日立成,骇其神速"②。南京建魏祠时"有司、乡绅一意媚挡,往往以贱直买人基地,甚至侵占旧祠,如周茂叔、程正叔、澹台灭明三先生祠堂,都被拆毁"③。江、浙建魏祠总计挥霍了多少银子?文秉载谓:

> 按祖制:省直各有预贮银两以备急用,多者几十万,少者十余万。……江南有银十万两有奇,贮镇江府库,浙江有银十七万两有零,贮温州府库,名曰备倭。……自魏忠贤生祠开端,咸取给于是,造祠者十之二三,余皆入抚按司道私囊中矣。④

江南、浙江二地建魏祠,竟花去 27 万两银子,魏忠贤垮台后,魏祠统统被拆光。这笔巨款,有哪一两不是江南百姓的膏血!荒谬绝伦的是,潘汝桢在请建魏阉生祠的奏疏中,竟然说:

> 魏忠贤心勤体国,念切恤民,鉴此两浙岁遭灾伤,顿蠲茶果铺垫诸费,举百年相沿陋习积弊,一旦厘革,不但机户翻然更生,凡属兹土,莫不途歌巷舞,欣欣相告,戴德无穷,公请建祠。⑤

---

① 文秉:《先拨志始》卷下。
② 叶绍袁:《启祯记闻录》卷1。
③ 张岱:《西湖梦寻》卷1。
④ 文秉:《烈皇小识》卷1。
⑤ 文秉:《先拨志始》卷下。

天启皇帝也居然下了圣旨,"着即该地方营造,以垂不朽"[①]。强奸民意,颠倒历史,已经达到何等程度!

二

宦官对江南财富的掠夺,最严重的还是矿税使。万历二十四年(1596)以后,随着矿监税使遍天下,派往江南者,也陆续登途。现据《定陵注略》等史籍,示表如下:

万历二十四年(1596)至三十年(1602)派往江南矿税使事例表

时间	人员	地点	任务
二十四年九月	太监曹金同原奏把总韩太极	浙江观海、孝丰、诸暨等处	开矿
二十六年五月	以太监刘忠代曹金		
二十七年二月	奉御刘成同原百户张宗仁	杭州、嘉兴等处	征收客货渔课
	苏杭织造太监孙隆督同原奏百户陈道元	苏州、杭州、常州、镇江	征收货税
二十七年七月	南京余大寿(《明史·食货志》载为郝隆、刘朝用)		开采宁国、池州矿洞,征收南直地方铺面银两
二十八年一月	税监暨禄	长江	征长江遗税,带管征收解进
三十年七月	南京太监邢隆		查勘解进南直14府田房税契银约20万两,并高淳等县马场关地变卖可得10万两
十一月	太监鲁保	浙直等处	带征岁造暂余银解进内库

万历时期,不仅在南京、苏州、杭州都有宦官督造,而且增加宦官人数,于常额外,扩大坐派。因此,万历二十八年(1600)礼部署部事侍郎郭正域,在驳斥御马监少监鲁保在获得掣卖两淮余盐的特权后,又疏请兼督浙江、直隶的织造大权时,即曾一针见血地指出:"织

[①] 文秉:《先拨志始》卷下。

造，矿税之别名也。"①事实上，严格来说，所有派往江南织造的宦官，都属于矿税使之流，他们在经济上的横征暴敛，危害江南，与别的矿税使，并无不同。以苏州织造局的宦官为例，永乐时有阮礼，洪熙时有刘景、罗玉，宣德时有陈源、阮个，正统时有韦义，天顺时有来福，成化时有罗政、陆英、麦秀，弘治时有韩义、梁裕，正德时有龚洪、杨轨、芮景贤、晁进、孙锐、张玉、浦智、廖宣、梁玉、李彬，嘉靖时有吴勋、张志聪、耿隆、郭秀、宗伟，隆庆时有李佑，天启时有李实。②如果再加上历年派往南京、杭州的织造宦官，完全可以说是硕鼠成群了。

根据《定陵注略》，并参校《明实录》、《明史》、《国榷》等有关记载，再将万历二十六年（1598）至三十四年（1606），江南矿税使进奉内库的部分金银及物资，列表如下：

万历二十六年（1598）至三十四年（1606）江南矿税使内库进奉事例表

时间	地点	人员	进奉名称	数量	单位
二十六年十二月	浙江	矿监刘忠	银	1400	两
二十七年四月	浙江	矿监刘忠	银	1800	两
七月	杭州、嘉兴	税监刘成	银	10200	两
二十八年三月	苏州、杭州	织造太监孙隆	银	30000	两
	杭州、嘉兴	税监刘成	银	20000	两
六至九月	南京	守备太监邢隆	银	1 200	两
			样砂	60	斤
十一月	南京	守备太监邢隆	银	4100	两
			赃罚银	700	两
二十九年二月	浙江	矿监刘忠	土回青	137	斤
			掘获铜钱	1200	千

---

① 文秉：《定陵注略》卷4。
② 孙珮编：《苏州织造局志》，江苏人民出版社1959年版，第4—7页。

续表

四至六月	浙江	矿监刘忠	煤价银 石青	433 334	两 斤
七至十一月	浙江	矿监刘忠	银	20300	两
七至十一月	苏州、杭州	织造太监孙隆	银	31000	两
三十年一至三月	南京	太监刘朝	各府认解矿银	7700	两
	浙江	矿监刘忠	样金 样银 矿银 土回青	12 500 7560 560	两 两 两 斤
	南京	守备太监邢隆	芦佃银 子粒银 新增银	6373 1024 2603	两 两 两
四至六月	苏州、杭州	织税（造）太监孙隆	银 各项袍缎 土物	30000 4400 20	两 匹 箱
八至十一月	苏州、杭州	税监孙隆	盐课银 税银	13000 20000	两 两
三十一年四至六月	浙江	矿监刘忠	税银 煤价银	7300 350	两 两
	苏州、杭州	税监孙隆	盐税银	13000	两
	南京	太监邢隆	棚厂银	4800	两
七至九月	浙江	矿监刘忠	矿金 银	56.6 6600	两 两
	杭州、嘉兴	税监刘成	税银	13000	两
三十二年正月至六月	浙江	矿监刘忠	矿金 矿银	54 7080	两 两
	杭州、嘉兴	税监刘成	羡余银	31000	两
	浙江	矿监刘忠	矿金 银	83 9543	两 两
	杭州、嘉兴	税监刘成	羡余银 税银	34000 21000	两 两
三十四年	杭州、嘉兴	税监刘成	盐课羡余银	21000	两
	苏州、杭州	税监孙隆	税银 纻丝	12600 3340	两 匹

从上表可以看出，仅仅在万历二十六年（1598）至三十四年（1606）数年间，在江南地区的矿税监，解进内库的银子就达到40万

两以上。而据万历三十一年（1603）户部尚书赵世卿在奏疏中所述，当时全国正课、杂课、额外之课等加在一起的总收入，大约400万两。①江南数年的矿监税，即使是这不完全的统计，也已占全国年总收入的十分之一，这个数字是够大的了！需要指出的是，宦官上缴的银数，绝不是实际搜刮到的银数。史载："群小藉势诛索，不啻倍蓰。"②"大珰小监，纵横绎骚，吸髓饮血，以供进奉，大率入公帑者不及什一"③，"私充囊橐十得八九"④。显然，宦官在江南矿税上所搜刮的财富，上缴国库的不过是十分之一。如按此比例，他们在短短的几年间从江南榨取的财富，在400万两以上，相当于全国一年的总收入有余。于此不难想见，宦官的贪婪已达到何种程度了！

宦官监督织造，对丝织业是个严重摧残。织造太监孙隆，聚敛了大量财富，过着穷奢极侈的生活，仅"装塑西湖"，即费"数十万金"，还居然在断桥附近建有他自己的生祠，"背山面湖，颇极壮丽"。⑤是的，孙隆在西湖先后修建了灵隐寺、湖心亭、净慈寺、烟霞洞、龙井亭、片云亭、三茅观、十锦塘等寺庙、古迹、大堤，使湖光山色，更加多姿，导致明末、清初一些文人，对他赞不绝口。袁宏道在《断桥望湖亭小记》中说"此公大是西湖功德主"，张岱谓"功不在苏学士之下"。但是，正是这位孙隆，在苏州增设税网，对机户广派税额，不论织机、织品，一律课税。民间织机一张，每月即需抽税银三钱。缯织成，每匹要纳银三分，才准上市。⑥《苏州织造局志》更揭露他"驻苏督税，积棍纳贿，给札营充委官，分列水陆要冲，乘轩张盖，凡遇商贩，公行攫取，民不堪命。又机户牙行，广派税额，相率改业"，真是横行

---

① 文秉：《定陵注略》卷4。
② 《明史》卷81《食货五》。
③ 《明史》卷305《陈增传》。
④ 《明臣奏议》卷33。
⑤ 张岱：《西湖梦寻》卷3。
⑥ 《明神宗实录》卷361；徐元灏：《吴门杂咏》卷12《纪事》。

无忌。结果，导致葛成为首的民变，"聚众趋税监门"①，必欲除隆而后快，孙隆吓得"越墙走匿民舍得免，潜遁杭州"②。孙隆如此，别的织造太监也莫不如此。天启年间的织造太监李实，也是"素贪，妄增定额，恣诛求"③。宦官使素称发达的江南丝织业日渐凋零。在南京，"各往往指称进贡等项名色，经营织造，或占据机房，或拘拿人匠，或强买丝料。公私兼并，纷纭攘夺，百方剥扰，匠艺为之失业，商货为之不通，民生憔悴，而丝帛之利大不如前"④。在苏、杭，时人惊呼"二处财赋极重……而今日之最受害者，又加一织造府……迩来淫巧日进，费用日不足，借名加派，非分要求，织造之家，十空其九；其间自数百金数十金最下织户，皆转徙他方，甚桀黠者皆去而为盗"⑤。同时，织造局的产品，除一部分由朝廷赏赐给大臣、宦官外，大部分都是宫廷的特殊消费品，运往京城时，"以内官监运"，"额外多讨船……俱满载私货……撑夫挽卒，昼夜喧呼，南北往来，道路如织，皆恃势纵横，强索财物，凌辱官吏，驱迫军民，官司欲盘诘，辄称御物，人不敢相近。怨嗟满道，所不忍闻，东南一方民力惮矣！"⑥嘉靖时诗人王磐曾写过一首脍炙人口的《朝天子·咏喇叭》：

喇叭，唢呐，曲儿小，腔儿大；官船来往乱如麻，全仗你抬声价。军听了军愁，民听了民怕，那里去辨甚么真共假？眼见的吹翻了这家，吹伤了那家，只吹的水尽鹅飞罢！

张守中为他的诗集《西楼乐府》作序时，曾指出："喇叭之作，

---

① 沈瓒：《近事丛残》。
② 孙珮编：《苏州织造局志》，第106页；《明神宗实录》卷361。
③ （乾隆）《苏州府志》卷42《名宦一》。
④ 陈子龙辑：《明经世文编》卷107《柴司马奏疏》。
⑤ 陈子龙辑：《明经世文编》卷431《刘文节公集》。
⑥ 陈子龙辑：《明经世文编》卷122《姜洪·陈言疏》。

斥阉宦也。"[1] 显然，这首《朝天子》，正是对宦官押运包括织造物在内贡品船暴虐行径的深刻揭露。

三

综上所述，宦官对江南经济的摧残，是颇为严重的。但是，宦官与皇帝的关系，不过是主子与家奴的关系。万历时期，有人曾弹劾宦官干没上元节的烟火，朱翊钧竟说："此我家奴作奸，秀才何与焉？"[2] 万历皇帝把他自己与宦官之间的关系，倒是赤裸裸地端出来了。因此，从本质上说，宦官专权，仍然是皇权的一种转换形式。显然，明代宦官对江南经济的破坏，也正是皇权对江南经济的破坏，从而表明了封建专制主义的统治，在封建社会后期，对生产力的发展越来越充分地显示出束缚作用，阻碍了历史的前进。但是江南地区的经济既然受到如此严重的摧残，为什么直到明末，并没有使社会矛盾空前激化，虽有民变，但无大规模农民起义，甚至直至明朝灭亡，社会经济还在继续发展呢？这应当是需要回答的问题。事实上，早在万历中期，即已有人在一定程度上提出过类似的问题，并做出回答。谢肇淛即曾说：

> 三吴赋税之重甲于天下，一县可敌江北一大郡，破家亡身者往往有之，而闾阎不困者，何也？盖其山海之利，所入不赀，而人之射利，无微不析，真所谓弥天之网，竟野之罘，兽尽于山，鱼穷于泽者矣。[3]

当然，用"人之射利，无微不析"，是并不能说明江南地区"闾

---

[1] 路工编：《明代歌曲选》，上海古典文学出版社1956年版，第28页。
[2] （光绪）《青浦县志》卷18人物二。
[3] 谢肇淛：《五杂俎》卷3《地部一》。

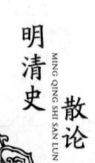

阎不困"的根本原因的。有明一代，甚至直到清朝后期，关于江南重赋的呼声不绝如缕，有关史料俯拾即是，这里无须援引。其实，在不同时期，江南赋重论背后的阶级内容并不完全相同，但透过赋重论的呼声，倒是不难进一步清楚地看出，江南地区是明王朝的经济命脉所在。据日本学者田村实造的计算，在明代初、中期，苏州府一府七县田地面积即占全国可耕地面积的九十分之一，两税粮额更占全国的十分之一。① 江南在全国经济地位上的举足轻重，可见一斑。"'苏松熟，天下足。'……一方得安，则四方咸赖之。"② 这再清楚不过地表明了江南在全国的经济地位。中央王朝和这一地区地主阶级为分割赋税，不断发生矛盾、斗争，宦官的派往江南，正是这种斗争的表现形式或必然结果。但是，也正由于江南地区是明王朝的经济命脉所在，这里的政局如何，直接关系到明王朝的安危，因此从总的方面来看，终明之世，从朱元璋到崇祯皇帝，对江南地区实行的传统国策，是稳定江南。③ 一些有头脑的官员都懂得，"朝廷财赋，仰给东南；诚倚东南，莫如休养"。如果一味敲骨吸髓，让江南百姓"半饱鱼腹，半毙催逋，是江南无民而朝廷无江南矣"④。即使魏忠贤那样的巨奸，在他权力的顶峰时期，也不敢造成江南天下大乱。当织造太监李实在苏州挑起冲突，致使"苏人之围守校尉及周吏部者，街巷之间，千百为群，屯聚不解"时，尽管"（魏）忠贤得织监密报"，但"惧激吴民之变，彷徨累日"⑤，也没敢采取极端措施，使事态进一步扩大。而另一方面，明初即严禁在江南地区封藩王，从而避免了宦官在江南地区与藩王的勾结，宦官

---

① 〔日〕田村实造：《东方学论集（东方学创立十五周年纪念）》，第163页。
② 丘濬：《大学衍义补》卷24《经制之义》。
③ 明初，朱元璋曾一度对江南大地主持打击政策，并移民至临濠等地，以瓦解潜在的敌对政治势力。但后来即用减免租税，优容南方文人等措施，缓和这里紧张的政治气氛，以稳定这里的政治秩序。
④ 张大复：《梅花草堂集》卷10。
⑤ 顾炎武：《顾亭林诗文集·亭林余集·中宪大夫山西按察司副使寇公墓志铭》。

在江南没有庄田，更无田产，没有搞土地兼并，这点与北方有很大不同。因此，江南地区受到宦官直接打击最为沉重的阶层，是商人、手工业者、中小地主，而贫苦农民、大地主所受打击不如上述阶层，更轻于北方某些地区，江南地区的农业，并未遭受很大破坏。因此，这个地区的经济还在继续发展，而农业则是封建经济结构中最重要的组成部分。在很大程度上说，也正是以此之故，江南地区的阶级矛盾，直至明亡，并没有全面激化。作为这个地区历史运动的结果之一，地主阶级的经济实力仍很雄厚，以至明亡后，史可法在抗清时，还特地向"云间（即松江）诸绅"苦苦哀求，呼吁他们"毁家佐难"，帮助他摆脱"坐乏军需，点金无术，彷徨中难，泣下沾衣"[①]的困境。当然，这是不会有任何结果的。"春灯燕子，金盆狗矢（即屎），多时，野草迷丹阙，秋槐发别枝！"[②]随着清兵过江，弘光小朝廷作鸟兽散，江南地主阶级又在"清槐"上发新枝，成为清王朝重要的阶级基础，江山虽已易代，但江南在全国的经济地位并没有改变。这是明朝的皇帝及其家奴——宦官做梦也未曾想到的。

由此也可以看出，封建王朝的最高权力机构，对全国经济的控制、调节，是有重点的，对于全国经济命脉所在地区，特别注意控制、调节，虽然大力搜刮，但一般不会竭泽而渔。以明代而论，正是在这一规律的支配下，在江南地区，衍化出带有独特之点的种种矛盾斗争。这种历史现象，是很值得去深入研究、探讨的。

（《学术月刊》1984年第6期，文中表格系杜婉言所作）

---

① 史可法：《史忠正公集》卷2。
② 吴梅：《霜崖曲录》卷1。

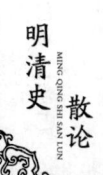

论明代江南园林（1987）

明代江南园林，是明代历史的窗口。透过这个窗口，可以饱览祖国历史悠久的园林文化在明代纷呈的异彩，而纵观园林的盛衰，同时可以窥知明代政治、经济的若干动向。研究明代造园的经验，对于今天的城乡建设，更可提供有益的借鉴。

一

江南园林，源远流长，早在东晋时，苏州就有闻名遐迩的避疆园，"池馆林泉之胜，号吴中第一"①。隋唐以后，特别是到了南宋，随着全国经济、政治中心的南移，江南的修园林之风，盛行一时。以杭州而论，集芳园前挹孤山，后据葛岭，两桥映带，一水横切，"楼阁林泉，幽畅咸极，古木青藤……积翠回抱，仰不见日。架廊叠磴，幽渺透迤，隧地通道，抗以石梁，傍透湖滨，飞楼层台，凉亭燠馆，华邃精妙"②。宋代园林丰采，于此可见一斑。而以吴县为例，仅此一邑，宋代的名园就有红梅阁、隐圃、梅都官园、乐圃、千株园、五亩园、范家梁、张氏园、沈氏园、郭氏园、道隐园等。③在吴兴，南渡以

---

① （嘉靖）《姑苏志》卷32。
② 俞思冲等纂：《西湖志类钞》卷下。
③ （民国）《吴县志》卷39。

后，北方那些曾醉心于洛阳名园的达官公卿，纷纷来此山清水秀之地，修建园林，"故名园众多……几与洛中相并"①。在元代，虽然在江南的一些地区继续建造了新的园林，如常熟的福山曹氏，富甲邑中，"私租三十六万"，植梧桐数百株，每天令童子用水洗刷，郁郁葱葱，其园即名洗梧园。②在吴县，有绿水园，但也仅此一园，而在长洲县，有元一代，几乎无园林。在元朝，江南园林颇有"枫落吴江冷"之况。

在明代，江南园林如雨后春笋般涌现，堪称百花争艳，千古风流。明代江南园林出现过两个高潮，一个是成化、弘治、正德年间，另一个是嘉靖、万历年间，而后一个时期较诸前者，更显得一浪高过一浪。

以前一时期而论，在苏州地区，王锜曾载谓："正统、天顺间，余尝入城，咸谓稍复其旧，然犹未盛也。迨成化间，余恒三四年一入，则见……闾檐辐辏，万瓦甃鳞……亭馆布列，略无隙地。"③这里所说的"亭馆布列"，显然包括园林在内，因园亭是从来连属并称的。再以昆山县而论，大体上成化至正德年间兴建的园林，即有郑氏园、翁氏园、松竹林、北园、西园、陈氏园、洪氏园、孙氏园、依绿园、南园、仲园、隆园。④在娄县，也出现了水西园、竹素园、南园、七松堂、秀甲园、宿云坞、静园、塔射园、梅园。⑤

嘉靖、万历时期，江南园林出现了五彩缤纷的局面。时人曾谓："嘉靖末年，海内宴安，士大夫富厚者……治园亭。"⑥在南京，园林在数量、质量上都超过了洛阳名园。其中最著名的园林有16座，如东园、西园、凤台园、魏公西园、万竹园、莫愁湖园、市隐园、杞园等

---

① 徐献忠撰：《吴兴掌故集》卷8。
② 钱五卿撰、钱尔熙补录：《鹿苑闲谈》。
③ 王锜：《寓圃杂记》卷5。
④ （嘉靖）《昆山县志》卷4。
⑤ （乾隆）《娄县志》卷14。
⑥ 沈德符：《万历野获编》卷26。

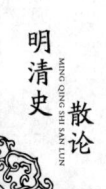

等。万历时，王世贞在南京做官，曾畅游诸园，写下《游金陵园序》，不少园"皆可游可纪，而未之及也"①。有的园，虽占地不广，堪称小园，但"修竹古梅与怪松参差，横肆数亩，如酒徒傲岸箕踞，目无旁人，披风啸月，各抒其阔略之致"②。真是别具一格，独占风情。又如松江府，上海潘允端的豫园、华亭顾正谊的濯锦园、顾正心的熙园等，都是"掩映丹霄，而花石亭台，极一时绮丽之盛"③。上海经嘉靖倭患，有些园林毁于战火，但平倭后，又兴建了新的园林，如乔启仁原在上海城外筑一园林，"倭夷至，毁于兵，后重构于城内，皆在所居之西，故总之名西园云。园中有紫芝堂、飞云楼、香霞馆、芙蓉池、碧梧馆、玉宇台、孤竹楼、梅花堂、崇兰馆诸胜处"④。再以松江城而论，不仅在城内有啸园、文园、芝园、东园、李园、真率园，在城外也有倪园、熙园、魁园。⑤而绍兴的园林之多，更使人叹为观止。明末祁彪佳著有《越中园亭记》6卷，除了考古卷所记基本上是历史陈迹，只能掩卷遐想当年那些园林的千姿百态外，其他各卷所记园林，多为明中叶勃兴而起的。不仅城内有园林，城外的东、西、南、北，都遍布园林，少则10处，多则20余处，而仅城内的一隅之地，即遍布淇园、贲园、快园、有清、秋水园、虫园、选流园、来园、木园、耆园、曲水园、趣园、浮树园、采菽园、漪园、乐志园、竹素园、文漪园、亦园、磲园、豫园、马园、今是园、陈园等。这些园林，大部分小巧玲珑，得水边林下之胜。如马园，"入径以竹篱回绕，地不逾数武，而盘旋似无涯际。中有高阁，可供眺览"。又如来园，"即其宅后为园，地不逾半亩，层楼复阁，已觉邈焉旷远矣。主人多畜奇石，垒石尺许，便作峰

---

① 顾起云：《客座赘语》卷5。
② 宋起凤：《稗说》卷2，见中国社会科学院历史研究所明史研究室编：《明史资料丛刊》第2辑。
③ 吴履云：《五茸志逸》卷1。
④ 何良俊：《何翰林集》卷12。
⑤ 杨开第修：《重修华亭县志》卷21。

峦陡簇之势"①。绍兴园林的盛况，堪称明代江南园林的缩影。

二

江南园林，繁花似锦，它在明代的迅速崛起，是明代江南经济、政治、文化发展的产物。

明王朝对江南的基本国策，是稳定江南，注意调整这一地区的阶级关系，以确保江南作为明王朝经济命脉所在地的安定局面，并采取了一系列有利于生产发展的措施。成化以后，江南地区不仅从元末大乱、经济凋敝中复生，并有了长足的发展。封建经济的繁荣，是封建文化发达的基础，作为封建文化的一朵奇葩——园林，正是封建经济高度发展的产物。费元禄对铅山河口镇的兴起与园林的兴盛，有过生动的记述，颇能说明园林由来。文谓："河口余家始迁居时，仅二三家，今阅世七十余年，而百而千，当成邑成都矣。山川风气，清明盛丽，居之可乐，平原广湿，东西数十里……闾阎之人与缙绅先生竞胜，而园林亭榭，秀甲一时。……盖其舟车四出，货镪所兴，铅山之重镇也。"②而明中叶江南出现的城市乡居化，更加速了园林的发展。所谓乡居化，包含两个方面的内容：一是达官贵人、富商大贾，腰缠百万，追求封建的高消费，由城居地主向乡居地主移动，到乡间的山涯水曲，修建别墅、园林，远避市嚣，追求"雪满山中高士卧，月明林下美人来"的精神境界，及四时皆有天然景色尽收眼底的赏心乐事。另一个方面，即在城内寻求乡村气息，财力雄厚者，建造"都市里的村庄"，财力一般者，也极力罗致花木奇石，植修篁数竿，以求足不出户，也能领略村景一二，朝朝暮暮，赏心悦目。

明朝人为乡居大唱赞歌者，颇不乏人。如莫是龙谓："人居城市，

---

① 祁彪佳：《祁彪佳集》卷8。
② 费元禄：《朝采馆清课》，见《五朝小说大观》。

无论贵贱贫富，未免尘俗嚣喧……我愿去郭数里，择山溪清嘉、林木丛秀处，结庐三亩，置田一区，往返郡邑，则策蹇从之。良友相寻，款留信宿，不见县官面目，躬亲农圃之役。伏腊稍洽，尊俎粗供，啸歌檐楹之下，以送余年，其亦可乎。"①也有人说："入城居一二世后，宜于乡居则再往乡居，耕读相为循环，可久可大，岂非吉祥善事哉！"②顾元庆还专门论述了如去乡山居，必先识道的重要性："凡山居者，先须识道，而未识道而先居山，但见其山不见其道，故心境未通，瞩物成壅，则郁郁长林，峨峨耸峭，鸟兽鸣咽，松竹森梢，水石峥峥，风林萧索，藤萝萦绊，云雾氤氲，适足以资其喧耳。"③这里，实际上提出了乡居与美学修养的问题，具有一定的理论色彩。有人甚至概括出山居八德，也就是乡居的八大好处："山居胜于城市，盖有八德。不责苛礼，不见生客，不混酒肉，不竞田宅，不问炎凉，不闹曲直，不征文逋，不读仕籍。"④这是对"羲皇上人"式道家共同体生活的向往，在田园风光中陶冶性灵，反而变得次要了。至于乡居者的具体生活情景，也是因人而异，大体上分为两种类型：一是把城市里的骄奢淫逸声色犬马，搬到乡间园林中去，追求特种"山林之乐"；一是以乡村为天然园林，过着桃花源式恬淡宁静的生活。前者可以苏州的范长倩为代表，史载："少参范长倩居天平山精舍，拥重赀，挟众美，山林之乐，声色之娱，吴中罕丽矣。……卜筑此山，搜剔岩薮，疏凿池沼，建亭榭堂庑，植嘉树美竹，大费经营位置，遂为兹山增色。春秋花月，游人之盛如蚁。"⑤而后者，一首《山居吟》，可谓将这一类型者的乡居生活刻画得淋漓尽致："红莲米，紫纯羹，饭后摩腹东村行。村中有古寺，松竹多纵横，与僧博弈罢，溪阁忽秋声。网三鱼，射三鸢，蕲既陈，酒

---

① 莫是龙：《笔麈》，见陆烜辑：《奇晋斋丛书》。
② 王琰：《秋樵杂录》，见邵廷烈辑：《娄东杂著》。
③ 顾元庆：《檐曝偶谈》，见《说郛》续卷17。
④ 吴履云：《五茸志逸》卷7。
⑤ 叶绍袁：《启祯记闻录》卷1。

复清，采菱剥藕供先生。不衫复不履，无姓亦无名。如此真率味，休传到市城。……背山临水，门在松阴里，草屋数间而已。土泥墙，窗糊纸，曲床木几，四面摊书史。若问主人姓谁？灌园者陈仲子。"① 当然，对城市居民来说，去乡村建园林者毕竟是少数人，多数人只能在城内因地制宜，修建大大小小的园林，三吴城中，尤其如此。时人载谓："凡家累千金，垣屋稍治，必欲营治一园。若士大夫之家，其力稍赢，尤以此相胜。大略三吴城中，园苑棋置，侵市肆民居大半。然不过近聚土壤，远延木石，聊以矜眩于一时耳。"②

江南园林的发展，与明代政局的变化也是很有关系的。明中叶后，宦官进一步专权，党争激烈，明末的阉党、东林党，更是互为水火，闹得沸沸扬扬，直至明亡。急剧变化的政局，锦衣卫的横行，忠臣良将不断遭迫害、受株连，使不少正直之士政治上失去安全感，感到"闹哄哄你方唱罢我登场"，前程似茫茫苦海，心灰意冷，从而挂冠避祸，高卧林下，宦囊丰裕者，造园林以享天年，便蔚为风气。韩邦靖的《山坡羊》，屠隆的《渔阳鼓》、《逍遥令》，可谓生动地刻画出这部分人的心态。

《山坡羊》：肯靠山，南山北偃。肯倒海，东海西翻。我如今心儿里不紧，意儿里有些懒。如今一个个平步里上青天，一个个日日近龙颜。青山绿水且让我闲游玩。明月清风，你要忙时我要闲。严滩，我会钓鱼，谁不会把竿？陈抟，你会睡时，谁不会眠？③

《渔阳鼓》：俺少时，也有偌大的志量：秉精忠，立庙廊，奋雄威，出战场，去擎天捧日，做玉柱金梁……今日里，是

---

① 吴履云：《五茸志逸》卷7。
② 何良俊：《何翰林集》卷12。
③ 张合：《宙载》卷上。

天涯风波饱尝，心儿灰冷鬓儿苍。因此上撒漫文章，卷起锋芒，结束田庄。急收回一斗英雄泪，打叠起千秋烈士肠。

《逍遥令》：挂冠归去谢君王，脱朝衣，把布袍穿上。荷犁锄，掷手扳腰章。今日九重丹凤阙，明朝千顷白鸥乡。满西湖，荷花正香。望东海，月轮初上。曲岸横塘，画桥兰桨，只此处尽可容得疏狂。①

陈眉公辑的韵语、联语，也不乏类似的作品。如："献策金门苦未收，归心日夜水东流。扁舟载得愁千斛，闻说君王不税愁。""世事不堪评，拔卷神游千古上，尘氛应可却，闭门心在万山中。"②在这种思潮支配下，与"林下何曾见一人"相反，出现了林下所见何其多的局面。时人曾评谓："唐人有诗曰：相逢尽道休官去，林下何曾见一人？盖叹世人假途躐荣，守资待次，沉酣于名利中而莫之止。其于徜徉山林之下，自有乐地，殊未知也。夫政务之扰，孰与琴书之娱？勉裳之拘，孰与野服之适？午门待漏寒威逼，孰与睡觉东窗日已红？若急流中勇退者，诚达矣哉。"③也有的人认为，只有身在林泉，才能洞察世态："山居观世态纷纭，历历如睹，在中朝混揉，未必然，盖旁观者明，自古如此。"④正德、天启时，挂冠避祸、建园林自娱者，更是盛况空前。张燧载谓："正德间朝官有罪，辄命锦衣卫官校擒拿……朝列清班，暮出污狱，刚气由此折尽，或又暮脱污狱，朝列清班，解下拘挛，便披冠带，使武夫悍卒指之曰：某也吾辱之矣，某也吾将辱之矣，小人遂无忌惮，君子遂昧良心，豪杰所以多山林之思。"⑤昆山顾潜，曾任山西道监察御史等职，"逆瑾当道……眈眈侧目于公……去其官，公

---

① 屠隆：《娑罗馆逸稿》卷1。
② 陈继儒：《小窗幽记》卷10《集豪》。
③ 刘仕义：《新知录》，见《五朝小说大观》。
④ 陈于陛：《意见》，见陈继儒辑：《宝颜堂秘笈》续集。
⑤ 张燧：《千百年眼》卷12。

归，即舍南凿池叠山……所谓展桂堂者也，延宾觞奕，娱养情性"①。魏忠贤把持朝政，搞得天下一塌糊涂，民不聊生时，李长蘅见"魏珰窃柄，毒流正人……乃于园中复凿曲沼，开清轩，通修廊，栽河灌木，盖将终老焉"②。

当然，明代江南园林的繁茂，与江南悠久的园林传统及发达的文化基础，同样是有关的。下面还有机会涉及，此处不赘述。

三

神州自古皆锦绣，山河无处不生春。园林自非江南有，但是，明代江南园林的特点，是值得人们刮目相看的。

（一）江南文化的结晶

我国当代著名园林专家陈从周教授说："中国园林是由建筑、山水、花木等组合而成的一个综合艺术品，富有诗情画意。"③明代江南园林不仅充分体现了这一特色，而且像一面镜子，清楚地反映出江南文化的特征。我国山水画，素有南北派之分，南派山水画，恬淡悠远，如王维之诗画，画中有诗，诗中有画。明代江南的一些著名园林，正是体现了这种幽雅的艺术境界。让我们一睹"山曲小房"的丰采吧："入园窈窕幽径，绿玉万竿。中汇涧水为曲池，环池竹树，云石其后。平冈逶迤，古松鳞鬣，松下皆灌丛杂木，茑萝骈织，亭榭翼然。夜半鹤唳清远，恍如宿花坞间。闻哀猿啼啸，嘹呖惊霜，初不辨其为城市为山林也。"④这样美的小园，使人想起"小园香径独徘徊"的意境。让我们再来看一看明末祁家傍山而建的花园：

---

① 张大复：《梅花草堂集》卷6。
② 张鸿盘：《西州合谱》，见陶宗仪辑：《说郛》续卷21。
③ 陈从周：《说园》，书目文献出版社1984年版，第2页。
④ 陈继儒：《小窗幽记》卷6《集景》。

园尽有山之三面，其下平田十余亩，水石半之，石庐与花木半之。为堂者二，为亭者三，为廊者四，为亭与阁者二，为堤者三，其他轩与斋类，而幽敞各极其致。居与庵类，而纡广不一，其形室与山房类，而高下分标其胜。与夫为桥、为榭、为径、为峰，参差点缀，委折波澜，大抵虚者实之，实者虚之，聚者散之，散者聚之，险者夷之，夷者险之，如良医之治病，攻补互投，如良将之治兵，奇正并用，如名手作画，不使一笔不灵，如名流作文，不使一语不韵。此开园之营构也。①

显然，此园体现了园主祁彪佳深厚的美学功底，高超的艺术匠心，建园之前，胸中早已造起一座青山隐隐、春水吹皱、花木扶疏、亭榭翼然、充满江南山水情致的园林。值得一提的是，有些名园的主人，本身就是著名的画家、诗人，其园林的设计者，就是他们自己，难怪园中充满了诗情画意。如嘉靖时吴兴的俞子清，有人评论他家花园的假山，秀拔有趣，堪称奇绝。何以故？"盖子清胸中自有丘壑，又善画，故能心匠之。大小凡百余，高者至二三丈，皆不事饾饤，而犀株二树，参列旁午，俨为群玉之圃，奇奇怪怪，不可名状……于众峰之间，萦回曲涧，甃以五色小石，旁引清流，激石高下，使之有声，淙淙然下注大石潭上……潭中多畜文龟、斑鱼，夜月下照，光景零乱，如穷山绝谷同也。"②凡此无不表明，园中的一石一木，都是置于特定的美学氛围中，与月光、游鱼、水声等，构成了统一和谐的艺术整体。园林好，江南尤瑰宝。明代江南，人文荟萃，文化繁荣，冠于海内。有这样高水平的文化素养，才会出现这样高水平的园林。明末吴县人

---

① 祁彪佳：《祁彪佳集》卷7。
② 徐献忠：《吴兴掌故集》卷8。

计成撰有《园冶》一书，这是至今仍蜚声中外的园林史上的经典著作，而计成在少年时代，便以善画名闻乡里，并最爱古代画家关同、荆浩的笔意，他的诗作也颇具功力。唯其如此，他才能成为造园专家，并写出《园冶》这部名著。

（二）商品化色彩

园林乃风花雪月之地，筑园者享林泉之福的憩休之所，园中所植，主要是花草，除供主人、客人观赏外，不投放市场。但明中叶后，在蓬勃发展的商品经济的刺激下，江南的某些园林，与农业生产相结合，种植经济作物，甚至养鹅鸭，畜鱼数万头，有的产品还投放市场。如上海豫园，即种有西瓜、枣、桃、柿、樱桃、橘、李、梅、香橼等，池内养了不少鱼，部分产品至市场出售，这在豫园主人潘允端的稿本《玉华堂日记》中，有清楚的记载。又如祁氏寓圃，在"让鸥池之南，有余地焉……以五之三种桑，其二种梨橘桃李杏栗之属……于树下栽紫茄、白豆、甘瓜、罂粟。又从海外得红薯异种，每一本可植二三亩，每亩可收得薯一二车，以代粒，足果百人腹"[1]。又如晚明绍兴的快园，"园在龙山后麓……开门见山，开牖见水，前有园，地皆沃壤，高畦多植果木。公旦在日，笋橘梅杏，梨楂菘菔，闭门成市，池广十亩，蓤鱼鱼肥。有桑百株，桃李数十树，收其直，日可得耘老一叉钱。春时煮篛龙以解馋，培木奴以佐绢，相时度地，井井有条"[2]。万历时震泽镇西三里许的桃花园，"有桃园十亩，中坎小池，外环幽竹，春时花光灿照两岸……风流胜地，足继名贤"[3]。水蜜桃，明末"独上海有之，而顾尚书西园所出尤佳，其味不亚于生荔枝"[4]。明末常熟瞿式耜的东皋园，"中有池数亩，畜鱼万头……鱼之大者，长至四五尺。每岁春秋二

---

[1] 祁彪佳：《祁彪佳集》卷7。
[2] 张岱：《琅嬛文集·记·快园记》。
[3] 钮琇：《觚胜续编》卷1。
[4] 吴履云：《五茸志逸》卷3。

时，辄以空心馒头投之池中，鱼竞吞之，有跃起如人立者，于是置酒池上，招客观之，谓之赏鱼"。至清初，瞿式耜抗清失败，在桂林殉国后，家道中落，"遂大集渔人，为竭泽之举，所获鱼不下千石，吴中鱼价为之顿减"①。虽然这些鱼投入市场是在清初，而不是在明代，但于此也不难想见明末瞿氏东皋园中养鱼的规模。凡此种种都表明，明代江南的一些园林出现了生产化的苗头，园中的部分产品成了商品。尽管在江南园林中，这种生产化、商品化的倾向毕竟是次要的、微弱的，但仍然值得我们重视。

（三）园与庄的结合

这也可称为村庄园林化，或园林村庄化。苏州的东庄便是典型。该庄原为吴孟融所建，内有十景，其孙吴奕又增建看云、临者二亭。李东阳畅游此庄后，详细地记下了亦庄亦园的动人景象。

> 苏之地多水，葑门之内，吴翁之东庄在焉。菱濛汇其东西溪带，其西两港旁达，皆可舟而至也。由橙桥而入，则为稻畦，折而南，为桑园，又西为果园，又南为菜园，又东为振衣台，又南西为折桂桥。由艇子浜而入，则东为麦丘，由荷花湾入，则为竹田，区分络贯，其广六十亩，而作堂其中，曰"续古之堂"，庵曰"拙修之庵"，轩曰"耕息之轩"。又作亭于南池，曰"知乐之亭"，亭成而庄之事始备，总名之曰东庄，因自号曰东庄翁……岁拓时葺，谨其封浚，课其耕艺，而时作息焉。②

显然，东庄不仅是风景如画的园林，也是种稻麦、竹园、桑园、果园、菜园、藕塘齐备的田庄，这也进一步证实了前述园林生产化的

---

① 王应奎：《柳南续笔》卷1。
② （嘉靖）《姑苏志》卷32。

现象，是客观存在的。东庄历时甚久，而且地处闹市，影响深远。当时的一些诗人、画家，经常在东庄流连忘返，写下了赞誉此庄的优美诗句。如刘大夏诗："吴下园林赛洛阳，百年今独见东庄。"李士实诗："小庄随意作经营，园漫分蔬地漫耕。流水声中看杖倚，人家丛里有舟行。市廛咫尺疑无路，林壑分明不出城。"沈周诗："东庄水木有清辉，地静人间与世违。瓜圃熟时供路渴，稻畦熟后问邻饥。"①这些诗句，如实地记录了东庄的良辰美景，田园风光。明末祁氏的丰庄，也是庄园结合的产物。祁彪佳曾作过说明："庄与园，似丽之而非也。既园矣，何以庄为？予筑之为治生处也。"②宣德年间的乐圃，杜琼所建，内有十景之盛，其实也是一座园林化的村庄。时人曾有诗纪曰："桃花来林馆，宛似武陵溪。醉后抛书枕，梦回闻鸟啼。水光孤墅外，山色小桥西。""影云连榻，杨花雪点巾。开池养鹅鸭，不使恼比邻。"③

四

如前所述，明代江南园林是明代江南高度发展的经济、文化的产物，而园林的发展，又有力地促进了江南经济、文化的发展。

在经济上，出现了"花园子"、"石农"之类的专业户，推动了商品经济的发展。时人载谓："至今吴中富豪，竞以湖石筑峙，奇峰阴洞，至诸贵占据名岛，以凿琢而嵌空妙绝，珍花异木，错映阑圃，虽闾阎下户，亦饰小小盆岛为玩……而朱勔子孙居虎丘之麓，尚以种艺垒山为业，游于王侯之门，俗呼为'花园子'。其贫者岁时担花鬻于吴城，而桑麻之事衰矣。"④园林离不开假山，而假山离不开石头，选用何

---

① （嘉靖）《姑苏志》卷32。
② 祁彪佳：《祁彪佳集》卷7。
③ （嘉靖）《姑苏志》卷32。
④ 黄省曾：《吴风录》，见王文禄辑：《百陵学山》。

种石头大有讲究。太仓王世贞建弇州园时,"石高者三丈许,至毁城门而入"[1]。当时的造园者认为,"太湖、武康、英德之石,叠山为胜"[2]。关于武康石,时人也有详细的记载:"武康石色黑而润,文如波浪,人家园池叠假山,以此为奇,大至寻丈者绝少。武康县今属湖州,山溪间多产此石……其品格颇多,惟叠雪者为甲。横文叠起为褶,有黑白层层相间者。有白石作腰带围者,曰玉带流水,其文皆竖,麻衣为人衣麻之状。锦犀,红黄色相间成文。虎皮,大文圆嵌作黄黑色。麻皮,如画家麻皮皴。海石,苍黑色画作矾头纹。鬼面色,纹突出而狞狼,有透漏如太湖石,谓之湖石。"[3]但是,看来被视为珍品、最受欢迎的石头,还是太湖石,经过加工后,天趣盎然,计成在《园冶》卷3中,指出洞庭山消夏湾所产的太湖石最佳,"性坚而润","装治假山,罗列园林广榭中,颇多伟观也"。还有人记载说:"太湖石玲珑可爱,凡造园林者所须,不惜重价也。湖傍居民,取石凿孔,置波浪冲激处,久之斧斤痕画化,遂得天趣。实则瘦、皱、透三者,皆出于人工,以售善价,谓之种石,其人可称种石农。"[4]种田、种花、种树之类,自古有之,种石户的出现,则前无古人,这完全是园林大兴的产物。正是在此基础上,出现了垒石专家,亦即堆假山的圣手。据袁宏道《袁中郎先生全集》卷14《园亭纪略》载,苏州城内卿园的假山,是周时臣垒的,高三丈、宽20丈,"玲珑峭削,如一幅山水横披画,了无断续痕迹,真妙手也"。在明末清初,更产生了以张南垣为代表的垒石名家。园林的发展,还促进了农业生产中园艺式的经营,提高了土地利用率。如嘉靖时何良俊在城郊购地五亩,"以一亩凿方池,畜鱼数百头为循行地,以二亩稍劣,列莳诸蔬。池上植枸杞数十本,

---

[1] 谢肇淛:《五杂俎》卷3。
[2] 蒋以化:《西台漫纪》卷5。
[3] 陆深:《春雨堂随笔》。
[4] 张霞居:《红兰逸乘》,转自谢国桢:《明代社会经济史料选编》上,福建人民出版社1980年版。

每晨起，乘露气手摘枸杞苗与园蔬作供"①。这就是苏州人俗称的刨园。园林吸引人的原因之一，是园中有各种花卉争奇斗艳。江南园林的发展，无疑促进了花卉的栽培技术，包括向海外引进新的品种。陆深载谓："世传花卉，凡以海名者，皆从海外来……予家海上，园亭中喜种杂花，最佳者为海棠，每欲取名花填小词，使童歌之，有海红花、海榴花……"②

园林不仅是文人雅集、吟诗作画的所在，某些名园还是戏剧活动的中心。上海豫园内即经常有松江、苏州、浙江、安徽等地的剧团演出，昆山腔、弋阳腔并行不悖，园内简直是管弦之声不绝于耳，而大放异彩的昆山腔更是"众皆称美"。③显然，江南园林促进了封建文化的繁荣。还应当指出的是，江南园林给小说、戏剧、诗歌、绘图等创作提供了丰富的素材，以戏剧而论，语曰：公子落难后花园，金榜题名大团圆。这固然反映了明代以来某些戏曲创作的公式化倾向，但也充分显示了花园在戏曲作品中的重要位置。而汤显祖通过美丽、善良、多情的艺术形象杜丽娘之口唱出的"原来姹紫嫣红开遍，似这般都付与断井颓垣。良辰美景奈何天，赏心乐事谁家院！……朝飞暮卷，云霞翠轩；雨丝风片，烟波画船……"④更不失为描写明代江南园林的绝妙赞歌，称得上是千古绝唱。

五

"花无千日红"。明代江南园林的命运也是这样。有的园主担心自己死后子孙不能守，预先立下遗嘱，说后代鬻园者"非吾子孙也，以

---

① 何良俊：《何翰林集》卷15。
② 陆深：《春雨堂随笔》。
③ 安奇：《明稿本〈玉华堂日记〉中的戏曲史资料研究》，《艺术研究资料》第7册。
④ 汤显祖：《牡丹亭》第10出《惊梦》。

一树一石与人者非佳也"①。但是，使绝大多数造园者感到悲哀的是，身后是非谁管得，园林且夕易他人。纵观明代江南园林的历史进程，可以明显地看出一个大趋势：速兴速衰。以松江地区而论，吴履云曰："近世士大夫解组之后，精神大半费于宅第园林，穷工极丽，不遗余力。然未有能享长久者，非他人入室，则鞠为茂草耳。"②王殡引《松志小序》曰："郡内外第宅园林，雕峻诡壮，力穷而止。有秉烛一览，肩舆一登，而终身不得住者，又有俄转眼而易姓，俄百年而易为蔓草寒烟者……今志书所存，譬之檐前燕泥，雪中鸿爪而已。"吴兴多名园，但到嘉靖中叶，有人去游览，竟已看不到"一花一石之处"。③面对这种"落红如海共春归，江南园林逝如烟"的凄凉景象，不少文人曾发出无穷的浩叹。借用金朝作家写的《倘秀才》的曲子来刻画他们的心声，也许是最确当不过了："有一等人造花园磨砖砌甃，有一等人盖亭馆雕梁画斗，费尽功夫得成就。今日做了张家地，明朝做了李家楼，刚一似翻手覆手！"④甚至有的绅宦发誓"不盖造花园"，列为准则，是"绅宦三十六善"中的信条之一。⑤这未免是伤心悟道之余，因噎废食了。

明代江南园林的大起大落绝非偶然。从根本上说，这是封建社会末世土地兼并加剧、阶级关系变动迅速、财产再分配加快步伐的反映。先秦时代，"君子之泽，五世而斩"。在明代，特别是明中叶后，不少乡绅是二世而斩，甚至一世就完了。永嘉黄淮子孙，竟鬻其神道碑，"谓买者曰：'汝买去，可解薄用之'"。松江有位黄翰，盖起朱楼，可是"不数十年，宅基已为人挑毁矣"⑥。土地所有权转移如此之快，再

---

① 孙传能：《郊溪漫笔》卷1。
② 吴履云：《五茸志逸》卷3。
③ 徐献忠撰：《吴兴掌故集》卷8。
④ 马口编：《自然集》，见卢前编：《饮虹簃所刻曲》。
⑤ 王晫编：《檀几丛书》二集卷15引《醉笔堂三十六善》。
⑥ 徐咸：《西园杂记》卷下。

加上粮差之重，不堪负担，以致早在弘治时，常熟的桑民怪见人置田产，便写打油诗加以嘲笑："广买田产真可爱，粮长解头专等待。转眼过来三四年，挑在担头无人买。"①何元朗世居柘林，是著名的江南文人，有良田、美宅、园林，但他死后，曾几何时，其后代已一贫如洗，卖身为奴，穷愁潦倒至极，竟丧心病狂地挖开何元朗夫妇的坟墓，揭开棺木，寻觅金银器，"欣然满载归"②。对于吴中地区财产的再分配趋势，有人曾这样写道："吾观吴中大家巨室，席有祖父遗业……盖未一再传而败其家者多矣。"③明代江南园林，除了杭州西湖的苏堤、白堤、三潭印月及官邸的后花园外，都是私人财产。既然财产的再分配是如此之快，随着第一代园主的去世，往往人亡园废，也就是势所必然的了。

当然，对明代江南园林的历史命运来说，明朝灭亡后，清兵南下，不能不是一大劫难。正如曾羽王《乙酉笔记》所记述的那样："乡绅之楼台亭榭，尽属荒邱……所谓锦绣江南……及遭残毁，昔日繁华，已减十分之七。"以西湖的园林而论，铁蹄过后，"如涌金门商氏之楼外楼、祁氏之偶居、钱氏余氏之别墅及余家寄园一带湖庄，仅存瓦砾……及至断桥一望，凡昔日之弱柳夭桃、歌楼舞榭，如洪水湮没，百不存一矣"④。在震泽，明代园林也是"其废者盖十之九"⑤。生于明末、卒于清初的叶梦珠，曾不胜感慨地写道："余幼犹见郡邑之盛，甲第入云，名园错综，交衢比屋……一旦遭逢兵火，始而劫尽飞灰，继之列营牧马，昔年歌舞之地，皆化为荆榛瓦砾之场。间或仅初百一……王谢堂前多非旧时燕子。"⑥明遗民、诗人费经虞写过一首题为《江南过人家旧园》的诗，谓："寒泉老树好人家，漠漠荒垣带残沙。断壁尚存当

---

① 沈周：《客座新闻》。
② 董含：《三冈识略》卷8《发掘祖墓》。
③ 汪琬：《尧峰文钞》卷16。
④ 张岱：《西湖梦寻·自序》。
⑤ （乾隆）《震泽县志》卷8。
⑥ 叶梦珠：《阅世编》卷10。

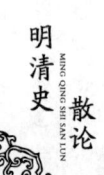

日赋,满园不是去年花。伤心短笛声何苦,侧月飞鸢影尽斜。使我重来见荆杞,那堪良夜听悲笳。"①这是对被战火焚毁的江南园林的悲愤挽歌。事实上,园林遭厄,也不仅仅是战火。清初中央王朝对江南在经济上严加控制,追比欠赋,使不少缙绅倾家荡产,所属园林也就成了夕阳残照,荒烟衰草。如松江顾园,建于明,"至顺治之季,反因义田遭赋,毁家卖宅以偿。堂宇尽废,而山水桥梁犹如故也。康熙之初,积逋愈甚,征输益严,遂并花石而弃之"②。这是园主连做梦也不会想到的。

结 论

中国封建社会的文化,在很大程度上,属于消费性文化。明代江南园林的性质,自然也不会例外。那些园林的主人,多数人为造园几乎把自己的腰包掏空。上海潘允端修豫园历时18载,倾囊尽资,绍兴祁彪佳建园时,"摸索床头金尽,略有懊丧意,及于抵山盘旋,则购石庀材,犹怪其少,以故两年以来,囊中如洗"③。造一座园林所花的钱,数目是很大的。仅一个"假山,土石毕具之外,倩一妙手作之,及异筑之费,非千金不可"④。而"仪真汪园,辇石费至四五万"⑤。整个园林耗资之巨,也就可想而知。无怪乎谢国桢教授生前常说,明代资本主义萌芽之所以生长缓慢,是因为商业资本全漏到园林中去了,消耗殆尽。这个看法未必精确,但用以说明江南园林费资之多,以及对历史进程所起的消极作用,则仍是发人深思的。

尽管如此,明代江南园林仍不失为中国文化史上的明珠,其勃

---

① 卓尔堪:《遗民诗》卷1。
② 叶梦珠:《阅世编》卷10。
③ 祁彪佳:《祁彪佳集》卷7。
④ 同上。
⑤ 张岱:《陶庵梦忆》卷5《于园》。

兴，不仅对明代经济、政治、文化产生了很大影响，而且影响后世。今天，不管是面对史书，卧游美如梦境的明代江南园林，还是在明代园林风貌犹存的苏州拙政园、留园、西园等园内饱餐芳园秀色，沉醉在绿亭朱栏花香鸟语之中，遥想几百年前的明朝先辈——包括园林的主人和筑园的工匠、花匠，他们建园时的苦心经营，胼手胝足，是值得后人追念的。前辈风流，前辈辛劳，虽百世之下的子孙，都不应该忘却。而明代江南园林的艺术风格，庄园结合、城市山林化和在市内建造园林要"多栽树，少建屋"①等历史经验，对于今天的园林建设、绿化事业，都有直接的参考价值。

(《中国史研究》1987年第3期)

---

① 周晖：《金陵琐事》卷3《市隐园》。

"弃物"论——谈明代宗藩（1988）

顾炎武在论及明代宗室时，曾谓："为宗藩者大抵皆溺于富贵，妄自骄矜，不知礼义。至其贫者则游手逐食，靡事不为，名曰天枝，实为弃物。"①这一针见血之论，活脱脱地勾画出明代宗藩的脸谱。堂堂朱明王朝的"龙子凤孙"、"天枝玉叶"，成了一钱不值的"弃物"，是很值得人们研究的。

一

每个封建王朝的开国君主，都比较注意前朝的覆亡教训，从而采取新的措施，以确保家天下长治久安。朱元璋认为，必须加强宗藩势力，洪武三年（1370），他大封诸王，"皆据名藩控要害，以分制海内"②。朱元璋对此颇自得，强调封藩关系大明江山的安危，"建藩辅，所以广磐石之安"③。"封建诸子，期在藩屏帝室。"④"为长久之计，莫过于此。"⑤不仅如此，朱元璋还给诸王以一定的典兵之权，护卫甲士少者3000人，多者至19000人，在诸王的王国中，不仅置文官，还设

---

① 顾炎武：《日知录》卷9"宗室"条。
② 王世贞：《弇山堂别集》卷32。
③ 陈子龙辑：《明经世文编》卷4、103、491。
④ 《明太祖钦录》，第93页，载《故宫图书季刊》1970年卷1第4期。
⑤ 《明太祖实录》卷51。

武将。朱元璋宣称："朕封诸子颇殊古道，内设武臣，盖欲藩屏国家，备侮御边，闲中助王，便知时务。所以出则为将，入则为相。"①但是，他做梦也没有想到，他的"长久之计"不但没有起到"藩屏国家"的作用，反而使明王朝背上了无法卸掉的沉重包袱。

朱元璋子孙众多，随着岁月的流逝，形成了一支庞大的队伍。其人数究竟有多少，史料记载不一，考史者说法也不一。明人王鏊谓："正德以来，天下亲王三十，郡王二百十五，镇国将军至中尉二千七百。"②中尉以下的人数，王鏊未涉笔。而按明制，五世孙辅国中尉，六世以下皆奉国中尉。王鏊挥笔作上述记载的时间，当在正德年间，奉国中尉已属滔滔皆是，不知凡几矣。山西大同的代王，封于洪武二十五年（1392），到弘治年间，不过上百年，已生子570余人，女300余人。③洪武三年（1370）封、十一年（1378）就藩太原的晋王，至嘉靖初年，已增郡王、将军、中尉等1851名。④张瀚"考宗正籍"，认为隆庆初年宗藩人数"属籍者四万，而存者二万八千五百有奇"。⑤清初温睿临在评论明代宗藩时，曾说："其后本支愈繁衍，遍天下几百万。"⑥"几百万"，是个概数，也显然是个夸大了的数字。根据比较准确的记载，万历三十二年（1604），宗藩人数在8万以上。⑦以此推论，迄明之亡，宗藩人数当有十多万之众。他们的耗费，成了封建国家的沉重负担。以嘉靖初年为例，仅山西晋王一府便岁支禄米872300石。时人梁材在奏疏中曾不胜感慨地说："百姓税粮有限，而宗枝蕃衍无穷。"⑧嘉靖中叶，全国每年所供京师米计400万石，而各处供藩府子孙

---

① 《太祖御制文集》卷7。
② 王鏊：《震泽长语》卷上。
③ 梁储：《郁洲遗稿》卷1。
④ 陈子龙辑：《明经世文编》卷103。
⑤ 张瀚：《松窗梦语》卷8。
⑥ 温睿临：《南疆逸史》卷48《宗藩》。
⑦ 陈子龙辑：《明经世文编》卷491。
⑧ 陈子龙辑：《明经世文编》卷103。

的禄米，却是853万石，不啻一倍，山西一省存留米麦不过152万石，而宗室禄米却需312万石，河南一省存留米麦84.3万石，而宗室禄米却需192万石。[①]显然，这是多么严重的财政危机！

藩王们的"天潢贵胄"，多半是游手好闲之辈，无法无天、作恶多端、穷奢极欲者，更不乏其人。明清之际的魏禧曾慨乎言之：

> 明季天下宗室几百万，所在暴横奸宄，穷困不自赖，为非恣犯法，而南昌宁藩支子孙尤甚。崇祯末，诸宗强猾者，辄结凶党数十人，各为群，白昼捉人子弟于市，或剥取人衣，或相牵讦讼破人产，行人不敢过其门巷，百姓相命曰"鏖神"。[②]

有的藩王，一副流氓恶棍嘴脸。早在洪武初年，封在山西不久的晋王朱㭎，即无法无天，坏事做绝。他威逼民间子女入宫，不中意者打死，烧成灰，送出宫外。对宫女滥施酷刑，有的被割掉舌头，有的被五花大绑，埋于雪中，活活冻死。将七至十岁的幼男阉割150多名，伤痕尚未愈，就令人运到府内，致使多名幼童死亡。[③]建文元年（1399）四月，湘王朱柏伪造宝钞及残虐杀人，建文帝闻讯后，降敕切责，议发兵讨之。湘王公然"焚其宫室美人，已而执弓跃入火中死"[④]。永乐初年，汉王朱高煦私选各卫健士，又募兵3000人，不隶籍兵部，纵使劫掠。兵马指挥徐野驴擒治之，朱高煦竟"手铁瓜挝杀野驴"[⑤]。宣德年间，周宪王弟朱有熺"掠食生人肝脑"[⑥]，简直是个披着人皮的豺狼。隆庆初年，安丘王府奉国将军朱观㸅杀死弟妇，纵火焚其家，企图灭

---

① 陈子龙辑：《明经世文编》卷212。
② 魏禧：《魏叔子文钞》卷11。
③ 《明太祖钦录》，第96页。
④ 徐学聚：《国朝典汇》卷13宗藩下。
⑤ 《明史》卷118《诸王传三》。
⑥ 《明史》卷116《诸王传一》。

口。靖江王府奉国中尉朱经讥、朱经讥以私愤持刀杀其兄朱经设，暴其尸于市，却诬陷朱经设奸逼继母，诡称他俩是奉母命处死他的。而辽王朱宪㸅的荒淫歹毒，更是骇人听闻。史载："宪㸅性酷虐淫纵，惑信符水，诸奸黠少年无赖者多归之，恣为不法……淫乱从姑及叔祖等妾，逼奸妇女，或生置棺中烧死，或手刃剔其臂肉……用炮烙刲剥等非刑剜人目，炙人面，辉人耳……"①嘉靖年间的鲁王朱观㷆，与朱宪㸅堪称"今古何殊貉一丘"。此人"淫戏无度……复屋曲房，挟娼为乐……男女裸体群浴于池，无复人礼，左右有阴议及色忤者必立毙之，或加以炮烙"②。而明代藩王享尽人间富贵，从明末山东兖州的鲁藩烟火之盛况，足可窥其一斑。对此，张岱曾详予记述：

> 兖州鲁藩烟火妙天下。烟火必张灯，鲁藩之灯：灯其殿，灯其壁，灯其楹柱，灯其屏，灯其座，灯其宫扇伞盖。诸王公子、宫娥僚属、队舞乐工，尽收为灯中景物。及放烟火，灯中景物又收为烟火中景物。……殿前搭木架数层，上放黄蜂出窠，撒花盖顶，天花喷礴。四旁珍珠帘八架，架高二丈许……下以五色火漆塑狮、象、橐驼之属百余头，上骑百蛮，手中持象牙、犀角、珊瑚、玉斗诸器，器中实千丈菊、千丈梨诸火器……移时，百兽口出火，尻亦出火，纵横践踏。端门内外，烟焰蔽天，月不得明，露不得下。③

藩王中颇多贪鄙之徒，盗窃者有之，敲诈勒索者有之，抢夺民田、兼并屯田者有之，掠夺民舍者有之，完全是国家经济生活的蛀虫。明末的福王朱常洵，更是个典型。其母是万历皇帝的宠妃郑贵

---

① 《明太祖实录》卷51。
② 徐学聚：《国朝典汇》卷13宗藩下。
③ 张岱：《陶庵梦忆》卷2《鲁藩烟火》。

妃，故他备受恩宠。从全国各地搜刮来的矿监税达"亿万计"，郑贵妃将其中很大一部分中饱福王私囊。他在洛阳就藩后，又是占山东、湖广良田，又是独霸中州盐利，甚至把手伸到四川，搜刮该地的盐井，榷茶银，以致崇祯时河南百姓都说"先帝耗天下以肥王，洛阳富于大内"①。其府内"珠玉货赂山积"②。万历以后，允许宗藩子弟经科举考试后出仕。有的人一朝权在手，就大肆搜刮，贪婪至极。如朱卫珣任户部主事，榷浒墅关，苛刻异常，动辄重罚，空船亦责其纳钞，女人过关，纳银八钱，商贾及民，无不痛恨。

值得注意的是，宗藩还往往与宦官相勾结，或扰民，或谋叛，危害天下。如永乐时简王朱颙炑"纵中官扰民，洛阳人苦之"③。宁夏安化郡王朱寘鐇谋反失败后，在其府第抄出"总兵太监等官敕印关防符验"④。而宁王朱宸濠的起兵谋反、大搞分裂活动，更是与宦官内外勾结的结果。明人张岳曾评曰："宁祸蓄于十数年前，天下皆知其不至叛乱不止，当时用事者，不惟不悟，方倒持刑赏之柄以成之，故遂至于乱。"⑤这里所说的"用事者"，主要就是指大权在握的宦官。宁藩本来已因罪革去护卫，但后经重贿刘瑾，"准复"⑥，使羽翼得以日渐丰满。当王守仁率兵平叛，攻克宁王老巢后，曾"拾得簿籍有帐"⑦，里面记载些什么？有人曾记录王守仁的自述说："二中贵至浙省，阳明张宴于镇海楼，酒半，撤去梯，出书简二箧示之，皆此辈交通之迹也，尽数与之。二中贵感谢不已，返南都，力保阳明无他，遂免于祸。"⑧朱宸濠与宦官来往的书信，竟达两箧之多，这是他们狼狈为奸的铁证。宦官

---

① 《明史》卷120《诸王传五》。
② 吴伟业：《绥寇纪略》卷8《汴渠垫》。
③ 《明史》卷118《诸王传三》。
④ 高岱：《鸿猷录》卷12《安化之变》。
⑤ 张岳：《小山类稿》卷17《唐渔石江西奏议跋》。
⑥ 谭希思：《明大政纂要》卷40。
⑦ 董谷：《碧里杂存》卷下。
⑧ 何良俊：《四友斋丛说》卷6史二。

接受朱宸濠的贿赂，更是有账可查的。史载：

> （宸濠）送（在官太监）张忠、（少监）卢明各银五百两。托伊引送（司礼监太监）张雄银三千两，宝石镶带一条……太监张锐……亦将银二千两托臧贤过送与伊……（后又送）张雄、张锐各一千两……太皇、太后崩逝，有少监卢明……赍捧报讣，前来开读，得受宸濠三千两……毕真改调镇守浙江，宸濠要伊预备人马前来助逆，当将银三千两、金壶一把，盘盏四副，并器皿、茶芽等物送行。①

毕真乃江西镇守太监，却成了朱宸濠的死党。以朝廷腹心为宸濠羽翼，在江西则密谋内助，在浙江则阴作外援②，后被凌迟处死，实在是罪有应得。

由此不难看出，明代宗藩无论是在经济上、政治上，对明王朝都是腐蚀剂，危害多端。说他们是"弃物"，也就是理应被抛弃的社会垃圾之谓也。

二

如果有谁认为明代宗藩的子孙是天生劣种，那就大错特错了。且不说，他们之中有身处逆境，不甘沉沦，发愤攻读、著述，终于成为杰出的音乐家、文学家的朱载堉。同时，笔者还能举出其他一些学者、忧国忧民之士。如周定王朱橚，乃朱元璋第五子，好学，能词赋，曾作《元宫词》百章。③他深感封地河南土旷人稀，地瘠民贫，便从当地

---

① 谢贲：《后鉴录》卷上《刘吉》。
② 查继佐：《罪惟录》卷29《毕真传》。
③ 《明史》卷116《诸王传一》。

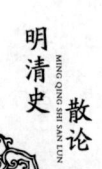

丰富的野生植物中，查出荒年可以采来充饥的，一一绘制成图，附上说明，编成《救荒本草》一书，共记录了414种，除已见于过去本草书的之外，新增入的有276种，从而发展了本草学。据朱橚的长史卞同替本书所写的序，朱橚搜集到这些野生植物后，都种在园子里，亲自观察研究，把每一种可食部分记下，这种严肃的科学态度，是难能可贵的。李时珍、徐光启都十分重视这部著作。《救荒本草》是我国植物学史、农学史上闪光的篇章。① 问题在于，朱元璋对子孙采取了一揽子包到底的政策，在至高无上的皇权庇荫下，赋予他们种种封建特权。地方官吏得罪藩王子孙，每遭严惩。如洪武十二年（1379），广西布政司官张风、按察司副使虞泰等，仅因所谓"公然侮慢"、"搬说是非"的过失，被朱元璋亲自下令，治以"剥皮重罪"。② 更重要的是，宗藩子孙们呱呱坠地即有一份吃到老死的禄米，无须为生计犯愁，在万历以前，也不允许宗藩子弟入试，对多数游手好闲之徒来说，自然是乐得胡厮混。万历时皇甫录曾有切中其弊的论述，谓：

> 宗藩之盛，自古帝王无如我国朝者，二百年来不下万余人（按：此数不确）。分封之制，初封亲王岁支禄米万石，郡王二千石，袭封亲郡王各减半支，后又以岁歉不给，乃为折支之法……嗟乎，帝孙王子，岂谓无才，而不得一试，贫乏者不得为商农之业以自给，坐受困辱，则处宗藩之法，于斯阙矣。③

早在洪武九年（1376），即定诸王公主岁供之数：亲王岁支米5万石，钞2.5万贯，锦40匹，纻丝300匹，纱罗各100匹，绢500匹，

---

① 参见王毓瑚编著：《中国农学书录》，农业出版社1964年版，第126—127页。
② 《明太祖钦录》，第73页。
③ 皇甫录：《近峰纪略》，丛书集成初编本，第3页。

冬夏布各1000匹，绵2000两，盐2000引，茶1000斤，马匹草料月支50匹。其段匹，岁给匹料，付王府自造。靖江王岁支米2万石，钞1万贯，余物比亲王减半，马匹草料月支20匹。公主未受封，每岁支纻丝、纱罗各10匹，绢、冬夏布各30匹，绵200两；已封，赐庄田一所，计岁收米1500石，钞2000贯。①明王朝对宗藩还有诸如宗室公主即位之赏、之国之赏、来朝之赏、有功之赏等等，为数相当可观。如：仁宗初年，赏汉王朱高煦、赵王朱高燧各黄金500两，白金5000两，锦100匹，丝200匹，罗200匹，纱200匹，胡椒、苏木各5000斤，钞万锭，良马百匹。洪武十年（1377）楚王桢之国武昌，赐黄金1600两，白金2万两，钞2万锭。永乐十四年（1416），赐蜀王椿黄金200两，白金千两，钞400锭，米千石，胡椒千斤，马10匹，"以发谷府反谋功也"。永乐二十二年（1424），赐赵王高燧白金3000两，钞3万贯，彩币200表里，马10匹，"以护送山陵劳也"②。如此等等。宗藩的生居死穴，也都是由官府营造的。早在明初，蜀王朱椿就藩成都前，朱元璋亲笔敕谕四川都司护卫指挥及布政司，"差诸色人匠兴造蜀王王城宫室，务要军民共同兴造，如制奉行"③。此后，各王府将军而下宫室坟茔，皆由官办，渐成定制，至成化中，更定为则，给价自行营造。大抵，郡主的房价是1000两，镇国将军下至中尉，递减至500两。④这还不过是法定权范围内的一般情形。而宗室藩王拉龙旗作虎皮，仗皇权之势，用法外权巧取豪夺，也是屡见不鲜。如伊王世子典瑛，多持官吏短长，甚至公然敢殴打御史，横暴可想而知。其所居宫墙坏了，夺民居以广其宫。掠来女子700余人，留貌美者90余人，勒索其家以金赎，与强盗的绑票行径毫无二致。朱宸濠在谋反前，不

---

① 王世贞：《弇山堂别集》卷67《亲王禄赐考》。
② 同上。
③ 台北"故宫博物院"编辑：《故宫书画录》卷7。
④ 徐学聚：《国朝典汇》卷13宗藩下。

仅强夺民间田产子女，还与江西大盗吴十三、凌十一等勾结，"劫财江湖间"[1]，官府根本不敢过问。历史表明，封建特权从来是滋生蠹虫的温床。明王朝既然给了宗藩的子子孙孙以种种巨大的封建特权，他们中的大多数人，不是一天天烂下去，就已算是等而上者，不可能有好的作为。

但是，封建特权又从来不是也不可能是一成不变、永保永享的。随着明王朝各种矛盾的加剧，财政危机日趋严重，而明代宗藩子孙的人口膨胀之大之速，又是史所罕见，明王朝对待如此巨大的特殊消费层，实在是供不应求，无能为力。于是，宗藩子孙们的地位，就不能不随封建特权的渐趋削弱而江河日下。明人于慎行谓："国家分封诸王，体貌甚重。其后宗人蕃衍，族属益疏，又以禄粮支给，仰哺有司，于是礼体日以衰薄。"[2] 明人张瀚也说："宗室……贫乏者十居五六，甚有室如悬磬，突无烟而衣露胫者。"[3] 而明人王士性对河北三府藩室的记述、评论，更有相当的典型性：

> 河北三府幅员，不能当一开府，业已分封赵、郑二府矣。近乃又改潞府于卫辉，城池既狭，人烟又稀，土田少沃，与衡阳相去远甚。且通省建藩已至六国，尚有废府诸郡，两河民力疲于禄米之输甚矣，而诸藩供亿尚欠不足。诸藩惟周府最称蕃衍，郡王至四十八位，宗室几五千人，以故贫无禄者，不得不杂为贱役或作为非僻。稍食禄而无力以请名封者，至年六七十，犹称乳名终其身。故诸无禄庶人，八口之饥馑既不免，四民之生理又无望，虽生于皇家，适以囚禁之，反不

---

[1] 高岱：《鸿猷录》卷14《讨宁庶人》。
[2] 于慎行：《谷山笔麈》卷3。
[3] 张瀚：《松窗梦语》卷8。

如小民之得以自活也。①

"生于皇家，适以囚禁之"，这寥寥九个大字，给我们描绘出一大批皇室子孙的另一个侧面：在皇权的牢笼中，穷愁潦倒，无可奈何。这也是封建特权腐朽性的生动写照。就此而论，抛弃"弃物"的非他也，恰恰正是皇权自身。

三

朱元璋深知，其子孙系天下之安危，也曾频频告诫他们要"蓄养德性，博通古今，庶可以承藉天下国家之重"②。在他看来，以血缘关系为纽带，用"亲亲之道"熏陶出来的藩王们，定能成为大明一统江山的拱卫者。这种认识，表明他忘记了历史上吴楚七国之乱的教训，不懂得为争夺至高无上的第一把交椅，在历代皇室内，曾经演出过多少骨肉相残的悲剧。最典型的例子，莫过于平遥训导叶伯巨上万言书，恳切地指出"分封逾制，祸患立生，援古证今，昭昭然矣"，从而建议"诸王未之国之先，节其都邑之制，减其卫兵，限其疆……诸王有贤德行者，人为辅相，其余世为藩辅，可以与国同休，世世无穷矣"。显然，叶伯巨看出了大封诸王所潜伏的危险性，并开出了并不高明的补救药方。但是，朱元璋仍然在做梦，竟大怒曰："小子敢间吾骨肉，吾见且切齿，可使吾儿见乎！速取来，吾将手射之，且啖其肉。"③真是杀气腾腾，如闻齿声。尔后发生的大大小小的诸王谋反事件，充分证明了叶伯巨的预见性。甚至朱元璋在临终前夕大脑也还清楚时，也已觉察到燕王朱棣的动向值得警惕，下旨一道："说与晋王（时朱㭎已死，

---

① 王士性：《豫志》。
② 余继登：《典故纪闻》卷3。
③ 《国朝典汇》卷13宗藩上。

子济熺嗣立）知道，教陈用、张杰、庄德预先选下好人好马，堤备临阵时，领着在燕王右手里行。"① 时在洪武三十一年（1398）五月十二日，而是月初八，朱元璋已病危，为巩固太孙皇位，谨防朱棣搞政变，故特作此安排。② 人之将死，其梦方醒，这对朱元璋来说，真是个辛酸的历史讽刺。

明代宗藩的酒囊饭袋们，在明末大动乱中，除个别人物外，无不显示出他们的卑怯无能。其结果，不是让明末农民军将他们连同其护法神崇祯皇帝一起埋葬，就是被打得落花流水，成了名副其实的"弃物"。以楚地而论，明清之际的史悖曾述谓：

> 楚中之变，亿兆被动，肝脑涂地，不必言矣。惟天潢一派，分封楚地最多，如武昌，则有楚府，衡州则有桂府，长沙则有吉府，常德则有荣府，宝庆则有岷府，襄阳则有襄府，荆州则有惠府……一闻贼至，望风而溃，何尝与贼一交手，致金枝玉叶，涂炭流离。③

这是明代宗藩在明末农民大起义中命运的缩影。如用温睿临的话来概括，则是"迨遭闯、献之祸，屠戮几尽焉"④。而明亡后，被人们抬头捧脚供奉起来的南明诸王，有的猥琐不堪⑤，有的唯知在残山剩水间恣情享乐，终日沉湎于醇酒妇人之中，如南京弘光小朝廷的福王朱由崧，在国破家亡后，仍然纵淫乐，用"人参饲犬羊"，及大肆搜集蟾蜍酥，制造春药，以"蛤蟆天子"的秽名遗臭万年。有的虽登上新的王座，却终日风声鹤唳，未见清兵踪影就望风而逃，如抗清英雄李

---

① 《明太祖钦录》，第111页。
② 此点由昌彼得指出，见上书叙录。
③ 史悖：《痛余杂录》。
④ 温睿临：《南疆逸史》卷48《宗藩》。
⑤ 林䕃庵：《荷牐丛谈》卷4。

定国等人在西南拥戴的桂王朱由榔，就是一个无能的怕死鬼，每遇大敌当前，唯知一走了事，以致搬迁不定，疲于逃命。顺治五年（1648）初，桂王想从桂林西奔武岗，瞿式耜劝他："敌骑在二百里外，何事张皇？今播迁无宁日，国势愈弱，兵气愈难振，民心皇皇，复何所依！且势果急，甲士正山立，咫尺天威，劝激将士，背城借一，胜败未可告。若以走为策，我能走，敌独不能蹑其后耶？"桂王听罢，竟厉声曰："卿不过欲朕死社稷耳！"①真乃何其昏庸也！借用近代词曲泰斗吴梅形容福王的曲语来说，他们不过是"金盆狗矢"②而已。清初汪琬述及南明时曾说："上不知兵，下不用命，文恬武嬉，卒至土崩瓦解然后已。"③他们的结局，是乃祖朱元璋始所未料的。

当然，综观明代宗藩的问题种种，不能简单地归结为是朱元璋个人制定封王之制的结果。只要封建制度存在，就一定会搞世袭制，从而不可避免地出现明代宗藩的各种弊端。地主阶级——包括他们最杰出的代表人物，是不可能解决宗藩这个大问题的。以清朝而论，开国之初，为了笼络人心，曾"告谕前朝诸王，仍照旧爵"④，背起明朝遗留下来的政治包袱。但不久，他们又终于甩掉它，动辄扣上反清之类莫须有的帽子，加以剪除。但是，可悲的是，"清承明制"，封建政权的本质又决定了大清王朝沿着老路走下去，重蹈世袭制的覆辙，用金丝笼养金丝鸟的办法，来厚待宗室子孙，结果在新的历史条件下，出现了八旗子弟这个严重的寄生阶层。

（《学术月刊》1988年第4期）

---

① 温睿临：《南疆逸史》卷21《瞿式耜传》。
② 吴梅：《霜崖曲录》卷2《仙吕桂枝香·过明故宫》。
③ 汪琬：《尧峰文钞》卷12《前明史部验封司郎中曹公墓志铭》。
④ 蒋良骐：《东华录》卷4"崇德七年正月至顺治元年七月"条。

明代流氓及流氓意识（1989）

一般说来，流氓是游民阶层的产物，随着城市经济的发展，流氓的队伍会不断扩大。这是因为，一方面，部分游民进入城市，无正当职业，只能以歪门邪道糊口；另一方面，城居地主、权贵的增多，使某些爪牙、鹰犬之流，背后有了靠山。以明代而论，流氓闹得凶的，是成化以后，嘉靖、万历时期，更是猖獗一时。这正与明代社会经济的发展如影随形：成化以后出现了一大批城镇，嘉靖、万历时期，封建的都市经济生活更日趋繁荣。流氓及流氓意识，给明代的政治、经济、社会生活，打上了很深的烙印。

一

明代的流氓，不仅成群结队，人数众多，并且有他们自己的组织。有的以所纠党徒人数作为绰号名称，如十三太保、三十六天罡、七十二地煞，有的以手中的武器作为绰号，如棒椎、劈柴、槁子等。这些人"犯科扦罔，横行市井"，"赌博酗酒，告讦大抢，闾左言之，六月寒心，城中有之，日暮尘起"[①]。真是无所不为，为害一方。近代武侠小说中，经常描写明清时的丐帮，这是有历史依据的。以北京而论，时

---
① 顾起元：《客座赘语》卷4。

人曾谓"娼妓多于良家,乞丐多于商贾",仅"五城坊司所辖不啻万人"①。这些乞丐,也是分成若干股,各有活动地盘。南方淮阳的丐帮,则宿于船中,四出活动。②这些乞丐"大抵游手赌博之辈,不事生产"③,其中相当一部分人,干着流氓勾当。万历初年,北京城内有个流氓团伙,"结义十弟兄,号称十虎,横行各城地方",其中的一"虎",叫牛二,与《水浒》中横行街市的"没毛大虫"流氓牛二,同名同姓,耐人寻味。这个团伙的头子叫韩朝臣,是锦衣卫的成员。④在南方的杭州城内外,流氓"结党联群,内推一人为首"⑤,显然也是有组织的。万历年间,苏州还出现了专门打人的流氓组织"打行",又名"撞六市","分列某处某班,肆行强横"⑥。"一人有不逞,则呼类共为抨抶,不残伤人不已。"他们打人有特殊伎俩,或击胸肋,或击腰背、下腹,中伤各有期限,或三月死,或五月死,或十月死、一年死,"刻期不爽也"⑦。其头目,今天有史可考的,有绰号"一条龙"的胡龙、绰号"地扁蛇"的朱观,"嗜枪如饴,走险若鹜","皆郡中(即松江)打行班头也"⑧。在明末清初,天下大乱之际,"打行"更是趁乱而起,在江南胡作非为,"小者呼鸡逐犬,大则借交报仇,自四乡以至肘腋间皆是也"⑨。

二

明代流氓的活动,五花八门,概言之,主要有以下几个方面。

打:动辄无端拳脚相加,其至使出闷棍,是流氓的家常便饭。如杭

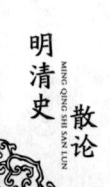

---

① 谢肇淛:《五杂俎》卷3。
② 李乐:《见闻杂记》卷10。
③ 谢肇淛:《五杂俎》卷5。
④ 郑钦:《伯仲谏台疏草》卷下。
⑤ 陈善等修:《杭州府志》卷19"风俗"条。
⑥ 范濂:《云间据目抄》卷2。
⑦ 范守己:《曲洧新闻》卷3。
⑧ 佚名:《民抄董宦事实》。
⑨ 沈蔡:《紫堤村志》。

州的流氓，一遇到人命案件，就视为奇货，或冒充死者亲属，或强作伪证，横索事主酒食财物，"稍不厌足，公行殴辱，善良被其破家者，俱可指数"①。又如明末苏州有个叫陆孙九的人，其妻有文化，字也写得很好，有次偶尔写了一张招租房子的租票，贴在墙上，想不到被几个流氓看见，立即撕下，满嘴下流话。陆孙九愤而找这伙人算账，竟被这些流氓"登门毁器，排闼肆殴。其妻愤甚，遂自缢死"②。至于前述"打行"，更是赤裸裸地突出一个"打"字的流氓组织。

抢：在明代的江南，有"假人命，真抢掳"之谣。这是因为，一些流氓"平时见有尫羸老病之人"，藏之密室，然后找巨家富室，为了寻衅挑起争端，将藏于密室者杀死，却反诬是富家所为，打着索要人命、讨还血债的幌子，纠集其党"乌合游手无籍数百人，先至其家，打抢一空，然后鸣之公庭，善良受毒，已非一朝矣"③。嘉靖中叶，北京城中的流氓，甚至趁俺答入寇、京师危急之际，妄图大肆抢劫。史载："时京城诸恶少凶徒，往往群聚，言内外文武大臣家积金银数百万，虏即近城，我等放火抢诸大臣家。"④

讹：讹诈、耍无赖也。这是小股的、单个活动的流氓经常采用的伎俩。明人小说《西湖二集》卷20《巧妓佐夫成名》，描写南宋故事，实际上反映的是明朝的现实，其中述及杭州的流氓："还有那飞天光棍，装成圈套，坑陷人命，无恶不作，积攒金银。""飞天光棍"这四个字，便使人不难想见他们所干的勾当。再举一个十分典型的例子：有个流氓年终时，无钱过年，其妻急得团团转，问他怎么办，流氓说，我自有办法。刚好看到一位篦头师傅从门前过，便喊他进门理发，硬要这位师傅剃去眉毛，师傅照办，才剃去一边，流氓便大吵大

---
① 陈善等修：《杭州府志》卷19"风俗"条。
② 叶绍袁：《启祯记闻录》卷1。
③ 许自昌：《樗斋漫录》卷12。
④ 郑晓：《今言》卷4。

嚷："从来箆头有损人眉毛者乎？"这位师傅害怕见官，只好"以三百钱赔情"，流氓便用这笔钱筹办年货。其妻见他眉毛去一留一，觉得不顺眼，说："我看你不如把眉毛都剃了，还好看些。"流氓置之一笑，说："你没算计了，这一边眉毛，留过元宵节！"①更有甚者，有的流氓与其妻串通做成圈套，勾引别人上当，大肆讹诈，名曰"扎火囤"，又名"仙人跳"。

骗：招摇撞骗、拐卖人口，是流氓的惯用手法。晚明有个流氓，自吹是包拯的后代，活了一百几十岁，"曾见阎王，放还"，谈话时，开口闭口说"我吃了王守仁狗骨头的亏，可憾，可憾"②，完全是活见鬼。还有人跑到一位名陈嗣初的太史家，自称是宋朝诗人林和靖的十世孙，这位太史请他读林和靖的传记，读至"终身不娶，无子"，此人顿时语塞。太史大笑，口占一绝以赠云："和靖先生不娶妻，如何后代有孙儿。想君别是闲花草，未必孤山梅树枝。"③这真是绝妙的讽刺。据明朝人豫章醉月子选辑的《雅俗同观》记述：有卖驱蚊符者，一人买归贴之，而蚊毫不减，往咎卖者，卖者云："定是贴不得法。"问贴于何处，曰："须贴帐子里。"这真是个辛辣的笑话。而卖驱蚊符，这不过是小骗术而已。明末松江有位姓张的乡绅，平素好侠，有个流氓便投其所好，某日找上门去，腰间佩剑，一副侠客模样，手里提着"一囊，血淋淋下滴"，煞有介事地对这位姓张的说："你的大仇我已经报了，囊中就是他的头。"张某欣喜若狂，当场借给他十万缗。可是，此人走后，张某解囊一看，囊中不过是一个猪头而已，此人也就再无踪影。无怪乎时人沈凤峰闻而叹曰："自《易水》之歌止，而海内无侠士千年矣，即有亦鸡鸣狗盗之徒！"④应当看到，这种披着侠的外衣的骗子，是很容易迷惑人的。前述

---

① 江进之：《雪涛小书》。
② 李乐：《见闻杂记》卷10。
③ 焦竑：《玉堂丛话》卷8。
④ 吴履云：《五茸志逸》卷7。

的淮阳丐帮，骗拐幼女，罪恶累累。这伙人"善骗术，果饼内置药，幼儿女食之，哑不能言，即抱入舟，浮舟他去，人不得其踪迹。幼女长大，美者淫之，卖弃得高价。其丑者或瞎其目，或断其手脚指，教以求丐话行乞焉。乞所得不如数，痛责甚惨"①。如此丧尽天良的行径，令人发指。

更需指出的是，流氓染指经济领域，以及流氓意识对商品流通的侵蚀，导致种种欺骗、坑害顾客的行径迭相发生。如：用假银。正德时余姚人孙乙，"以假银去宁波买牛一头"，牛主拿了银子去纳官钱，被官府追究伪造银两之罪，"悔恨无及，因自缢死"。②又如：卖假药。明代杰出的讽刺作家陈铎，在《折桂令·生药铺》中写道："助医人门面开张，杂类铺排，上品收藏。高价空青，值钱片脑，罕见牛黄。等盘上不依斤两，纸包中那管炎凉。病至危亡，加倍还偿。以假充真，有药无方。"③还有人曾作讽刺膏药诗谓："还有一等好膏药，名唤金丝万应膏，其实有功劳：好处贴肿了，肿处贴不消，三日不揭起，烂做一团糟。"④金玉其外，败絮其中，漫天要价，不着边际，也是典型的欺诈行为。在苏州，早在嘉靖时期，方志即记载："市井多机巧……始与交易，必先出其最廉者，久扣之，然后得其真，最下者视最上者为价相什百，而外饰殊不可辨。"⑤再如：卖假酒、掺水。明末江西竟有人声称挖出很多陶渊明当年埋下的酒，"香美不可言"。⑥有的奸商，则往酒中掺水。明末有人曾作《行香子》一首，辛辣地嘲笑松江出的这种淡酒："这一壶约重三斤。君还不信，把秤来秤，倒有一

---

① 李乐：《见闻杂记》卷10。
② 田艺蘅：《留青日札》卷9。
③ 路工：《访书见闻录》，上海古籍出版社1985年版，第321页。
④ 石成金：《传家宝》三集卷8。
⑤ （嘉靖）《姑苏志》卷13。
⑥ 李日华：《紫桃轩杂缀》卷3。

斤泥，一斤水，一斤瓶。"①光禄寺在招待外宾时，也公然"酒多掺水，而淡薄无味……非惟结怨于外邦，其实有玷于中国"②。在南方的名城杭州，"其俗喜作伪，以邀利目前，不顾身后"。早在宋代便风行种种捣鬼术，"如酒搀灰，鸡塞沙，鹅羊吹气，鱼肉贯水，织作刷油粉"，在明代，更是歪风愈炽，专以欺骗顾客为能事，以致当时民谚有谓："杭州风，一把葱，花簇簇，里头空！"③

还应当指出，流氓意识渗透到文化领域的恶果，使一些人醉心于弄虚作假，只知道在钱眼里翻跟斗。伪造文物、古董，十分突出。时人记载："近日山东、陕西、河南、金陵等处伪造鼎彝、壶觚、尊瓶之类，式皆古法，分寸不遗，而花纹款式悉从古器上翻模，亦不甚差。"④明末的江南著名文人李日华更指出："自士大夫搜古以供嗜好，纨袴子弟翕然成风，不吝金帛悬购，而猾贾市丁，任意穿凿，凿空凌虚，几于说梦。昔人所谓李斯狗枷、相如犊鼻，直可笑也。"⑤明中叶后，江南地区竟出现了专门伪造历史、胡编家谱的"作家"。有个叫袁铉的人，"绩学多藏书"，但却是个穷光蛋。为了发财，他在苏州专门给人编族谱，"研究汉唐宋元以来显者，为其所自出。凡富者家有一谱，其先莫不由侯王将相而来，历代封谥诰敕、名人序文具在。初见之甚信，徐考之，乃多铉赝作者"⑥。这样捏造历史，实在是强奸历史，在史料里埋下无数钉子。明末，江南还出现了以招摇撞骗为啖饭之道的"神童"。当时，专门有人教儿童写大字，背几首诗，其他皆茫然不知，然后到处打着神童的旗号，所谓写字作诗，出入官府，官儿们夸上几句，就成了逢人便炫耀的资本，身价也就高了起来，以至"累月而至

---

① 吴履云：《五茸志逸》卷1。
② 陈子龙辑：《明经世文编》卷62。
③ 田汝成：《西湖游览志余》卷25。
④ 《大雅堂订正博识》卷6。
⑤ 李日华：《味水轩日记》卷5。
⑥ 刘昌：《悬笥琐探·赝谱》。

千金"。无怪乎明末思想家黄宗羲把这些神童列为晚明社会病态的七怪之一，痛斥上述教育法是"以教胡孙禽虫之法，教其童子，使之作伪，将奚事而不伪"①。

三

上述流氓的横行，流氓意识的侵蚀，对社会的危害，是不容低估的。但是，对明朝社会危害更严重的，是明朝政治的流氓化。

清代著名史学家赵翼曾谓："盖明祖一人，圣贤、豪杰、盗贼之性，实兼而有之者也。"②其实，从更准确的意义上说，朱元璋是圣贤、豪杰、流氓之性兼而有之。朱元璋早在坐上大明帝国第一把交椅之前，就以曾拿儒生的帽子撒尿，登上大宝后即屠戮"功狗"，以颇有些流氓气的汉高祖刘邦为效法的楷模。③但仅就流氓气而论，朱元璋比起刘邦来，实在是更胜一筹。

不讲信义，翻脸不认账，心狠手辣，是所有流氓——特别是政治流氓的本性。屠杀、迫害当年打江山时与自己生死与共、赴汤蹈火的功臣宿将，是这种流氓本性的大暴露。刘邦杀功臣，主要杀了韩信、彭越，而朱元璋则先后制造胡惟庸、蓝玉大狱，胡狱族诛至3万余人，蓝狱诛至15000余人，功臣几乎一网打尽。这种史无前例的滥杀屠戮的行径，正如赵翼所指出的那样，"明祖，藉诸功臣以取天下，及天下既定，即尽举取天下之人而尽杀之，其残忍实千古所未有。盖雄猜好杀本其天性"④。当年以曾向朱元璋建议"高筑墙，广积粮，缓称王"而名重一时的老谋士朱升，早在朱元璋称帝后的次年三月，"即老归

---

① 黄宗羲：《南雷文集》卷10。
② 赵翼：《廿二史劄记》卷36。
③ 赵翼：《廿二史劄记》卷32"明祖行事多仿汉高"条。
④ 赵翼：《廿二史劄记》卷32"胡蓝之狱"条。

山"，要求重返林泉时，左丞相、韩国公李善长特地致书挽留，说什么"先生文学德誉，圣君所知，实儒流之老成，国家之重望……岂宜高蹈丘园，独善而已哉"①，而这位力劝朱升不要退隐的李老元勋，自己的下场又如何呢？洪武二十三年（1390），朱元璋将李善长扯到胡惟庸案中，假托星变，需杀大臣应灾，杀了他（当时已是77岁的老人！）和妻女弟侄家口70余人。事后，著名才子解缙上书为李善长辩诬②，驳得朱元璋无话可说，但被冤杀的李善长一家，早已是"血污游魂归不得"了！

给知识分子挂黑牌，更是朱元璋的一大发明。事情的原委是：元顺帝有一头大象，宴群臣时，能拜舞，堪称善解人意。元亡后，朱元璋将此象运到南京，"设宴使象舞，象伏不起，杀之"。看起来，似乎是大象甘愿给元朝殉葬，斯亦奇矣。朱元璋想起元朝旧臣、投降明朝后任翰林侍讲学士的老知识分子危素，遂下令"作二木牌，一书'危不如象'，一书'素不如象'，挂于危素左右肩"③。这种污辱人格、令斯文扫地的丑恶行为，难道不是十足的流氓行径吗？

上行下效，朱元璋的某些子孙——也就是藩王，也是一副流氓、无赖的嘴脸。早在洪武初年，封在山西不久的晋王朱㭎，即威逼民间子女入宫，不中意者打死，烧成灰，送出宫外。对宫女滥施酷刑，有的被割掉舌头，有的被五花大绑，埋于雪中，活活冻死。将七至十岁的幼男阉割150多名，伤痕尚未痊愈，就令人运到府内，致使多名幼童死亡。崇祯末年，南昌宁藩的恶少，更"辄结凶党数十人，各为群，白昼捉人子弟于市，或剥取人衣，或相牵讦讼破人产，行人不敢过其门巷，百姓相命曰'鏖神'"。显然，这些人已完全堕落成有组织、有计划为非作歹的流氓团伙。

---

① 朱升：《朱枫林集》卷10《韩国李公书》。
② 解缙：《解学士全集》卷首《年谱》。
③ 黄溥：《闲中今古录摘抄》。

明代政治流氓化的另一个重要表现，是动辄在堂堂金銮殿里以棍子殴打大臣，这就是所谓"廷杖"。诚然，廷杖前朝也曾出现，但明朝却把这种污辱大臣人格的酷刑发展到登峰造极的地步，从朱元璋到朱由检，被打得屁股血肉横飞（有的人当场毙命）的大臣们的凄厉呼号声不绝于耳。从正德时起，更规定大臣被廷杖时必须脱去衣服，有些大臣因此调治几个月还起不了床，有的落下终身残疾。就此而论，明朝可谓以廷杖始，也以廷杖终。

明代政治流氓化，导致了严重后果，其中最值得注意的即为流氓政治化。如臭名昭著的宦官魏忠贤，年轻时本来就是肃宁县吃喝嫖赌样样来、成天与一帮无赖鬼混的流氓，后来赌输了大钱，还不起，走投无路，才自行阉割，进宫当了太监。但正是这样的流氓无赖，在天启年间掌握了国家大权，专权乱政，称九千九百岁，激化了各种社会矛盾，加速了明王朝的崩溃。

1989 年 3 月 18 日于京西
（《社会学研究》1991 年第 3 期）

明代宦官与故宫（1990）

一、宦官在故宫生活一瞥

清初史学家赵翼说过："东汉及唐、明三代，宦官之祸最烈。"[①]以明代而论，早在明初，宦官即在朱元璋的恣惠下，开始染指政务，至中叶后，形成宦官专权的局面，并愈演愈烈。所谓宦官专权，不过是在特定历史时期内，皇权的一种转换形式。因此，明朝包括王振、刘瑾、魏忠贤在内的权势倾国、虐焰熏天的大宦官，他们没有也不可能在皇权的核心所在紫禁城外，另立权力中心。就此而论，故宫是宦官拉龙旗作虎皮，专权乱国，危害天下的主要场所，对此，已经几乎是尽人皆知，笔者不拟再论。这里，本文拟对明朝宦官在故宫的生活状况，做鸟瞰式的一瞥。

万历时期，有人弹劾宦官干没上元节的烟火，朱翊钧竟说："此我家奴作奸，秀才何与焉？"[②]这就赤裸裸地告诉我们，皇帝与宦官的关系，是主子与奴才的关系。奴才伺候主子的尽心尽力，甚至是胆战心惊，如履薄冰，有时是常人难以想象的。即以宦官给皇帝梳头、篦头而论，当时"名整容"（按：与今日"整容"的概念有别），有20名宦官专司其职，先一天还要再三演习，"礼极严肃"。当时曾发生这样

[①] 赵翼：《廿二史劄记》卷5"东汉宦官"条。
[②] （光绪）《青浦县志》卷18《人物二》。

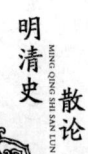

一件事：常州有个叫赵玉坡的人，某日带着家童赵卓在北京大街上行走，赵卓年少貌美，忽然被几个宦官看见，当场带走，赵玉坡不知道他们要干什么，也不敢问，急回旅店，惶惶不可终日。但到了晚上，赵卓竟平安无事地回来了，说他被宦官带到一座房子内，"使坐椅，披发梳篦，众人环侍，进退周旋，如奉至尊。事毕，以发绾一方髻，乃知以此人演习者也"。想不到赵卓竟当了一次负责"整容"宦官假想中的皇帝。无怪乎记载这幕小小的滑稽剧的樗道人说："此等受享，亦不知从前劫来否？可发一笑。"① 当然，宦官伺候主子，又岂仅仅是梳头而已。从管理宦官的二十四衙门——十二监、四司、八局的情况看来，其中的大部分，如御用监、御马监、尚膳监、尚衣监、钟鼓司、混堂司、巾帽局、酒醋面局等，都表明了宦官伺候着主子的吃喝玩乐、衣浴住行。这一些，也比较为人们所熟知，此处不枝蔓。

当然，宦官毕竟是人间天上的紫禁城内特种奴才，多数人过着锦衣玉食的生活。今天，只要翻一翻刘若愚的《酌中志》，或此书的节本《明宫史》，便大体上可以清楚地看出，一年四时八节，宦官饱享口福，一些掌权的大宦官，在宫外还建有豪华的宅第、园林，如魏忠贤的公馆就建造在今正义路以西席市街，与他的情妇客氏居第比邻。一些宦官利用各种手段拼命聚敛财富，过着穷奢极欲的生活。晚明时有个宦官请客吃饭，饭不过半碗，但香滑有膏，异于他米。客问此米产自何处，宦官答曰："蜀中以岁例进者。其米生于鹧鸪尾，每尾只二粒，取出放去，来岁仍可取也。"② 真是无奇不有，匪夷所思。而一般宦官只能住在宫内普通的房子里，与宫女结成"对食"，自己开伙，形同夫妻，其实，这完全是由于宫中深似海，聊解寂寞，"可怜无补费精神"也。宦官经阉割后，生理早已变化，从史料记载与小说描绘

---

① 许自昌：《樗斋漫录》卷12。
② 郑仲夔：《偶记》卷1。

来看，宦官是性变态者，甚至是性虐待狂。①对于最下层的宦官来说，他们在宫中的生活则比较清苦。万历时有个宦官临死时，身旁除了一只铜盆外，别无他物。

明代宦官人数众多，其中有些人，有很高的文化素养。明初，朱元璋曾禁止宦官识字，以防止宦官干政，但曾几何时，这道禁令便无形作废。宣德元年（1426），更设立内书堂，"教习内官监"，"自此内官始通文墨"。②值得注意的是，内书堂的教规相当严格，"凡背书不过，写字不堪，或损污书仿……轻则学长用界方打，重则于圣人前罚跪，再重……向圣人前直立弯腰，以两手扳着两脚，不许体屈，屈则界方乱打如雨。"③这里的"圣人前罚跪"、"向圣人前直立弯腰"颇不近情理，简直开启"文化大革命"时弯腰请罪歪风的先河。不过，明代宦官中倒也出现了几位书法家、古琴家、诗人。如嘉靖、万历时期的著名宦官、张居正改革的支持者冯保，"善琴能书"④，造了不少琴，"世人咸宝爱之"。嘉靖时司礼监太监戴义，"最精于琴，而楷书笔法与沈度相埒"⑤。江南一著名女琴家，闻其大名，至京拜访，听了戴义一曲琴音后，叹为奇绝，竟当场击碎所携名琴，永不再弹。⑥弘治时内官监左丞龚辈的《赠顾潘》诗谓："与君少小定交游，今日相逢两鬓秋。天上风云真似梦，人间岁月竟如流。可怜王粲依刘表，不遇常何荐马周。安得忘机共渔父，白蘋洲上数沙鸥。"诗风恬淡，相当入流。嘉靖时御马监右监丞王翱曾作《咏笼雀》："曾入皇家大网罗，樊笼久困奈愁何。徒于禁苑随花柳，无复郊原伴黍禾。秋暮每惊归梦远，春深空送好音

---

① 参见田艺蘅：《留青日札》卷21；《金瓶梅词话》第2册，第827页。
② 夏燮：《明通鉴》卷19。
③ 刘若愚：《酌中志》卷16《内府衙门职掌》。
④ 《明史》卷305《冯保传》。
⑤ 刘若愚：《酌中志》卷22《见闻琐事杂记》。
⑥ 抱阳生：《甲申朝事小纪》初编卷10《禁御秘闻·戴竹楼琴》。

多。圣恩未遂衔环保，羽翮年来渐折磨。"[1]此诗对故宫这个皇家牢笼的冷酷、悲凉，做了深刻的揭露。不言而喻，宦官中文化人的出现，无疑进一步丰富了故宫内的文化生活。

二、宦官对故宫建设的功绩

按常规说，营造修缮，是工部的职责所在。但在明代，特别是在宦官专权的明中叶后，建筑大权却落在宦官手中。宦官二十四衙门之一的内官监，其主要职能，就是掌管营造宫室、陵墓。在施工过程中，提调内使监官，起着监督作用。对此，居然形成律例。如"宫殿造作罢不出"条谓："凡在宫殿内造作，所司具工匠姓名，报门官及守卫官就于所入门首逐一点视，放入工作。至申时分，仍须相视形貌，照数点出，其不出者绞。监工及提调内使监官、门官守卫官军点视，如名数短少，就便搜捉，随即奏闻。"[2]又如万历二十四年（1596），建乾清、坤宁两宫，"收受钱粮之际，监督官与内官监提督，将钱粮逐项验收，巡视科道监察之"[3]。实际上，由于内官监提督有特殊的政治背景，监督官、巡视科道都是望而生畏的。宦官参与整个工程的全过程，决策、估价、预算、监工、验收等。尚需指出的是，宦官还直接掌管"供宫中营建之材料"的"十作"，计有木作、石作、瓦作、土作、漆作等，这对故宫的营建、维修，是起了重要作用的。

封建社会的文化，占主导地位的，是地主阶级的文化。今天，当我们回眸审视包括故宫在内的灿烂的文化遗存时，其主要功绩，固然应当归功于劳动人民，但是，没有地主阶级当权者的组织、推动，显然也是不行的。宦官是这些当权者中的重要成员，应当说，在建设故

---

[1] 刘若愚：《酌中志》卷22《见闻琐事杂记》。
[2] 申时行等修：《明会典》卷166。
[3] 贺凤山：《冬官纪事》，见陈继儒辑：《宝颜堂秘笈》普集第七，第5页。

宫的漫长岁月里，显然也有他们的几分辛劳，一分功绩。这一点，甚至包括魏忠贤在内。以天启时的营造三殿两宫来说，实在是个巨大的系统工程。万历时人沈德符在述及三殿被焚时，曾忧心忡忡地写道："今按宫殿被灾，惟世宗丁巳，与今上丙申、丁酉，尤为酷烈……今禁廷一望，俱为瓦砾之场，殊非全盛景象……今一切大礼俱改行于文华殿，逼窄浅隘，大损观瞻。忆嘉靖丁巳之灾，至壬戌年已落成，相去仅五六年。今矿税流毒，遍满区宇，动以三殿两宫大工为词，且云停止有日，正不知告竣何日也。"①宫殿建成，内部的装潢、摆设，也是煞费周章。如乾清、坤宁两宫建成，需石陈设，特地从云南用48块奇石制造，每块均有佳名：春云出谷、泰山乔岳、神龙云雨、天地交泰、玉韫山光等②，令人叹为观止。重建三殿工程，始于天启五年（1625）二月，至七年（1627）八月初二日完工，耗银5957519两余。③这项工程的最高指挥官，正是魏忠贤。工科左给事中某疏云："盖仅仅两载余，而神工悉已告竣……至是而知厂臣之殚虚劳心，提纲挈领。"礼科给事中某疏中则说得更直白："近日三殿告成……皆赖厂臣悉心拮据，毕力劻勷……今皇上在静摄之中，紧要重大事务，命阁臣与厂臣计议商榷。"④虽有谀辞，但并非空穴来风。连身在狱中，急于与魏忠贤划清界限的刘若愚，也不得不写道："三殿落成于天启之年……抑逆贤之干济才智，刻意督催之，迹或借此以难泯耶？"⑤透过这种装糊涂的背后，还是可以看到魏忠贤的"督催"作用。诚然，魏忠贤因三殿成而进上公，加恩三等，有把一切功劳归于自己之讥。但是，不能因此而将魏忠贤在营建三大殿时的历史作用全部否定。魏忠贤疏浚内河，更是功不可没。有诗赞曰："内河环绕禁城边，疏凿清澜胜昔年。好似南风

---

① 沈德符：《万历野获编》补遗卷4。
② 陈懋仁：《泉南杂志》卷上。
③ 孙承泽：《天府广记》卷5。
④ 朱长祚：《玉镜新谭》卷3。
⑤ 刘若愚：《酌中志》卷14《客魏始末纪略》。

吹薄暮，藕花香拂白鸥眠。"这是指："紫禁城内河壅淤不通，魏忠贤复令疏浚之。春夏之交，景物尤胜，禽鱼菱藕，俨若江南。"[1]其实，内河疏浚的结果，对故宫的安全更有重要作用。对此，刘若愚曾清楚地指出："是河也，非为鱼泳在藻，以资游赏，亦非故为曲折，以耗物料，恐意外回禄之变，此水实可赖。天启四年（1623）六科廊灾，六年（1625）武英殿西油漆作灾，皆得此水之力……又如天启年一号殿哕鸾宫被灾者二次，如只靠井中汲水，能救几何耶？疏通此河脉诚急务也！"[2]魏忠贤是个反面人物，在总体评价上，是必须否定的。但这并不妨碍对他在局部上——如他对故宫建设所起的积极作用，做出实事求是的正面评价。

明朝某些精通建筑学、数学的宦官，在营造故宫时的呕心沥血，更是值得后人追念的。

明初宦官阮安，一名阿留，安南人，永乐中被选阉割进宫。他精于算学、建筑，为政清廉。他奉命营建北京的城池宫殿及百司府廨，"目量意营，悉中规制，工部奉行而已"[3]。正统时，重建三殿，治理杨村河，他都立下了汗马功劳。还令人感佩的是，景泰中，他去山东治理张秋河，死于途中，"私囊无十金之蓄"，而"先后赐予极富，悉输工作"。[4]据王世贞《弇山堂别集·中官考一》记载，仅正统六年（1441），三殿工完，阮安和另一个宦官僧保，即一次被赐予黄金50两，白金100两，彩缎8匹，钞1万贯。阮安虽腰缠万贯，却把钱捐给工程，这是多么难能可贵！对比之下，那些贪婪成性的宦官，"三年清知府，十万雪花银"的所谓"父母官"，真该愧死矣！明初来自安南的宦官人数众多，其中类似阮安精通数学或建筑者，非止一人，堪称

---

[1] 秦兰征：《明宫词》。
[2] 刘若愚：《酌中志》卷17《大内规制纪略》。
[3] 《明史》卷304《阮安传》。
[4] 查继佐：《罪惟录》卷29。

人才济济。如梁端，系安南谅江府平河县人，永乐四年（1406），被明军掳归，洪熙元年（1425）选入内书馆读书，"精于书算，谙练庶务"，在正统时营建奉天等殿的重大工程中，总掌书算，合用白钱粮、物料，并给赏文武官员及官军匠作银两钞锭彩缎等物，明白奏准。用过之物，一一分理回奏。① 又如陈谨，原是安南陈氏宗室，永乐五年（1407）入宫，"才识超卓"，得到永乐皇帝的赏识，"令督营缮，公善于其职，宽恤工役，人多德之"。正统以后，在内监专掌营缮，"凡宫宇陵寝城池之修建，尽心区画，制作有法"②。凡此种种，都是值得称道的。

宦官对故宫的绿化、环境卫生，也做出了不小的贡献。明末北京风行奇花异草，相传出自两广，从药材中混至。宦官移植宫内，有红水仙、番兰、番柿等，有诗曰："异卉传来自粤中，内官宣索种离宫。春风香艳知多少，一树番兰分外红。"③ 附带说明，魏忠贤也是酷爱花卉者，他的鬓角上，经常插着鲜花。明代北京街上无厕，几乎是满街狼藉，臭气逼人。时人谢肇淛曾载谓："今大江以北……不复作厕……京师则停沟中……其秽气不可近，人暴触之辄病。"④ 明末作家王思任，曾写《坑厕赋》，描写京中无厕之苦："愁京邸街巷作溷，每昧爽而揽衣，不难随地宴享，极苦无处起居。光访优穆，或内逼而不可待。裨谌谋野，又路远莫致之……"⑤ 对比之下，宫中整洁无比，这不能不归功于那些胼手胝足的最下层宦官小火者、净军者流，每日推着净车，打扫坑厕，清洗马桶。宫中净车，五年修造一次，不少于195辆，嘉靖初年用银约2750两。⑥ 由此不难看出，宦官清洁队的人数是很多的，而他们每日之洒扫庭除，则更不待言。

---

① 钱溥撰：《明故南京司礼监左监丞梁公寿藏铭》。（文物）
② 李永通撰：《明故内官监太监陈公墓志铭》。（文物）
③ 秦兰征：《明宫词》。
④ 谢肇淛：《五杂俎》卷3。
⑤ 王思任：《文饭小品》卷1。
⑥ 刘麟：《清惠集》卷6。

三、宦官在故宫建设中的破坏作用

宦官中的多数，性甚贪鄙，在故宫的建筑、维修等过程中，往往巧立名目，从中渔利。嘉靖二年（1523）八月，修乾清宫北一府，内官监太监陈林主持其事，竟上报说现役军匠有2300多人，要求每月给米盐。这显然是虚报人头数，旨在贪污。户部研究后认为府第损坏不多，增造穿堂仪门，何需2300余人？后经嘉靖皇帝下令："立限完报，不许妄费财力。"① 万历三十五年（1607），工科右给事中王元翰在题为《稽积弊以裨实用》的奏疏中尖锐地指出：每一兴作，库藏发百万，朝廷只得十余万金之用。原因何在？正是在于奏请金额的是宦官，而施工时又实权在握，工部难于插手。故虚耗了的钱财，均落入宦官腰包。王元翰还揭露感恩殿等工程花费了十万余金，而实用不过二三万金，"不惟掩少为多，将恶抵美，即一木一缕具足具精，才过眼即化为乌有矣"。② 万历时乾清宫的一扇窗棂，稍损欲修，"估价至五千金，而内珰犹未满志也"。无怪乎时人沈德符说："天家营建，比民间加数百倍。"③ 万历时建乾清、坤宁两宫，工部主其事者是缮司郎中薛凤山。他与某些宦官斗智斗勇，竣工时仅花70万金，省下90万金，比建三大殿省下金钱无算。奥妙在何处？时人丘兆麟可谓一语道破："夫此九十万，何以省也？是力争之中珰垂涎之余，同事染指之际者也。"并形容他是"割中珰之膻"。④ 可悲的是，对"于金穴中守介节"的薛凤山，最后仍在宦官、权要的倾轧下，被颠倒黑白，扣上"靡费贪婪"的大帽子，被罢了官。需要指出的是，修建故宫时，某些宦官

---

① 王世贞：《弇山堂别集》卷98《中官考九》。
② 王元翰：《凝翠集·稽积弊以裨实用疏》。
③ 沈德符：《万历野获编》卷19。
④ 贺凤山：《冬官纪事·叙》，见《宝颜堂秘笈》普集第七。

的贪赃枉法，致使开支无穷，加重了人民的负担，固然其心可诛，而偷工减料，以次充好，更给一些故宫内的建筑带来不安全的因素，同样是荒唐至极的。

明代宫殿火灾次数之多，焚毁的损失之大，在中国历史上是罕见的。其中的一个原因，是宦官的玩忽职守所致。有些灾变，事先往往有先兆，如万历二十五年（1597）六月十九日，三殿门楼灾，延及西省，累朝典章，焚毁过半。而在此前的十余日，"群鼠昼出，纵横满堂，层累如积，略不畏人，可以探而得之……火之先兆乃尔"①，但显然并未引起宦官的警觉。更有甚者，天启四年（1624）宫殿火灾，"诸内官适以是日开宴，醉饱酣卧，御前防卫仅三人"②，这就不可能及时去扑灭火灾了。更有甚者，有的宦官竟堕落成纵火犯。如弘治二年（1489）礼科都给事中韩重等，以灾异言四事，其中的一条，便是揭露"内官范麒麟，既盗库物，又纵火烧库"③。这并非是个别的例子。史载："内府盗窃，乃其（指宦官）本等长技"，及至偷的太多，唯恐事发问罪，就干脆放火灭迹。如嘉靖四十五年（1566），供用库大管库暨盛及其同伙卢添保，谎报失火焚去香料188000余斤，后来被司礼监少监何进揭发，由给事中张岳等奉命严查，终于搞清楚所焚并非香料，而是暨盛与商人李钦等内外勾结，盗卖了香料后放火灭迹。④故宫历次火灾与宦官纵火犯的关系，值得深入研究。

此外，某些宦官怂恿皇帝在宫内搞违章建筑，破坏了紫禁城严谨的格局，这也是很荒谬的。最严重的当推正德时期。史载："左右近幸献谄希恩，内起新宅、佛寺、神庙、总督府、神武营、香房、酒店"，

---

① 孙能传辑：《剡溪漫笔》卷3。
② 秦兰征：《明宫词》。
③ 谭希思：《明大政纂要》卷35。
④ 参见王春瑜、杜婉言：《明朝宦官》，紫禁城出版社1989年版，第54页。

简直是乱七八糟，直到嘉靖改元，才"拆毁改正"。[①]但是，嘉靖皇帝后来又重蹈覆辙，在宫内宫外盖了不少离宫。以西苑而论，隆庆改元后，下令将这些违章建筑统统拆毁，"空地柱础台阶皆为瓦砾"[②]。真是"兴，百姓苦，亡，百姓苦"。

1990年10月11日于京西八角村

（原载《紫禁城营缮纪》，

紫禁城出版社1992年版）

[①] 郑晓:《今言》卷2。
[②] 于慎行:《谷山笔麈》卷2。

明代商业文化初探（1992）

一、明代商业文化概观

明王朝建立后，经过休养生息，社会经济在元末战争的废墟上得以复苏。大体说来，南方在成化以后，北方在弘治、正德以后，农业、手工业便日趋繁荣，嘉靖、万历时期，则达到封建经济的顶点。水涨船高。生产力的发展，导致商品流通的活跃，从而使商业文化日益多姿，异彩纷呈。

明朝人的商品意识，比起前人，有明显的提高。从商业活动的参与意识看来，明朝——特别是明中叶后，上至皇帝（主要是正德皇帝）、宦官、大臣，下到军队、百姓，都积极经商。关于皇帝、宦官经商，史学界多有论列[①]，兹不赘述。以军队经商而论，管军勋贵和卫所武官占夺屯地致富后，或"私起店房，邀截商货"，或贩卖私茶，也有兼营手工制造业，及开矿冶银[②]，甚至长途倒卖军粮。连堂堂天子脚下也不例外，军人公然卖掉粮筹。史载："京师军人将受粮于仓，先期给筹，辄卖之。南人利其价廉，每买得筹，以受粮于仓。"[③]文人的卖字、

[①] 参见韩大成：《明代社会经济初探》之"明代权贵经营的工商业"，人民出版社1986年版；黄冕堂：《明史管见》之"论明代商业资本的二重性"，齐鲁书社1985年版；王春瑜、杜婉言：《明朝宦官》第二章第二节"明朝宦官与经济"。
[②] 参见王毓铨：《明代的军屯》下编之"屯地的占夺"，中华书局1965年版。
[③] 王肯堂：《郁冈斋笔麈》卷2。

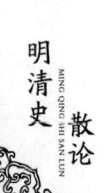

卖画、卖文，换取润笔资，自不待言。明末更兴起编卖选文之风。如上海浦东的王光承，博学能文，善书，为古文词精绝，"坊家争请选文，遂有《易经孚尹》、《墨卷乐胥》、《名家雪崖》、《考卷右梁》、《白门易社》诸书行世，贾人获利无算"。①有些地区，儿童也参加商业活动。如江南旧历十二月二十四日，是传统的祭灶日，"小儿持纸画灶神像，叫卖于市，言其去旧更新也"②。有人曾概述江南及北京的经商之风谓："吴中缙绅士夫，多以货殖为急，若京师官店六郭，开行债典，兴贩盐酤，其术倍克于齐民。"③在一定程度上说，这也是全国商品意识活跃的缩影。世风熏陶所及，人们的价值观念大为增强。时人曾慨乎言之："世人遇一物辄曰：有便宜否？里中沈生曰：汝家要便宜，却不顾这人失便宜。"④

明朝几乎与历代王朝一样，及至中叶，随着经济繁荣，封建特权加大，达官、富室的消费欲日趋膨胀，消费幅度惊人地增长，对于商品的追求，出现高、精、尖的趋向。江南园林的勃兴，不知耗费了多少钱财！⑤松江的朱文石不惜"用冬米百担买何柘湖峰石一座，名青锦屏，四面玲珑……移置文园，特建青锦亭玩之"⑥。区区纸扇，到了明朝人手中，"皆尚金扇"。⑦当然，这也是大体而言。时人载谓："今日本国所用乌木柄泥金面者颇精丽，亦本朝始通中华，此其贡物中之一也。"制扇名手"近年则有沈少楼、柳玉台，价遂至一金，而蒋苏台同

---

① 曾羽王：《乙酉笔记》，见上海市文物保管委员会编：《上海史料丛编》，中华书局上海编辑所1961年版。
② 殷聘尹：《外冈志》，见上海市文物保管委员会编：《上海史料丛编》，中华书局上海编辑所1961年版。
③ 黄省曾：《吴风录》，第3页，见《五朝小说大观》。
④ 丁元荐：《西山日记》卷下"日课"。
⑤ 参见王春瑜：《论明代江南园林》，《中国史研究》1987年第3期。
⑥ 李绍文：《云间杂识》卷2。
⑦ 阮葵生：《茶余客话》卷8。

时，尤称绝技，一柄至直三四金，冶儿争购，如大骨董"①。所用"便面"，也极考究。王燧的《海棠便面》诗谓："彩毫香染墨淋漓，写得东风玉一枝。不似洛阳花谱见，香红新雨湿胭脂。"②当然，这些比起富豪们所玩的古董，又可谓小焉矣哉。沈德潜述"时玩"谓："玩好之物，以古为贵，惟本朝则不然。永乐之剔红，宣德之铜，成化之窑，其价遂与古敌……诸大估曰千曰百，动辄倾橐相酬，真赝不可复辨。"③市场上对花卉的需求量越来越大。在北京，即使隆冬天气，花匠在地窖温室中，用特殊技术，培植出四时鲜花，投入市场。两广的奇花异草也传至北京，如蛱蝶菊、红水仙、番兰、番柿等，并被移植宫内。时人有诗谓："异卉传来自粤中，内官宣索种离宫。春风香艳知多少，一树番兰分外红。"④而花铺中供应的象生花，更是巧夺天工，给人们带来春意融融。陈铎的小曲《小桃红·花铺》，生动地刻画了此情此景："象生妙手本行家，妆点春无价。蜂蝶相看索惊讶，会缠扎。铺绒蘸蜡工夫大，海棠非假；蔷薇不亚，幻出四时花。"⑤精细器皿及微雕作品的风行，典型地反映了明朝上层人士商品消费中对精、尖的刻意追求。晚明名士袁中郎曾专论《时尚》谓："古今好尚不同，薄技小器，皆得著名……士大夫宝玩欣赏，与诗画并重……近日小技著名者尤多，然皆吴人。瓦瓶如龚春、时大彬，价至两三千钱，龚春尤称难得，黄质而腻，光华若玉。铜炉称胡四，苏松人有多铸者，皆不能及。扇画称何得之，锡器称赵良璧，一瓶可值千钱，敲之作金石声，一时好事家争购之，如恐不及。"⑥微雕作品更使人拍案称奇，叹为观止。如无锡某工匠用仅有龙眼大的象牙雕成葫芦状，"中藏杂器数十事，皆象齿

---

① 沈德符：《万历野获编》卷26《玩具·折扇》。
② 王燧：《青城山人集》卷8《海棠便面》。
③ 沈德符：《万历野获编》卷26《玩具·时玩》。
④ 秦兰征：《明宫词》。余怀：《东山谈苑》卷5："燕都……近日瓯闽滇粤之花悉至，园馆烂然"。
⑤ 路工编：《明代歌曲选》，第13页。
⑥ 袁宏道：《袁中郎先生全集》卷16《时尚》。

所造，微细不可数，用黑角小盘一枚，如当三钱大，然后倾葫芦中物不内，则黑白分明，盘上有字曰某年某月某人造……中有浮图一，长如粒米，亦有七级，每级就上斫一环，束之一水桶上，有连环作铁索状，每环圜转相交，如麻粒大。其他如剪刀、琵琶、烛台、镜奁、炉瓶之类，悉如麻粒，而规制俨然。人玩时鼻息稍粗，则触而飞起。"①又如天启时常熟的"奇巧人曰王叔远，能以径寸之木，为宫室器皿人物，以至鸟兽木石，罔不因势象形，各具情态"。他刻的描绘苏东坡游赤壁的核舟，因魏学洢的名篇《核舟记》而名播千古。②还有人用桃核制成桃坠，居然在上面刻了众多的人物、风景。计有：僧四，客一，童一，卒一。宫室器具凡九，城一，楼一，招提一，浮屠一，阁一，炉灶一，钟鼓各一。风景七处：山水林木滩石四，星月灯火三，而人事如传更、报晓、候门、夜归、隐几、煎茶，统为六。"各殊致殊意，且并其愁苦寒惧疑思诸态，俱一一肖之。"③另外，有人曾得到用山核桃制成的念珠一百零八枚，圆如小樱桃，刻罗汉三四尊，或五六尊，立者、坐者、课经者、荷杖者、定于龛中者，荫树趺坐而说法者。环坐指画论议者、袒跣曲拳和南者、面前趋而后侍者，合计之为数500。蒲团竹笠、茶奁荷策、瓶钵经卷毕具。又有云龙凤虎、狮象鸟兽、獍猊猿猱错杂其间。尤令人称奇的是，所刻罗汉虽仅如一粟，但梵相奇古，或衣文织绮绣，或衣袈裟，神情风致，各萧散于松柏岩石之间，真乃艺术品之最，据载，"吴中业此者，研思殚精，积八九年，及其成，仅能易半岁之粟，八口之家，不可以饱，故习兹艺者，亦渐少矣"④。可见雕成一器，是多么不易，而这些身怀鬼斧神工绝技的艺术家们，连温饱亦难求，这是购器赏玩者们体会不到的。

---

① 戴冠：《濯缨亭笔记》卷3。
② 张潮：《虞初新志》卷10《核舟记》。
③ 张潮：《虞初新志》卷16《核工记》。
④ 林慧如：《明代轶闻》卷3。

明朝富豪对食品的消费，同样鲜明地反映出他们对商品高、精、尖的追求。谢肇淛曾慨乎言之："龙肝凤髓，豹胎麟脯，世不可得，徒寓言耳。猩唇獾炙，象约驼峰，虽间有之，非常膳之品也。今之富家巨室，穷山之珍，竭水之错，南方之蛎房，北方之熊掌，东海之鳆炙，西域之马奶，真昔人所谓富有四海者，一筵之费，竭中产之家不能办也。"① 宰杀牲畜的手段，惨酷至极，以取异味："鹅鸭之属，皆以铁笼罩之，炙之以火，饮以椒浆，毛尽脱落未死，而肉已熟矣。驴羊之类，皆活割取其肉，有肉尽而未死者，冤楚之状，令人不忍见闻。"② 明末张岱曾夫子自道"喜啖方物"，千方百计从四面八方购求，"远则岁致之，近则月致之，日致之。耽耽逐逐，日为口腹谋"。其中，北京则苹婆果、黄蜡、马牙松，山东则羊肚菜、秋白梨、文官果、甜子，福建则福橘、福橘饼、牛皮糖、红乳腐，江西则青根、丰城脯，山西则天花菜，苏州则带骨鲍螺、山楂丁、山楂糕、松子糖、白园、橄榄脯，嘉兴则马交鱼脯、陶庄黄雀，南京则套樱桃、桃门枣、地栗团、窝笋团、山楂糖，杭州则西瓜、鸡豆子、花下藕、韭芽、玄笋、塘栖蜜橘，萧山则杨梅、莼菜、鸠鸟、青鲫、方柿，诸暨则香狸、樱桃、虎栗，嵊则蕨粉、细榧、龙游糖，临河则枕头瓜，台州则瓦楞蚶、江瑶柱，浦江则火肉，东阳则南枣，山阴则破塘笋、谢橘、独山菱、河蟹、三江屯蛏、白蛤、江鱼、鲥鱼、裹河鲻。③ 大名鼎鼎的张居正，不仅上等佳肴"过百品"，"犹以为无下箸处"④，更大吃海狗肾，"终以发热"，"竟以此病亡"。⑤ 据说，他平时就好丹药，"死时肤体燥裂，如炙鱼然"⑥。

---

① 谢肇淛：《五杂俎》卷11物部3。
② 同上。
③ 《陶庵梦忆》卷4。
④ 焦竑：《玉堂丛话》卷8。
⑤ 沈德符：《万历野获编》卷21。
⑥ 谢肇淛：《五杂俎》卷11物部3。

人参成为抢手货，有的居然"重十六斤，形似小儿"。①即使对于主食品，也是讲究不尽，力求味比天厨。吴宽的《傅家面食行》，即一例也："傅家面食天下工，制法来自东山东。美如甘酥色莹雪，一由入口心神融。"②

明朝的商业管理，在经营方式、商店管理及商业宣传等方面，均有一定水平。有独资经营，也有合资经营。在独资经营方面，亦常有父亲从自身产业中拆资让后代另起炉灶，再开店铺。如明清之际的小说就曾描写徽州富商汪彦，拿出一万两银子，让其子汪兴哥到"平江下路"开个当铺，后来竟做出一番大事业来。③合资经营的状况，黄仁宇先生曾引万历时出版的书算教科书《算法统字》卷2"差分"为例，指出："其合资经营，人数甚少，本金亦系小规模，年终得利，势必瓜分，为当日营业之常态。"并又指出，明代某些商业组织"已略具现代股份公司之雏形，但其商业关系不能脱离人身成分，因之其范围有限制，共同投资者全赖彼此熟识，互相信赖，而无法将事业盈亏，托第三代经营，使所有权与事业之经理相分离，因之既得相当丰厚之利润，必致分析其所得"。④这一论述，深刻地揭示出明代大多数商业经营的概貌。大的店家，均雇有账房、工人、奴仆。由于管账者掌握经济往来的命脉，在店中有相当高的地位。明人小说中曾经描写徽商程宰兄弟在辽阳徽商开的大铺子里管账，由于他俩"平日是惯做商的，熟于账目出入，徽州人称为二朝奉"⑤。也有一些大官商，让家奴管理店铺，这些家奴俨然是二老板，跟二地主一样。如《衡州府志》即曾记载巡抚湖广都察院右副都御史秦耀，令"家奴开设典当，在无锡、苏、常

---

① 谈迁：《枣林杂俎》中集。
② 钱谦益编：《列朝诗集》丙集第六《傅家面食行》。
③ 艾纳居士：《豆棚闲话》第3则。
④ 黄仁宇：《从〈三言〉看晚明商人》，《香港中文大学中国文化研究所学报》第7卷第1期。
⑤ 凌濛初：《二刻拍案惊奇》卷37。

各处者十余铺"。①大的店铺，均有店规，内部管理严格而又井井有条。最著名的是为治经济史者熟知的苏州孙春阳南货铺。孙春阳是宁波人，万历中弃儒经商，在苏州吴趋坊北口开一小铺，后来规模日大，闻名四方，一直到清中叶，仍很兴旺发达。②根本原因，是"其店规之严，选制之精，合郡无有也"。它的管理方法，很像州县衙门，"亦有六房，曰南北货房、海货房、腌腊房、酱货房、蜜饯房、蜡烛房，售者由柜上给钱取一票，自往各房发货，而管总者掌其纲，一日一小结，一年一大结"③。而据《茶烟歇》载，该店"有地穴，藏鲜果，不及其时，可得异品"，这是一般店家难以做到的。更重要的是，它的商业信誉极好，明亡以后，"有持万历年间所发之券，往易货物，肆中人立付之，不稍迟疑"。这更是其他店家所不能望其项背的。

从生意经也可看出明朝人商业经营的水平。对此，惜无史料专载，只能从东鳞西爪的材料中，窥其大概。据载，万历年间大官僚耿定向挑选家僮四人，每人给银200两，让他们做生意。其中一人曾向泰州学派的后起之秀思想家何心隐请教经商的诀窍，"心隐授以六字诀曰：买一分，卖一分。又有四字诀：顿买零卖。其人遵用之，起家至数万"④。"大凡经商，本钱多便大做，本钱少便小做……只拣有利息的就做。"如何才能有利息？重要的一条，是"货无大小，缺者便贵"⑤。看来，这些原则对于商人具有普遍意义。有的特殊行业，如当铺，"以旧抵新，以远作近，日用使费上扣刻些。须当官帮贴中开些虚账，出入等头银水外过克一分。挂失票、留月分、出当包"⑥等，颇含捣鬼术意

---

① 参见韩大成：《明代社会经济初探》之"明代的富商巨贾"。
② 据范烟桥：《茶烟歇》"孙春阳"条载，此店"毁于洪杨之劫"。按：此书1934年由中孚书局出版，不易得，上海书店1989年据以复印。
③ 钱泳：《履园丛话》卷24。
④ 顾宪成：《小心斋杂记》卷14。
⑤ 抱瓮老人：《今古奇观》卷25。
⑥ 艾纳居士：《豆棚闲话》第3则。

味。至于做生意时必须请客送礼，明朝人叫作"人事"，讲究人际关系，讨价还价，甚至漫天要价，就地还钱，连只值一两六钱银子的棺材，也要讨价三两[1]，更不必论矣。

关于明代的商业宣传，明朝人很重视商店的招牌，因为招牌起着广告的作用。中国历史博物馆藏有常熟翁氏旧藏的明人画《南都繁会景物图卷》，描写明代后期南京市郊商业繁华的景象。其中各种招牌颇为醒目，写有"天之美禄"、"东西两洋货物俱全"、"西北两口皮货发寄"、"兑换金珠"、"万源号通商银钱出入公平"、"京式靴鞋店"、"极品宫带"、"川广杂货"等的布帘，最长者达数丈，迎风飘拂，使摩肩接踵的市民，目不暇接。这幅图画，就广告言，堪称是明代大都会广告的一次大展览。就酒店而论，大酒店都有考究的酒帘、酒旗，随风摇曳。酒帘一般都置于高处，好让顾客在很远的地方就能看见，故又称"酒望子"。财力大的，在酒店前专门竖起一根旗杆，上缚酒帘，如《水浒》描写的蒋门神那样，在"檐前立着望竿，上面挂着一个酒望子，写着四个大字道：河阳风月"。酒旗的作用与酒帘一样，只是形状稍异。蒋门神在"快活林"霸占来的大酒店绿油栏杆上，插着两把销金旗，每把上写着五个金色大字：醉里乾坤大，壶中日月长。凡此，均酒广告也。连小市镇上的酒店，起码也会在"粉壁上写着'零沽美酒'四字"，"招牌上写着家常便饭"。[2] 木匠铺在白粉墙上涂着字号，有一家写的是"江西张仰亭精造坚固小木家火，不误主顾"[3]。这些形形色色的广告，多半出自民间书法家的手笔，明初大政治家姚广孝的义子姚继，当初在苏州乡下，就曾把他的宝楷挥洒到酒帘上，而为姚广孝所激赏。[4] 当然，实力雄厚的大店家的招牌，是由名流或著名

---

[1] 冯梦龙：《警世通言》卷22。
[2] 清水道人：《禅真逸史》第9回。
[3] 冯梦龙：《醒世恒言》卷20。
[4] 沈德符：《万历野获编》卷27。

书法家写的。如北京有几百年历史的酱园店"六必居",传说是严嵩的手笔。也有人认为是书法家姜立纲写的。①姜是弘治、正德年间的楷书大家,字体端方肥俗,如唐人院体,"一时仿效"②。值得一提的是,正德皇帝开的酒馆,其酒望上写的是"本店发卖四时荷花高酒",又有二匾,分别题的是"天下第一酒馆"、"四时应饥食店"。③惜乎是何人手迹,已无从知晓。

明朝人扩大商品影响的形式是多种多样的。小商小贩的吆喝,是起码的基本功。时人小说中曾描写苏州阊门外吊桥河下一个卖老鼠药者,地上摆着三四十个老鼠招头,口里唠唠叨叨高声大叫:"赛狸猫,老鼠药。大的吃了跳三跳,小的闻闻儿就跌倒。"④有的鞋铺以铁鞋作幌,表明所售鞋之坚固耐穿,直到今天"汴中仍存此风"⑤。也有的铺子,利用特殊启事,招徕顾客。小说中曾描写杭州附近塘栖镇上一家铁店门前,"贴一张大字道:本店不打一概屠宰刀器"。⑥人心向善,一望而知店主是菩萨心肠,所售铁器自然货真价实,这不失为是古代商品心理学的一个例证。明代大的店铺开张时,礼仪均很隆重、热闹,张鼓乐,结彩缯,横匾连楹。如此大造声势,目的之一,也是为了扩大店家影响,推销商品。《金瓶梅》第 60 回描写西门庆的缎铺开张那天,摆了 15 桌酒席招待递果盒、挂红的来宾,吹拉弹唱,鼓乐喧天,同时柜台上发卖货物,结果当日"伙计攒账,就卖了 500 余两银子,西门庆满心欢喜"⑦。而对于书商来说,扩大书籍影响的重要途径,是求名人、高手作序,把书的作者及作品吹得天花乱坠,欲使读者观之

---

① 谢国桢:《江浙访书记》,生活·读书·新知三联书店 1985 年版,第 300 页。
② 薛冈:《天爵堂文集笔余》卷 1。
③ 徐充:《暖姝由笔》。
④ 《生绡剪》第 11、13 回。
⑤ 孔宪易校注:《如梦录》,第 62 页。
⑥ 《生绡剪》第 11、13 回。
⑦ 《金瓶梅》,香港太平书局影印明刻本,第 1647 页。

爱不释手，立即掏腰包。如湖海士序周清源的《西湖二集》谓："予揽胜西湖而得交周子。其人旷世逸才，胸怀慷慨，朗朗如百间屋；至抵掌而谈古今也，波涛汹涌，雷震霆发，大似项羽破章邯，又如曹植之谈……咄咄清源，西湖之秀气将尽于公矣……博物洽闻，举世无两。"

关于商业道德，赚钱是商人的信条。但"君子爱财，取之有道"，多数商人都在本分地权子母，明代也是这样。如"递铺市贾黄臻，休宁人，其为人质直谨愿，较诸贾中不甚计利，好行善事以救济人"①。又如休宁人程琼"开铺卖饭招宿，畜马骡送行。然其人虽居市井，而轻财重义"②，经常拾金不昧，虽百金亦然。有位姓张的商人，当别人在政治风波中被捕时，虽素昧平生，却不顾张居正的威势，前往慰问，"宰猪烹羊，酒脯相劳，费不啻数金"，被人目为"义侠"。③有的商人还热心公众事业，为社会造福。如"谭晓、谭照兄弟俱有智算。家傍东湖，共修陶猗之术，累赀数十万。嘉靖癸丑岛夷犯境，仓卒筑城，王邑侯铁命晓独任其半，献银四万两助工。至今镂像城门，春秋致享"。令人感佩的是，谭晓平时生活俭朴，"自奉不轻尽一卵"。当然，人类从来就是良莠不齐，良贾的对立面即为奸商。如洞庭的蒋贾，"虽至亲不拔一毛"④，为人可想而知。又如明清之际的新安富商"一程、一汪，以贾起家，积财巨万。性鄙啬……持筹握算，锱铢必较"⑤。更恶劣的是，有的牙行经纪公然"纵容妻女与客人成奸后，脱其财本，此常套也"⑥。而在商品上弄虚作假，坑害顾客，本文的第二部分还要述及。

关于商业教科书及通书、专类商品著作的问世，此类书籍，万历

---

① 陈良谟：《见闻纪训》，沈节甫辑：《纪录汇编》本，第6、13、19页。
② 同上。
③ 钱五卿、钱尔熙：《鹿苑闲谈》。
④ 陈良谟：《见闻纪训》，第6、13、19页。
⑤ 董含：《三冈识略》卷8。
⑥ 张应俞：《杜骗新书》卷3"十七类奸情骗"，台湾天一出版社影印刻本，1985年。

以后曾经刊刻不少，多半是商人雇人编写，或出资刊刻，以使商人经商时参考，惜流传至今的，为数已经很少。如：残存的崇祯刻本《五刻徽郡释义经书士民便用通考杂字》，内容包括天文、地理、历史、经济、文化等，颇为实用。《恩寿堂三刻世事通考》分上、下、外卷。上卷有天文、地理、时令、人物、俗语、商贾、数目、历科状元、历代帝王、天下省属衙门等25个门类，下卷分释道、宫室、杂货、珍宝、蔬菜、酒名、农器、军器、花类、诸译国名、书柬活套、京省水陆路程、算法、课占、药方、文约等54类①，真是洋洋大观。清刻本《新刻张侗初先生分类四民便用注释增补五朵云三卷》（简称《五朵云》），实际上也是崇祯时出版，清初再加以增补的。书中的祭文活套（即格式）开头即为"维崇祯某年岁在甲子某月朔越九日"、"维皇明崇祯某年岁次某春王正月元旦某堂下嗣孙某"等字样。商贾平时的往来应酬文字，均可参照书中提供的套话，如法炮制。如贺开店、经商归来宴客请帖、各种书柬、文约等。"租店约批"的套话是："某都某人今租到某都某人名下土名某店房几间开张，议定每年租银若干，或四季交纳，不致拖欠。凭此为照。"②至于《商程一览》、《水陆路程宝货辨疑》等书，更是行商指南。

  关于反映商业文化的文艺作品，这在明朝的诗歌、词曲、小说、戏剧、绘画等作品中，都有充分的反映，限于篇幅，不能详述。明初诗人王燧的《商贾行》，对扬州商人及社会上的趋商倾向有生动的描写："扬州桥南有贾客，船中居处无家宅。生涯常在风波间，名姓不登乡吏籍。前年射利向蛮方，往□行贩越海洋。归来载货不知数，黄金绕身帛满箱。小妇长干市中女，能舞柘枝歌白苎。生男学语未成

---

① 此书刻于晚明，清初加以增补。笔者看到的是中国社科院历史所图书馆藏抄本。
② 谢国桢先生旧藏，现藏中国社科院历史所图书馆的绿荫堂刻本《增补如面谈新集》，成书于乾隆年间，可能也是参照明朝此类书撰成的。

音,已教数钱还弄楮。陌头车轮声格格,耕夫卖牛买商舶。"① 而有首古风,则道尽行商的艰辛:"人生最苦为行商,抛妻弃子离家乡。餐风宿水多劳役,披星戴月时奔忙。水路风波殊未稳,陆程鸡犬惊安寝。平生豪气顿消磨,歌不发声酒不饮。少资利薄多资累,匹夫怀璧将为罪。偶然小恙卧床帏,乡关万里书谁寄?一年三载不回程,梦魂颠倒妻孥惊。灯花忽报行人至,阖门相庆如更生。男儿远游虽得意,不如骨肉长相聚。请看江上信天翁,拙守何曾阙生计?"② 晚明袁宏道的《梦中题尊经阁醒后述之博笑》(原注:阁在休宁儒学)则写出了儒不及贾的感叹,显示出商人在士大夫心目中地位的升格:"壮哉尊经阁,缥缈入烟雾。千山列鲁儒,拱揖不知数。俗竞形家言,两塔遥相顾。累土作尖峰,上有参天树。海洋多贾人,纤啬饶积聚。握算不十年,丰于大盈库。富也而可求,执鞭所忻慕。金口亲传宣,语在述而处。师与商孰贤?赐与回孰富?多少穷乌纱,皆被子曰误!"③ 明初朱元璋下令工部在南京建有16座大酒楼,除了招待士大夫外,还"待四方之商贾",用官妓侑酒。时人李公泰用集句歌咏十六楼,不仅别有一格,更写出了十六楼的繁华风流、恢宏气势。如咏南市楼:"纳纳乾坤大,南楼纵自初。规模三代远,风物六朝余。耆旧何人在?登临适自娱。皇恩涵远近,莫共酒杯疏。"咏北市楼:"危楼高百尺,极目乱红装。乐饮过三爵,遐观纳八荒。市声春浩浩,树色晓苍苍。饮伴更相送,归轩锦绣香。"咏讴歌楼:"广槛停箫鼓,深江净绮罗。千金不计意,醉坐合声歌。"咏重泽楼:"使节犹频入,登临气尚雄。江山留胜迹,天地荷成功。"④ 而冯梦龙编的山歌集《挂枝儿》及近人路工编的《明代歌曲选》,其中有很多有关商业的作品,这已是尽人皆知。关于描写商业文

---

① 王燧:《青城山人集》卷3。
② 冯梦龙辑:《古今小说》卷18《杨八老越国奇逢》。
③ 袁宏道:《袁中郎先生全集》卷2《梦中题尊经阁醒后述之博笑》。
④ 周晖:《金陵琐事》卷1。

化的小说，《三言两拍》、《金瓶梅》等，可以弥补史籍的不足，固不必论矣。值得一提的是笔者近日才有机会读到的晚明张应俞编、刻于万历年间的《杜骗新书》。其中的不少故事，都是有史实根据的。该书对商人的经营活动、生活起居、被坑和坑人等，有大量描述，实在是明朝商业文化的重要文献。

二、明代商业文化特点

明代商业文化的特点之一，是鲜明地打着传统文化的烙印。

中国一年四季，节日不少。节日期间，商贾不仅赶制时令商品，还利用看花灯等群众欢聚场合，销售商品。如北京中秋节时，"纸肆市月光纸，绩满月像"。重阳节时，"市上卖糕人头带吉祥字"，"糕肆摽彩旗，曰花糕旗"。①而灯市，仍以北京为例，"每岁正月十一日起，至十八日止，在东华门外，迤逦极东，陈设十余里，谓之灯市，则天下瑰奇巨丽之观毕集于是"。②有些史料记载更加具体："市之日，省直之商旅，夷蛮闽貊之珍异，三代八朝之骨董，五等四民之服用物，皆集。衢三行，市四列，所称九市开场，货随队分，人不得顾，车不能旋，阗城溢郭，旁流百廛也。"一些诗人也咏灯市曰："灯市百货聚，穹窿像山谷。波斯细举名，最下亦珠玉。""风定晴酣午气煎，今朝真个踏灯天。平添什物三分价，撒尽官儿新俸钱。"③灯市时商业的繁荣景象，可见一斑。在无锡，春灯满街之日，各铺行搭起可以抬走的彩亭，"红紫缤纷，某铺市某物，内结一毬，即悬某物以别之"④。这是非常有效的商品宣传！诚如有的学者指出的那样，"这无疑是在演春

---

① 于敏中等编纂：《钦定日下旧闻考》卷148 "风俗"。
② 谢肇淛：《五杂俎》卷11 物部3。
③ 刘侗、于奕正：《帝京景物略》卷2。
④ 王永积：《锡山景物略》卷10。

时的一次广告性大游行"①。

明朝人戴的帽子,大部分都是帽铺里生产的。乌纱帽更是如此。本来,乌纱帽并非官帽,唐代大诗人李白当老百姓时,有位朋友送他一顶乌纱帽,他很高兴,曾写了一首《答友人赠乌纱帽》诗,欢乐之情溢于言表。直到宋元,并未将这种便帽与官帽画上等号。但至明代,这种商品便打上封建等级制的烙印,成为官服。②按规定,凡是年老退休的官员,以及侍奉父母辞闲之官,允许继续戴乌纱帽,而因事罢官者,则不允许再戴。把这种帽子特权化的结果,导致追逐乌纱者日众,加速了冗官趋势。透过乌纱帽这种商品生意兴隆的背后,使我们看到了明代官僚政治的缩影。有首《折桂令·冠帽铺》的曲子谓:"大规模内苑传来,簪弁緌缨,一例安排。窄比宽量,轻漆漫烙,正剪斜裁。乌纱帽平添光色,皂头巾宜用轻胎。帐不虚开,价不高抬。修饰朝仪,壮观人才。"③所谓"人才",贪官,昏庸之辈,大有人在,明中叶后,更是如此。乌纱帽滔滔天下皆是的另一个结果,就是假乌纱的问世,给好虚荣者、骗子以可乘之机。民歌《挂枝儿·假纱帽》对此做了辛辣的嘲讽:"真纱帽戴来胆气壮,你戴着只觉得脸上无光。整年间也没升也没个降,死了好传影,打醮好行香。若坐席尊也,放屁也不响。"④

明代有一种小商品风行天下,上自达官公卿,下至百姓妇孺,莫不喜好,这就是纸牌,又称马吊、叶子⑤,明朝人玩此牌通称斗叶子。纸牌共40页,玩时四人入局,人各八页,余置中央,以大击小,变化多端,饶有趣味。吴伟业曾用拟人化手法,写了《叶公传》,将叶子刻画得淋漓尽致:"有叶公子者浪迹吴越间,吴越间推中人为之主,

---

① 赵永良、徐志钧:《明代无锡社会经济初探》,《明史研究论丛》第4辑,江苏古籍出版社1991年版。
② 申时行等修:《明会典》卷61。
③ 路工编:《明代歌曲选》,第7页。
④ 冯梦龙:《挂枝儿》谑部卷9。
⑤ 在苏州又称"碰和",无锡则俗称"豆饼",见《茶烟歇》,第4页。

而招集其富家，倾囊倒箧，穷日并夜，以为高会。入其坐者，不复以少长贵贱为齿。"[1]不久，叶子便由吴越传向北方，"渐延都下，穷日累夜，纷然若狂"[2]。连大学士周延儒也酷爱到狂热的地步。崇祯十五年（1642），周延儒出京视师，已行百里，突令旗牌持令箭，飞马回京，京中见状惊疑相告，以为军情严重，实际上是取纸牌等玩具而已。时人有诗讥之曰："令箭如飞骤六街，退朝司马动忧怀。飞来顷刻原飞去，立限回京取纸牌。"[3]耐人寻味的是，固然在某些地区，有的叶子颇简陋，无图，也有的叶子画上美人、甲第、古将相[4]，但绝大多数叶子，都是画的《水浒》中梁山泊众好汉。潘之垣《叶子谱》谓："叶子始于昆山，用《水浒》中人名为角觚戏耳。"[5]陆容则谓："斗叶子之戏，吾昆城上自士大夫，下至僮竖皆能之……阅其形制，一钱至九钱各一叶一百至九百各一叶自万贯以上，皆图人形；万万贯呼保义宋江，千万贯行者武松，百万贯阮小五，九十万贯活阎罗阮小七……一万贯浪子燕青。"[6]当然，宋江等人画于纸牌上，究竟是何含义，人言人殊，或谓"盖以赌博如群盗劫夺之行，故以此警世，而人为利所迷，自不悟耳"[7]。或谓与宋江等人并无关系，"盖俱钱之数目也"[8]，等等。但不管怎么说，区区纸牌，浸透传统文化汁液，散发着强烈的人文气息，则是不争的事实。唯其如此，著名画家陈老莲也亲笔画《水浒》叶子，经刊刻，流布四海，今日仍传于世，神情毕肖，令人赞叹，著名文学家张岱也曾为《水浒》牌作赞，称鲁智深是"和尚斗气，皆其高弟"[9]，

---

[1] 吴伟业：《梅村家藏稿》卷26。
[2] 石成金：《传家宝》二集卷3。
[3] 周同谷：《霜猿集》，王云五主编：《丛书集成》初编本，第8页。
[4] 周亮工：《因书屋书影》卷5。
[5] 褚人获：《坚瓠集》卷1引。
[6] 陆容：《菽园杂记》卷14。
[7] 同上。
[8] 许自昌：《樗斋漫录》卷10。
[9] 张岱：《琅嬛文集》"赞"。

令人忍俊不禁。明代的不可胜数的小商品中，再没有什么比纸牌更具有文化色彩，并产生那样巨大的社会影响。还需一提的是，到了清初，正是在马吊牌的基础上，演变成魅力更大也贻害无穷的牌九、麻将。

明代商业文化的特点之二，是从总体上看，它是低水平的商业文化。

从商业环境来看，明朝人比较注意小环境，而忽视大环境。多数商店，均较整洁，有的商店更注重文化氛围。在歙县岩市镇，时人"入一小肆中，午餐，几案楚楚，熏炉研屏，若苏人位置。壁有文太史画一帧，题句云：秋色点霜催木叶，清江照影落扶疏。高人自爱扁舟稳，闲弄长竿不钓鱼"①。而从大环境来看，北方的一些大城市都很脏。最糟糕的是开封。沈德符记载说："街道惟金陵最宽洁，其最秽者无如汴梁，雨后则中皆粪壤，泥溅腰腹，久晴则风起尘扬，觌面不识。"②北京也很不妙，作为首府，人口密度大，厕所的有无好坏，关系市民健康，也维系观瞻。"京师无厕"③，这就是说，大街上根本没有厕所。谢肇淛也记载说："今大江以北，人家不复作厕矣……京师则停沟中，俟春而后发之，暴日中，其秽气不可近，人暴触之辄病"④，疟疾、痢疾、瘟疫时有发生。陈铎常居京中，编过一本滑稽《月令》，在二月下，冷嘲热讽曰："是月也，壁蚕出沟中，臭气上腾，妓靴化为鞋。"⑤读来真让人喷饭。明末作家王思任，曾描写京城无厕之苦谓："愁京邸街巷作溷，每昧爽而揽衣。不难随地宴享，极苦无处起居。光访优穆，或内逼而不可待。裨谘谋野，又路远莫致之。"⑥卫生条件如此之差，是今人难以想象的。

明代城市中，虽然也不乏大商店，有的店更备极豪华，但总体看

---

① 李日华：《味水轩日记》卷2、卷4。
② 沈德符：《万历野获编》卷19。
③ 沈德符：《万历野获编》卷28。
④ 谢肇淛：《五杂俎》卷11 物部3。
⑤ 顾起元：《客座赘语》卷3。
⑥ 王思任：《文饭小品》卷1。

来，还是小商店居多。有些店往往名不副实，如六陈铺，本来是卖米、大麦、小麦、大豆、小豆、芝麻的，但有的店家"虽则粜米为生，一应麦豆茶酒油盐杂货，无所不备"①。多数商品的包装粗劣，食品每用荷叶、旧书及烂纸包装，此风一直延续到近代。明末休宁商人汪之蛟在青浦开店，即"收买残书败纸为囊，作贮面用"②。现代过春节期间，是商店生意兴隆、最为忙碌的时刻。明代有的地方，除夕那天，"家家户户多收拾起买卖，开店的多关了门，只打点过新年了"③。实际上，明代大量的商业活动，属于地摊文化。在杭州昭庆寺廊下，"四方异贾，亦集以珍奇玩物，悬列待价，谓之摆摊"。④在松江，虽为江南名城，万历初年商业仍不发达，李绍文曾谓："吾郡三十年前……惟宗师按临摊摆逐利，试毕即撤。今大街小巷俱设铺矣。"⑤松江在30年内能从摆地摊过渡到设铺，已属难得。而从城市到乡村，明朝的商业活动，有很大一部分是借助于庙会、社日、草市进行的，流动不定的、商品数量有限的地摊，占据主导地位，贸易额终究有限。何况摆地摊的，多数是小商贩，资金本来就很少。

色情商品的泛滥，是明代商业文化低水平的另一表现。明中叶后，地主阶级穷奢极欲，晚明更达到人欲横流的地步。大搞同性恋，"讳曰'勇巴'"⑥，大讲房中术，甚至搞房事大战的比赛⑦，真乃荒谬绝伦。正是在这种气候下，色情商品不胫而走，泛滥成灾。《闲情女肆》、《嫖经》、《嫖赌机关》等淫书及种种淫秽小说、春宫画，相继出版⑧，

---

① 冯梦龙：《醒世恒言》卷3《卖油郎独占花魁》。
② 汪永安等：《紫堤村小志》，上海史料丛编本，第81页。
③ 凌濛初：《二刻拍案惊奇》第24回。
④ 李日华：《味水轩日记》卷2、卷4。
⑤ 李绍文：《云间杂识》卷2。
⑥ 曹斯栋：《稗贩》卷6。
⑦ 黄印：《锡金识小录》卷10。
⑧ 参见高罗佩著，李零、郭晓惠等译：《中国古代房内考》第四编"蒙古统治与明的复兴"，上海人民出版社1990年版。

流毒社会。此风甚至波及一般商品。沈德符谓："幼时曾于二三豪贵家见隆庆窑酒杯茗碗，俱绘男女私亵之状。"①这种色情化的酒器，著名词人冯惟敏在《黄莺儿·美人杯》中的描写，使我们知道明朝某些士绅确实把酒与色合二而一了："掌上醉杨妃，透春心露玉肌，琼浆细泻甜如蜜。鼻尖儿对直，舌头儿听题，热突突滚下咽喉内。奉尊席，笑吟吟劝你，偏爱吃紫霞杯。春意透酥胸，眼双合睡梦中，娇滴滴一点花心动。花心儿茜红，花瓣儿粉红，泛流霞误入桃源洞。奉三钟，喜清香细涌，似秋水出芙蓉。"②有些商人更贩卖淫器、淫药谋求暴利。《金瓶梅》中的各种淫器，今人读来稀奇古怪，但绝非向壁虚构，皆为明朝所实有。松江的女流氓吴卖婆，"制造淫具、淫药，以干妇人之好淫者，多得重货"③。淫具之一的缅铃，据谓"缅地有淫鸟，其精可助房中术，有得淋于石者，以铜裹之如铃"④。而据杨慎《滇程记》载，这种鸟是大鹏。因此物"得热气则自动不休"⑤，滇省便有人造假缅铃出售。真货制作极费时，"疑属鬼工神造……殊贵重，不能多得"⑥，价格可想而知。海狗肾被奉为至宝，价格被哄抬上涨，"真者价值六十金"⑦。这些足可表明，明代商业文化，垃圾不少。

明代商业文化的特点之三，是明代的商业语言，不仅丰富多彩，有相当一部分还颇为奇突。

"开门七件事"云云，今日仍是大众的口头禅。始于何时？待考。但这一点是肯定的：宋、元时，此语尚未风行天下，所述七件事内容，

---

① 沈德符：《万历野获编》卷26《玩具·瓷器》。
② 冯惟敏：《海浮山堂词稿》卷2。
③ 李绍文：《云间杂识》卷11。
④ 赵翼：《檐曝杂记》卷3。
⑤ 徐应秋：《玉芝堂谈荟》。
⑥ 雷琳、汪秀莹、莫剑光：《渔矶漫钞》卷1。
⑦ 李绍文：《云间杂识》卷2。

也每有不同。① 而到了明朝，随着消费水平的提高，商品流通的加快，开门七件事的说法不仅广为流传，而且定型化，无论是商人、消费者，都不断那样说，直至今日，并无变化。请看明朝文献的记载："我朝余姚王德章者，安贫士也。尝口占云：柴米油盐酱醋茶，七般都在别人家，我也一些忧不得，且锄明月种梅花。"② 真是高雅之至。而小说的描绘，更有力地扩大了七件事说法的传播。如《警世通言》第32卷《杜十娘怒沉百宝箱》中的杜妈妈有谓："偏我家晦气，养了个退财白虎，开了大门，七件事般般都在老身心上。"明清之际的《豆棚闲话》第10则："只想这一班，做人家的开门七件事，一毫没些抵头。"《生绡剪》第12回："修士拿了银子，出门去买些蔬菜。正是：柴米油盐酱醋茶，大小开门用着他。世间劳碌无休歇，谁能七件免波查。"凡此，都表明与人们日常生活最密切的七件商品，对明朝语言文化产生的巨大影响。

古人形容各种行业之多，取极数，称一百二十行，直到元代仍是这样。如：关汉卿的《金线池》第一折谓："我想一百二十行，门门都好着衣吃饭。"钟嗣成的《录鬼簿》也载谓："郑廷玉有一百二十行贩。"元末象山文人汤式写的《南吕一枝花——赠钱塘镊者》开头即谓："三万六千日有限期，一百二十行无休息。"③ 而至明代中叶，随着新的行业如雨后春笋般涌现，人们觉得再用一百二十行来概言之，显然觉得已不合适，便逐渐用三百六十行代之。佚名的剧作《白兔记·投军》有谓："左右的，与我扯起招军旗，叫街坊上民庶，三百六十行做买卖的，愿投军者，旗下报名。"田汝成也载谓"乃今

---

① 元人佚名撰《湖海新闻夷坚续志》前集卷1，载有宋人的一首打油诗，对七件事的排列顺序是油盐酱豉姜椒茶，可见一斑。宋人吴自牧的《梦粱录》，则谓"人家每日不可缺者，柴米油盐酒酱醋茶"开门八件事也。
② 田艺蘅：《留青日札》卷26。
③ 吴战垒选注：《西湖散曲选》，浙江文艺出版社1985年版，第209页。

三百六十行"①云云。这一变化，透过语言现象，可以看到明代商业发展的脉络。

"酒色财气"一词，考其源流，汉代已有酒、色、财的说法，但直到宋代，才出现酒、色、财、气四字并连②，而成为人们口语中普遍使用的家常话，仍然是明朝的事。宁献王朱权撰杂剧《冲漠子独步大罗天》，其中有这样的描述："〔冲漠云〕这厮好生无礼，怎敢这般捉弄我。〔做怒科〕……〔外末云〕却不道修行人除了酒色财气这四件，才做的修行人。你近日动不动便要打，怎么做得修行人。"③这是一例。又如："莫为酒、色、财、气四字，损却精神，亏了行止。"④万历十七年（1589）大理寺评事雒于仁在奏疏中指出皇帝朱翊钧酒色财气俱全，病入膏肓⑤，是又一例。更值得注意的是，《警世通言》卷11《苏知县罗衫再合》描写一位李生看了一首痛骂酒色财气的《调寄·西江月》的题壁词后，"笑道：此词未为确论，人生在世，酒色财气四者脱离不得。若无酒，失了祭享宴会之礼；若无色，绝了夫妻子孙人事；若无财，天子庶人皆没用度；若无气，忠臣义士也尽委靡。"并和词一首："三杯能和万事，一醉善解千愁，阴阳和顺喜相求，孤寡须知绝后。财乃润家之宝，气为造命之由，助人情性反为仇，持论何多差谬！"随后，酒色财气还化为四个美女。这充分表明，商人意识已渗透文学作品，对陈腐的道学气息是个有力的否定。

明朝商人的市语——也就是行业间说的行话，五花八门。田汝成载谓："乃今三百六十行，各有市语，不相通用，仓促聆之，竟不知为何等语也。有曰四平市语者，以一为忆多娇，二为耳边风，三为散秋香，四为思乡马，五为误佳期，六为柳摇金，七为砌花台，八为霸

---

① 田汝成：《西湖游览志余》卷25。
② 佚名：《东南纪闻》卷1。
③ 《孤本元明杂剧》第2册。
④ 《古今小说》卷1《蒋兴哥重会珍珠衫》。
⑤ 《明史》卷234《雒于仁传》。

陵桥，九为救情郎，十为舍利子，小为消黎花，大为朵朵云，老为落梅风。"①局外人听了只能是莫名其妙。看来，此类市语在同行业之间流行，目的就是让外行人听不懂，便于捣鬼。《豆棚闲话》第10则，就曾经描写一个叫强舍的苏州闲汉，对山西人马才"连篇的打起洞庭市语，机哩噜噜，好似新来营头朋友打番话的一般，弄得马才两眼瞪天，不知什么来历"。本想从马才身上捞一把，后被人揭穿，枉费心机。另一部小说描写有人把中药的名称全改了，如："恋绨袍（陈皮）、苦相思（黄连）、洗肠居士（大黄）、川破腹（泽泻）、觅封侯（远志）、兵变黄袍（牡丹皮）、药百喈（甘草）、醉渊明（甘菊）、草曾子（人参）。如此之类，不过是市语暗号，欺侮生人。"②有些地名，也被另称，如谓陕西曰豹，河南曰驴，江南曰蟹，福建曰癞，四川曰鼠，③连食品也有种种特殊叫法，如称熏猪耳朵为"俏冤家"④，真不知从何说起了。

明朝的江湖上流行大量黑话，主要是民间秘密组织、黑社会成员间使用的特种语言，但不能排除其中有一部分是商人使用的黑话。这不仅在于有的商人开的就是黑店，而且不少组织杀人越货、囤积居奇等勾当，都与商业活动密切相关。所谓"我家田地在江湖，不用耕兮不用锄。说话未完苗已秀，再谈几句便收租"⑤，分明地揭示出黑社会成员以非法手段在江湖谋生的本质。从《江湖切要》的记载看来，凡天文、地理、时令、官职……都有黑话，涉及商业的，同样是黑话连篇。如，市人：井通。贩子：不将人。典铺：兴朝阳。杂货店：推恳朝阳。茶：青老。白酒：水山。粥：稀汉。牛肉：春流。金：黄琴。

---

① 田汝成：《西湖游览志余》卷25。
② 《生绡剪》第9回《势利先生三落巧朴诚箱保倍酬恩》。
③ 同上。
④ 褚人获：《坚瓠集》丁集卷2。
⑤ 卓亭子记录、删订，《江湖切要》序。按：此书删订于康熙五十二年（1713），不知当时有未付梓。笔者所见到的是光绪十年（1884）吟杏山馆刻本的晒蓝本。细读可知，此书所录大部分是流行于明朝的黑话，少量是清初黑话。

银：硬底。卖假货：跳符恳。真货：实赞。有钞：热子。假钞：将肯。没生意：念挪。如此等等，不一而足。这大概是明代商业文化中最有神秘色彩的部分了。

三、明代商业文化的历史地位

明代商业文化对明代历史起过积极作用，特别是其中的反主流因素，对明代的社会、文化，产生过进步影响。它有力地冲击着传统的"重农抑商"观念、森严的封建礼教、以封建特权为核心的封建等级制。对此，史学界的一些论著，已经从不同角度做了有益的探讨。[①]限于篇幅，这里不再详论。笔者想强调指出的是，明代商业文化中最活跃的反主流因素是服装的变化，领导着当时新潮流，而这种新潮流的发祥地是苏州，以至形成一个新的概念"苏意"，这是值得注意的。

晚明宁波文人薛冈站在传统封建道德的立场，载谓："'苏意'，非美谈，前无此语。丙申岁，有甫官于杭者，笞窄袜浅鞋人，枷号示众，难于书封，即书'苏意犯人'，人以为笑柄。转相传播，今遂一概希奇鲜见动称'苏意'，而极力效法，北人尤甚。"[②] 由此可见，统治阶级对文化中有新意的东西，开始总是敌视的，但禁止的效果，刚好适得其反，从反面起了推波助澜的作用。苏州的商品，成了时髦的代名词，人们以拥有为荣。"苏样的百柱鬃帽"[③]、"苏做的扇子"[④]，以及各种小商品，贵重商品[⑤]，都受到人们的欢迎，开一代风气之先。"苏

---

① 徐泓：《明末社会风气的变迁——以江、浙地区为例》，《东亚文化》1986年第24期；《明代后期华北商品经济的发展与社会风气的变迁》（抽印本）；陈宝良：《悄悄散去的暮纱——明代文化历程新说》，陕西人民出版社1988年版。
② 薛冈：《天爵堂文集笔余》卷1。此书不易求，可参阅笔者点校本，载《明史研究论丛》第5辑，江苏古籍出版社1991年版。
③ 《古今小说》卷1《蒋兴哥重会珍珠衫》。
④ 抱瓮老人：《今古奇观》卷9。
⑤ 李绍文：《云间杂识》卷2。

意"不仅影响北方平民,还影响皇室。史载,"熹庙之皇第八妹也,号乐安公主,善吴装"①即为一例。诗人公燕的《都城元宵典》也谓:"白裕裁衫玉满头,短檐鬏髻学苏州。侬家新样江南曲,纵是愁人不解愁。"②可见苏州服装、发式对京城的巨大影响。正是在苏州掀起的新潮流的推动下,各地服装迅速变革,使道学家们摇首叹息。时人余永麟载谓:"迩来巾有玉壶巾、明道巾、折角巾、东坡巾、阳明巾,衣有小深衣、甘泉衣、阳明衣、琴面衣,带有琵琶带,鞋有云头鞋,妇人有全身披风,全已大袖,风俗大变。故民谣云:头戴半假鬏,身穿横裁布,街上唱个喏,清灯明翠幙。又云:蝴蝶飞,脚下浮云起,妇人穿道衣,人多失礼体。又云:一可怪,四方平巾对角戴。二可怪,两只衣袖像布袋。三可怪,纻丝鞋上贴一块。四可怪,白布截子缀绿带。秉礼者痛之,建言于朝,遂有章服诡异之禁。"③甚至男性崇尚女装,以大红大紫为贵:"二十年来,东南郡邑凡生员读书人家有力者,尽为妇人红紫之服……改得古诗一首:……昨日到城郭,归来泪满襟;遍身女衣者,尽是读书人!"④当然,这是就服装变化的大趋势而言的。必须指出,服装的变化,与人们喜新厌旧、物极必反有关。事实上,早在弘治年间,京城服饰已经开始变化,如:"弘治壬戌以后,人帽顶皆平而圆,如一小镜,靴履之首,皆匾如鲇鱼喙,富家子弟,无一不然,云自京师始,流布四方。衣下襞积至脐上,去领不远,所在不约而同,近服妖也。"⑤又如:"正德中年,京都士人忽以巾易帽,四方效之,贩夫走卒,亦有僭用者。"⑥只是这种变化,与在晚明时期"苏意"带动下出现的服装变革之风,还远不能相比。

---

① 史玄:《旧京遗事》,北京古籍出版社1986年版,第21页。
② 于敏中等编纂:《钦定日下旧闻考》卷147。
③ 余永麟:《北窗琐语》。
④ 李乐:《见闻杂记》下册,上海古籍出版社1986年版,第817页。
⑤ 戴冠:《濯缨亭笔记》卷3。
⑥ 蒋一葵:《尧山堂外纪》卷97。

但是，在繁花似锦沸管弦的明代商业文化的背后，隐藏着不容忽视的虚假性。这是指：一方面，这种文化是消费性文化，食品、服装等占据主导地位，在生活消费品流通领域"流水泛碧波"，并不代表新的生产方式，对促进生产力的发展也很有限。另一方面，有相当一部分商业文化沾染流氓意识，从而进一步显示出明代商业文化的低层次。如往酒中掺水，甚至妄称卖的是陶渊明埋下的千年古酒[1]，在鸡肚中塞沙、在猪肉及鱼肉中注水、伪造古董及家谱、胡要价格[2]，等等，伪字随处可见。这股歪风，在经济发达、商业文化最耀眼的杭州、苏州，反而有"大风吹倒梧桐树"之势，恰恰充分表明了这一点。人们形容杭州的不少商品弄虚作假是"杭州风，一把葱，花簇簇，里头空"，[3]《豆棚闲话》第10则更一针见血地描述："苏州风俗，全是一团虚哗。只就那拳头大一座虎丘山，便有许多作怪……即使开着几扇板门，卖些杂货，或是吃食，远远望去……倒也热闹齐整。仔细看来……都是有名无实的。一半是骗外路的客料，一半是哄孩子的东西。不要说别处人叫他空头，就是本地……数落得也觉有趣。"陈铎的《坐隐先生精订滑稽余韵》，描写行业达140种，其中涉及商贾铺户的，不少人都卖伪劣商品。[4]余风所及，300多年后的今天，仍然可以感受到沉渣的泛起。而制造假银，对社会的危害更大，当时的书坊，曾出版了一本专门教人辨识假银的书[5]，可见问题的严重。

至于明代商业文化中乞灵于鬼神、金银异化故事层出不穷、积重难返的窖银之风等，大部分已为学界熟知，此处不枝蔓。

"行到水穷处，坐看云起时。"剖析明代的商业文化，可以看出，

---

[1] 参阅王春瑜：《明朝酒文化》第一章"三、自古奸商花样多"，台湾东大图书公司1990年版。
[2] 参阅王春瑜：《明代流氓及流氓意识》，《社会学研究》1991年第3期。
[3] 田汝成：《西湖游览志余》卷25。
[4] 路工：《访书见闻录》，第308—338页。
[5] 张应俞：《杜骗新书》卷2。

明代商业文化赖以生存的土壤——以地主阶级土地私有制和小农经济为基础的封建生产方式，及由此而导致的生活方式，虽然已发展到巅峰期，但还没有到山穷水尽的地步，即使真的有资本主义萌芽出现，那也不过是雨丝风片，含有近代文明色彩的良辰美景，根本没有出现。相反的是，当回眸审视300多年前明朝莽莽苍苍的长空，所能看到的，依然是翻滚着难以驱除的封建专制主义的历史阴云。在它的笼罩下，包括商业文化在内的所有文化，从本质上说，并没有也不可能越出传统的樊篱。在封建专制主义的参天大树下，明朝商业文化中新的因素，只能是宛如在寒风中挣扎、摇曳的小草。即使不久揭竿而起的李自成等人，也没有——首先是不可能想到，改变这种历史命运。

(原载《中国史研究》1992年第4期)

李自成死事考辨（1999）

一、前言

有关李自成死事，明清史籍记载不一。早在20世纪40年代，李文治先生对李自成死事有过考证，认为李自成是1645年死于湖北通山县九宫山；[①]阿英先生则认为李自成"有'假死'和'逃禅'可能"[②]。到50年代中期，史学界经过讨论，认定李自成死于通山县九宫山。原西北大学申悦庐教授当时提出疑问，认为奉天玉和尚可能是李自成。

进入80年代以来，随着湖南省石门县夹山寺西侧挖掘奉天玉和尚塔墓时出土刘瑄撰塔铭和圹符碑、野拂撰碑铭（已残）及慈利县发现的野拂墓碑，使湖南史学界空前活跃，某些专业学者、业余学者相继撰文，对50年代成说提出挑战。他们认定1645年李自成没有死，奉天玉和尚就是李自成，李自成于康熙十三年（1674）死在夹山寺，从而形成了李自成禅隐夹山寺的说法。但是，主张李自成死在通山县九宫山的学者极力反对夹山说，两家争论异常激烈。在两家激烈争论之际，中国明史学会与湖南省李自成归宿问题研究会于1996年3月21至22日，在湖南石门县联合召开"李自成归宿问题学术研究成果评议

[①] 参见李文治：《晚明民变》，《中央研究院社会科学研究所丛刊》第23种，中华书局1948年版，第158—159页。
[②] 阿英：《李闯王的死》，《阿英剧作选》，中国戏剧出版社1980年版，第153页。

鉴定会议"，认定"九宫山说可疑"、"夹山说可信"、"夹山说占主流地位"、"通山说可以用注解形式附于夹山说之后"。[①]《湖南日报》1996年3月26日并在头版以醒目标题，发表了"明史学会专家学者确立夹山说主说地位"的"评议鉴定"消息。接着，湖南《常德日报》1996年3月27日头版、《石门晚报》1996年3月28日头版、《文汇报》4月2日第5版、《光明日报》4月9日第5版相继发表类似内容的报道文章。结果，学术界反响强烈，如《湖北社会科学》1996年第8期刊登张国光《〈光明日报〉应弘扬真学术，摒弃假报道——纠〈石门夹山说——史学界再探李自成归宿问题〉一文之谬》就是一例。

李自成果真禅隐夹山？夹山说能占主流地位吗？这些议题引起中国社会科学院的重视，并于1996年7月组建以历史所研究员王戎笙为组长的"李自成结局研究课题组"，其任务是经过实地考察和深入研究，对李自成结局提出结论性意见。经过一年来的研究，已经取得重要成果，如由王戎笙组长执笔否定石门评议鉴定会议结论的课题组研究报告受到有关明末农民战争史、明清史专家重视，予以肯定，并得到文物专家认可。

上述纠葛，是笔者撰写本文的背景。笔者认为，奉天玉和尚不是李自成。

二、史籍记载歧异之辨析

（一）史籍记载异言纷纷

史籍记载异言纷纷，现择其要者，归纳于后。

[①] 参见1996年10月石门县印刷厂厂印《石门文史》第4辑《李自成学术研究资料汇编》第3部分评议鉴定会议《综要》。另据该资料《评议发言记录》刊载，中国明史学会副会长张显清说"推动了整个明史研究的发展，对明史研究，史学研究，做出了重要贡献"，为所谓的李自成归宿问题学术研究成果评议鉴定意见，定下了基调。详见《石门文史》第4辑，第276—284页。

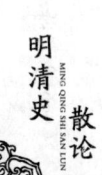

一说乙酉年（1645）李自成死于九宫山。如清顺治时靖远大将军和硕英亲王阿济格的奏疏，南明隆武时湖广总督何腾蛟奏疏，以及蒙正发《三湘从事录》、王夫之《永历实录》卷7《何腾蛟传》、卷13《高一功、李过传》、冯甦《见闻随笔》卷下《何腾蛟传》、佚名《思文大纪》。

一说乙酉年李自成死于通山县九宫山。如文秉《烈皇小识》卷8，地方志有康熙四年（1665）余廷之志《通山县志·人物（程九伯）》、康熙二十三年（1684）徐国相《湖广通志·人物（程九伯）》等。

一说戊子年（1648）李自成死于通山县九宫山小源口的小月山牛迹岭下。如费密《荒书》。

一说李自成逃至黄州，弃众先奔，为乡兵所害。如瞿共美《粤游见闻》。

一说李自成败奔通城县，抵九宫山遇害或缢死。如钱秉镫《所知录》卷上、张廷玉等《明史·李自成传》，地方志有光绪三十三年（1907）高照煦《米脂县志·拾遗志》、民国三十三年（1944）高仲谦《米脂县志·轶事志》。

一说乙酉年李自成死于通城县九宫山（又名罗公山）。如查继佐《罪惟录》卷31《叛逆列传·李自成传》、吴伟业《绥寇纪略》卷9、戴耘野《怀陵流寇始终录》卷18、冯甦《见闻随笔》卷上《李自成传》、三余氏《明末纪事补遗》卷5、李天根《爝火录》卷12、顾公燮《丹午笔记》、抱阳生《甲申朝事小纪》卷3等，地方志有乾隆十五年（1750）何璘《澧州志林·兵难》、道光元年（1821）安佩莲《澧州志·兵难》、同治六年（1867）郑烺《通城县志·兵事》等。

一说乙酉年李自成在黔阳罗公山病死。如计六奇《明季北略》卷23。

一说李自成留屯黔阳，为何腾蛟伏兵败，被村民杀害。如拜鹃山人《见闻实录》卷12（清抄本）、彭孙贻《平寇志》卷12、谷应泰《明史纪事本末》卷78、张岱《石匮书后集》卷63等。

一说丙戌年（1644）四月李自成入辰州山谷土地庙，为四五农夫击死。如沈颐仙《遗事琐谈》卷5。

一说李自成在"清"（即今贵州与湖南交界处之"青溪"）某禅院为僧，康熙元年（1662）、二年（1663）有张某在该处见到。如道光十六年（1836）抱阳生《甲申朝事小纪》卷3附文。

一说李自成可能是湖南石门县夹山寺奉天玉和尚，奉天玉"卒于康熙甲寅"①。如何璘《澧州志林·艺文志》之《书李自成传后》、同治七年（1868）林葆元《石门县志·艺文志》、高仲谦《米脂县志·轶事志》。

一说李自成可能在五台山削发为僧。如高照煦《米脂县志·拾遗志》。

以上诸多说法，有的是当时人据原始资料记载，有的是当时人据传闻记载，有的是后出史籍、方志记载，有的是后人据传闻不断衍变记载。可见，澄清史实，还历史本来面貌，非常必要。

（二）异说之由来及衍变

瞿共美为瞿式耜族弟，所撰《粤游见闻》记唐王朱聿键入闽称帝至永历帝朱由榔即位时事，乃当时人记当时事，云"升（马）吉翔都督同知管锦衣卫事，寻领敕招抚流贼李锦"②，当是李自成死后原始记载。但该书云"自成破京后，清兵追逼，遁至黄州，弃众先奔，为乡兵所杀"③，似乎李自成死于黄州附近。然而，与南沙三余氏《明末纪事补遗》卷5"（清兵）追至黄州，自成单骑先奔，及通城九宫山，乡寨王氏兄弟杀之"对照，足证《粤游见闻》记载之不足，诚如近人说

---

① 何璘：《澧州志林》卷23《书李自成传后》。
② 瞿共美：《粤游见闻》。
③ 同上。

是书"篇页寥寥，似非完帙"①，故不能成为李自成死于黄州附近或死于道士洑地区的证据。其实三余氏所谓"及通城九宫山"，源于钱秉镫。钱氏为隆武、永历时名流，身历目睹，而于隆武亡后不久撰成的《所知录》有着重要史料价值。该书云"是时，闯贼李自成败奔至湖广之通城，有九宫山，为村民锄梃击死，献其首于楚督何腾蛟以闻"②，这是通城说的祖本。当然，钱秉镫虽深受黄道周影响，治学比较严谨，但并非等于其所述均准确无误，何况又有主客观局限性。如"至湖广之通城"、"献其首"与史实不合。钱秉镫在是书"凡例"云"兹编凡福州十月以前事，皆得诸传闻者也"③，足证李自成败奔通城和"献其首"、"皆得诸传闻"，并非原始资料。李自成从未抵通城，其部将李过曾至此，民间传说或某些史籍记载就逐渐变样，似乎李自成败奔至通城，似乎通城县有九宫山。尽管《所知录》记载有误，但"败奔至湖广之通城"是一个语意，"有九宫山"则是另一个语意，其"有"并非如后来某些史籍所云"通城有九宫山"。如果通城有九宫山，钱秉镫当会写成"败奔至湖广之通城九宫山，为村民锄梃击死"，显然钱氏与后来查继佐、戴耘野、吴伟业、三余氏写法大相径庭。

查继佐曾说所撰《罪惟录》"成于壬子"④，于康熙十一年（1672）成书。该书云"通城有九宫山，一名罗公山"⑤，说李自成死在通城九宫山。而吴伟业《绥寇纪略》刻于康熙十三年（1674）。当时吴氏看到戴耘野《怀陵流寇始终录》书稿。三书可谓同时撰成，写法、论点一致，都说李自成死于通城九宫山，即通城县有九宫山，并且都说九宫山又名罗公山。但是，查继佐、戴耘野、吴伟业没有认真阅读当时盛

---

① 傅以礼：《粤游见闻跋》，谢国桢：《增订晚明史籍考》，上海古籍出版社1981年版，第519页。
② 钱秉镫：《所知录》卷上，荆驼逸史本，第12页。
③ 同上书，第1页。
④ 查继佐：《罪惟录·东山自序》。
⑤ 查继佐：《罪惟录》卷31《李自成》。罗公山本在黔阳县，此乃误也。

行的地理名著《舆图备考》。是书卷 1 江西省地图有九宫山，位于湖广通山与江西武宁间，卷 11 湖广武昌府山川载，"九宫山：通山，晋安王兄弟九人造九宫于此"[①]，从而指出九宫山在通山县境内。通山县九宫山号称宽 80 里、高 40 里，其山名与南朝陈文帝之子晋安王陈伯恭兄弟九人造九宫有关，故该山在历史上颇有名气。所以直到明末清初大动荡之际，人们谈到九宫山，自然被认为在通山县境内，而钱秉镫说"有九宫山"乃指通山县是显而易见的。这正如有关李自成死事原始资料阿济格奏疏、何腾蛟奏疏不提县辖属的九宫山[②]，均被认为在通山县境内一样，这是当时人们的地理常识，却不易被后人理解。故后出之书，如魏源《圣武记》载李自成"入祷九宫山"时，注云"山在武昌府通山县之南 90 里"[③]，以正通城之讹。本来查继佐、戴耘野、吴伟业是据遗老传闻或私家书稿记载李自成死事，又不识通山、通城地理，因而沿着钱秉镫错误走得太远，违迕钱氏本意，变成李自成败奔通城九宫山遇害。需要指出的是，《罪惟录》、《怀陵流寇始终录》至近代始刊行，故《绥寇纪略》对清代某些野史、方志产生了重要影响。如顺治时进士康熙时官至刑部右侍郎冯甦，所撰《见闻随笔》乃清廷开史局纂修《明史》之时，其书《李自成传》显然受到吴伟业影响，字里行间亦与吴书同，说李自成死于通城九宫山。不过，冯甦书中《何腾蛟传》叙李自成死事较符合史实，未取吴说，下文另述。再如乾隆十三年（1748）李天根《爝火录》正面记载九宫山死事，又附吴伟业原话。又如道光时抱阳生《甲申朝事小纪》，论述基本与吴伟业同。方志方面，如乾隆时何璘《澧州志林》卷 19《兵难》载："清兵英王追自成于通城九宫山，伏诛。"又如道光时安佩莲《澧州志》卷 19《兵难》载："（李自成）走湖广通城九宫山，被居民诛死。"又如同

---

① 潘光祖、李云翔：《舆图备考》卷 11《湖广武昌府山川》。
② 阿济格奏称"九公山"，实即九宫山。
③ 魏源：《圣武记》卷 1《开国龙兴记四》。

治时郑荄《通城县志》卷23《兵事》载"(李自成)过罗公山下"、"单骑登山入庙"遇害。这些方志,都受到吴伟业等人通城说的影响。

应该指出,乾隆四年(1739)刊行的《明史》仅说"至通城,窜于九宫山"①,显然是受到钱秉镫、阿济格影响,与吴伟业"通城有九宫山"截然不同。虽然"至通城"与史实不合,但与"窜于九宫山"非同一个语意。实际上,《明史》否定"通城有九宫山"说,故《地理志》明确指出九宫山位于通山县九宫山之东南。"窜于九宫山"即阿济格奏称"窜入九宫山",均指李自成进入通山县九宫山。而地方志,如光绪时《米脂县志》卷12《拾遗志·僭窃》、民国时《米脂县志》卷10《轶事志》,均沿袭《明史》"至通城,窜于九宫山"的说法。还应该指出,《明史》刊行不久,何璘受到吴伟业影响,硬说《明史》记载李自成"窜于通城之九宫山"。②但死的地点,《明史》没有说是通城,更没有说通城有九宫山,"至通城,窜于九宫山"与"窜于通城之九宫山",显然不能混为一谈。

李自成死于黔阳说,最早当推顺治十五年(1658)谷应泰的《明史纪事本末》。是书只说李自成"南奔辰州"、"留屯黔阳",于罗公山遭何腾蛟伏兵败后被村民杀害,未标明具体时间。③当时《明史》尚未刊定,谷氏综合流传的野史书稿或邸报等多种史料写成,有悖史实不足为怪。康熙初年张岱《石匮书后集》,沿袭谷说。彭孙贻《平寇志》、拜鹃山人《见闻实录》均在谷说基础上演变为丙戌年(1646)于九宫山被清兵打败后"留屯黔阳",又被何腾蛟伏兵击败,后由村民杀害④,内容更为离奇、复杂。沈颐仙《遗事琐谈》沿袭丙戌年死难说,但认

---

① 《明史》卷197《李自成》。
② 何璘:《澧州志林》卷23"书李自成传后"。
③ 谷应泰:《明史纪事本末》卷78"李自成之乱",中华书局1977年版,第1364—1365页。
④ 彭孙贻:《平寇志》卷12"顺治元年至顺治十八年",上海古籍出版社1984年版,第274—275页;拜鹃山人:《见闻实录》卷12"顺治三年"。

为李自成是在"辰州山谷土地庙中"遭"四五农夫""锄击死之"。[①]康熙十年（1670）计六奇《明季北略》则云"乙酉年李自成病死黔阳罗公山"，还说"清朝有贺表，谓病故也。此实录"。[②]然而，《实录》乃至有关当事人的原始资料，从无"自成死罗公山"或"病故"记载，黔阳说失实。李自成为僧说，较早当推《明史》刊行后不久，澧州知州何璘纂修《澧州志林》，由他亲自撰写存疑文章《书李自成传后》并编排在该志《艺文志》内。何璘根据野史、《明史》记载李自成死的地点不一，首先指出罗公山在黔阳，九宫山在通山，其言确当，可正吴伟业以来史籍之误。但说"《明史》称通城九宫山"[③]，又沿袭吴伟业说，乃误也。何璘亲去石门县夹山寺考察，认为奉天玉和尚可能是李自成，更误也。其根据是塔面有"奉天玉和尚"字，塔碑云"和尚不知何氏子"，推测说，"曰玉，曰何氏子，盖寓言之，亦讳言之也"，李自成"僭号奉天倡义大元帅，后复僭号新顺王，其曰奉天玉和尚，盖以奉天王自寓，加点以讳之。而玉又玺质天子之所宝，殆讫死不去僭号"[④]，其"盖"、"殆"均为非肯定性语气，并推测李自成九宫山死事是"设疑代毙"的脱身计。总之，何璘《书李自成传后》没有可靠根据证明奉天玉和尚是李自成，仅是对《明史》、野史诸说存疑，"俾后之怪史传异词者，亦有所参考"[⑤]。然而，此文产生的负面影响不能低估，如此后直至嘉庆年间，澧州地区尤其石门县民间盛传奉天玉和尚就是李自成流言，对续修地方志肯定产生影响。嘉庆二十三年（1818）苏益馨修《石门县志》，为了以正视听，传信后代，《艺文志》不刊载《书李自成传后》，不希望以讹传讹，并专门增加卷数即卷48《僭窃志》，

---

① 沈颐仙：《遗事琐谈》卷5《寇祸本末》。
② 计六奇：《明季北略》卷23《李自成死罗公山》，中华书局1984年版，第678页。
③ 何璘：《澧州志林》卷23《书李自成传后》。
④ 同上。
⑤ 同上。

全卷全志只有46个字,不承认奉天玉和尚是李自成,"故从阙焉"①。以后道光、同治续修《澧州志》和同治修《石门县志》,虽然《艺文志》收《书李自成传后》,但正面均记载李自成九宫山死事,修志态度比较严谨。光绪修《米脂县志》虽然《轶事》以传说语气说奉天玉和尚是李自成,但说李自成是"削发至五台山为僧者"②,比何璘文章又复杂起来。不过是志《僭窃》载李自成死事,与《明史》同。

不能不看到,自何璘《书李自成传后》问世以来,虽然不断有人怀疑奉天玉和尚身份,但还未有人以足够证据肯定李自成当了和尚,而对何璘说法质疑者大有人在。如清太祖努尔哈赤第二子代善后裔昭梿即曾谓"未审执笔者是何心也","未必李逆果成佛也"③,不相信奉天玉和尚是李自成。诚然,自何璘认为李自成可能当和尚以来,民间逐渐盛行奉天玉和尚是李自成的说法。与此相呼应还有另一种说法,即道光时抱阳生引别人的话说康熙初年张琮伯在"清"(今名青溪)禅院,"见一老僧,状伟而言辞慷慨","老僧"之徒后来对张琮伯说,"吾师即闯王李自成也",还说当年九宫山死者乃"孙某愿代死,吾师甫得脱耳"④,显然这是受何璘"设疑代毙"说影响而杜撰的。其实,抱阳生不相信为僧说,故他接着指出:"仆窃思贼自成罪大滔天,湛湛至公,收拾恶人,恐未必容其善死耳。"⑤

上述的通城说、黔阳说、为僧说等各种说法均无确凿史料根据,是根本不能成立的。国学大师章太炎先生对南明史缺乏深入研究,却在《李自成遗诗存录》一文中说"自成之死竟无诚证",认为奉天玉和尚是李自成,未免失之武断,不足为训。

---

① 苏益馨:《石门县志》卷48《僭窃志》。
② 高照煦:《米脂县志》卷12《拾遗志》。
③ 昭梿:《啸亭续录》卷3《盗贼之讹》,中华书局1980年版,第451—452页。
④ 抱阳生:《甲申朝事小纪》初编卷3《李自成始末》。
⑤ 同上。

（三）从原始记载看通山说之可信

先看清初最早之记载。

据《清实录》记载，顺治二年（1645）闰六月初四日阿济格第一次疏报，称李自成"兵尽力穷，窜入九公（宫）山"，"有降卒及被擒贼兵，俱言自成窜走时携随身步卒仅二十人，为村民所困，不能脱，遂自缢死。因遣素识自成者往认其尸，尸朽莫辨。或存或亡，俟就再行察访"。① 这是清初文献最早记载。本来李自成死于南明弘光管辖的通山县九宫山团练之手，该地不久为清兵控制，阿济格从大顺军降卒或被俘者得知自成"不能脱"、"自缢"，而因"尸朽莫辨"拟"再行察访"，足证阿济格所言非常入情入理。摄政王多尔衮阅后当即认定李自成死于九宫山，致书阿济格，云"览王奏捷，知王与诸将同心奋勇，扫灭逆寇……可谓劳苦而功高矣。今寇氛既靖，宜即班师"②，并派遣官员告祭太庙、社稷、圜丘，祝文歌颂阿济格"统率禁旅，扑灭流氛"③之功。阿济格经过察访，第二次奏称"自成身死是真"④。到七月间，阿济格第三次奏称"闻自成逃遁，现在江西"⑤，开始受到多尔衮指责，即指责阿济格"奏报情形前后互异"、"如此欺诳"⑥等。其实，阿济格三次奏疏，均是据他在前线掌握的情报如实写出，谈不上"欺诳"，而"前后互异"的责任不在阿济格身上。这是因为从当时情形看，阿济格获得情报有局限性。依据明清之际地图，九宫山位于湖广通山与江西武宁间，即其阳属武宁县，其阴属通山县。近年笔者有机会实地考察九宫山，得知九宫山一天门，距云中湖一里许，自古就为进山之门，海拔1400多公尺，如同天上之门。该地距江西界仅有5里，

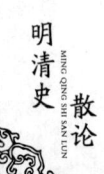

---

① 《清实录》"顺治二年乙酉闰六月甲申日"条，即《世祖实录》卷18，第2—3页。
② 《清实录》"甲申日"，第2—3页；"庚寅日"，第5—6页。
③ 《清实录》"辛卯日"，第6页。
④ 《清实录》"顺治二年乙酉七月己巳日"，即《世祖实录》卷19，第12页。
⑤ 同上。
⑥ 同上。

江西老农在一天门卖猕猴桃，售罄后即沿着山路返回赣北山区。不难想象，当年大顺军主力从武昌东下，于九江西战败后，李自成是由瑞昌进入兴国境内九宫山，江西人当会有"闻自成逃遁，现在江西"之话流传。另外，还应看到九宫山李自成遇害时，李过仍然打着李闯旗号入江西寻找李自成下落，所谓李自成"走死九宫山，其部贼数十万大掠巴陵"，还云李过等人"走湖广、江西"①，而王得仁亦在江西北部打着李闯旗号活动，这更使"闻自成逃遁，现在江西"流行一时。所以，从当时地理形势和历史背景看，这句话不能成为李自成未死证据，更不能由此而否定阿济格第一次和第二次奏疏史料价值。换言之，多尔衮指责阿济格是没有道理的。实际上，多尔衮最终承认李自成之死是真实的。如当年十二月十五日，清廷以"江南各省底定"为由，遣官祭告清太祖陵、清太宗陵，祝文首叙和硕豫亲王多铎功业，然后肯定阿济格"追剿李自成，历武昌、江西，所至地方平定"②战绩，等于承认阿济格第一、第二次奏疏的真实性，承认李自成死于九宫山的史实。

值得注意的是，清廷其他官员围绕着李自成死事所写的文件，也具有原始资料价值。如：

顺治二年（1645）闰六月，"陕西道监察御史赵开心谨揭，为江南归顺已久，急须遣官理事……现闻左良玉拥众江右，闯贼李自成尚未授首，江南实在初定之时，正人心观望向背之候"③。作者在陕西，有时间差别，得到消息晚，这句话当指三至四月间左良玉"除君侧"入江西事，故"李自成尚未授首"。

顺治二年（1645）七月十二日，"钦差巡抚山东等处地方、督理营田、提督军务、都察院右佥都御史臣丁文盛启，为庆贺事……李自成

---
① 姚诗德：《巴陵县志》卷21《武备·兵事》。
② 《清实录》"顺治二年乙酉十二月癸巳日"条，即《世祖实录》卷22，第13—14页。
③ 故宫博物院明清档案部编：《清代档案史料汇编》第6辑，中华书局1980年版，第138页。

逃聚九江，追及而骈戮无遗"①。这句话，证实李自成在九江西战役败后不久就遇难了。

顺治二年（1645）八月四日，"巡按陕西甘肃、监察御史魏琯谨启，为恭贺捷音事。臣久役途次，邸报无闻，至西安乃始见抄传。豫王塘报李自成已受天刑，刘宗闵（敏）、宋矮子等尽行歼殄，臣不胜举手加额，叩地呼天。痛思弑逆李自成，豕突秦关，拾有捌载，不念三百年之共主，敢于称戈犯阙，震惊乘舆，神人共愤，率土同仇。幸赖我皇上发问罪之师，皇叔父摄政王授阃外之略。一败于关门，而神器归；再破于西安，而巢穴归；三灭于九江，而根株净。……今皇上为前朝之君父雪愤，凡有血气，有不尊亲者哉"②。魏琯启本反映出明崇祯时官员降清仇视李自成的心理状态，但透露出多铎塘报内容，以及"灭于九江而根株净"，均很重要。再说，当时多铎在江南接触的人很多，消息灵通，他的塘报与阿济格奏报一样，均证实李自成死于九江西败阵不久是绝对可靠的。

另外，冯甦之记述不能忽视。前文述其《见闻随笔》之《李自成传》受吴伟业影响，宣扬通城九宫山遇害说，有悖史实，但该书《何腾蛟传》叙李自成死事却符合史实。如谓自成"自陕溃入楚，掠汉武而东，衔左（良玉）兵之尾。大兵（指清兵）追闯者，又数万水陆踵至，计自荆河至皖城数千里间，接阵格斗"，还云"良玉死，其子孟（梦）庚以父兵降，闯贼被追……李自成仅引数骑，驰入九宫山，居民白桔击杀之"③。其所以符合史实，因为"衔左兵之尾"证实大顺军自武昌东下，而不是南下湖南，"自荆河至皖城数千里间"，其"荆河"乃指武昌西的东荆河，"皖城"乃指其与隔江之九江相距不远，全句是指大顺军与清兵在武昌、富池口、桑家口、九江西先后"接阵格斗"地

---

① 故宫博物院明清档案部编：《清代档案史料汇编》第6辑，中华书局1980年版，第139页。
② 同上书，第141页。
③ 冯甦：《见闻随笔》卷下《何腾蛟》，清刊本，第25页。

点范围。"孟(梦)庚以父兵降,闯贼被追",则是大顺军在九江西败后被迫向西南方向撤退之铁证。事实正是这样,李自成由瑞昌入兴国境,在通山县九宫山被"居民""击杀之"。冯甦是顺治时进士,了解当时情况,所以他后来在《何腾蛟传》之描述,与当初阿济格奏疏吻合。

此外,南明有关李自成死事原始记载,同样值得重视。文秉,乃晚明名臣文震孟长子,明亡后其弟文乘死于吴易之难,遂隐居山中,自号竹坞遗民,编撰晚明史书。所撰《烈皇小识》卷8云:"逆成同二十八骑趋通山,登九宫山,乡兵遇之,乱刃交加,遂剁逆成于马下",还说"逆成既毙,贼众无主,乃谋向何总督投降"。这是以明朝为正统的史书有关李自成死于通山县九宫山的最早记载。由于文秉与明遗民保持着密切联系,有"询及旧事"、"或一人一事相示"[①]条件,故是书有通山县九宫山死事记载,并将何腾蛟《逆闯伏诛疏》附在书尾,使这一重要的南明档案得以保存下来。

本来,何腾蛟第一次奏报李自成九宫山死事时,隆武帝"疑自成死未实"[②],而他第二次奏报则根据刘体纯、郝摇旗等大顺军将领提供的情报,强调说"闯死确有实据"、"死于九宫山团练之手,诚有其故",还强调说"自逆闯死,而闯二十余万之众,初为逆闯悲号,既而自悔、自艾亦自失,遂就戎索于臣。逆闯若不死,此二十余万之众,伪侯伪伯不相上下,臣亦安能以空拳徒手操纵自如?"[③]从而使隆武帝相信李自成确实是死于通山县九宫山,遂命锦衣卫都督金事马吉翔"至湖南劳军"[④],"招抚流贼李锦"[⑤]。锦,乃李过又名。

隆武朝亡后,福州遗民所撰《思文大纪》云:"时闯贼李自成,为清所迫,走居鄂地,风霾警之,又遁入九宫山,余党十万,悉为伏

---

① 文秉:《烈皇小识·序》;卷8《附逆闯伏诛疏》。
② 《明史》卷168《何腾蛟》。
③ 文秉:《烈皇小识·序》;卷8《附逆闯伏诛疏》。
④ 王夫之:《永历实录》卷24《佞幸列传·马吉翔》。
⑤ 同上书,第9页。

兵所诛。自成自刎。"①这是最早专记隆武朝史书,据事直书,记载了李自成败死九宫山事。其史料来源有误难免,但其接近历史真实的价值是应该肯定的。

蒙正发,隆武时以推官属章旷幕下,永历时官至兵科都给事,深受何腾蛟、瞿式耜器重。他根据见闻,撰成《三湘从事录》,颇有史料价值。该书记载章旷死时,何腾蛟撰诔文,回顾甲申(1644)、乙酉(1645)事时云"天骄内肆,闯逆伏诛,两都沦没"②。而"闯逆伏诛"与《逆闯伏诛疏》语意吻合,用词一致,均是何氏李自成死事原始记载。蒙正发《三湘从事录》跋云"闯逆授首,死于九宫山村民之手"③,绝非偶然。李自成死后不久,蒙正发在崇阳起兵,崇阳与通山近邻,故所言有据。蒙氏跋文与何氏奏称"死于九宫山团练之手"完全吻合,足证这些原始记载可靠,比阿济格所言更为准确。

王夫之,永历时官至行人司行人,是大顺军余部联明抗清见证者之一。所撰《永历实录》云:"(1645)五月,自成至九宫山,食绝,自率轻骑野掠,为土人所杀"④;李自成"由蒲圻走死九宫山"⑤。认定李自成死于九宫山,故不能忽视其史料价值。

总之,从当时明清史事参与者、李自成同代人提供的资料,可以看出李自成死于通山县九宫山是确凿无疑的。

三、从大顺军战略与战斗形势看李自成死事

李自成率大顺军由陕南武关入湖广襄阳、承天等四府时,"声言欲取南京"⑥,则体现了他晚年的战略思想。这种思想,绝非一日形成。

---

① 佚名:《思文大纪》卷4,上海书店1982年版,第195页。
② 蒙正发:《三湘从事录》,上海书店1982年版,第258页。
③ 同上书,第283页。
④ 王夫之:《永历实录》卷13《高李列传》。
⑤ 王夫之:《永历实录》卷7《何堵章列传》。
⑥ 《清实录》"顺治二年乙酉闰六月甲申日"条,即《世祖实录》卷18,第2—3页。

早在大顺军围攻北京时，李自成看到山海关外严峻形势，故希望与崇祯帝联合对付清兵，此即钱䵻《甲申传信录》所云"尤能以劲兵助制辽藩"。当大顺军从北京西撤、清兵进入北京、弘光帝登基南京时，李自成"闻南京立天子，欲归附，不知所介绍"[1]，表明有意联合南明抗清。史可法有《请讨贼御敌以图恢复疏》，云"贼一日不灭，敌一日不退"，以夏朝少康中兴和汉光武萋亭燕薪掌故，鼓吹"萃四方之物力，以并于选将练兵，灭寇御敌"[2]。这个奏疏流传到北方，李自成得知，特意给史可法写信，指出史可法"远引往事，近授昭代，以谕孤（指李自成），孤岂不知然"，批评史可法过去镇压农民起义，指出"孤虽死罪万，亦由众公激"也，希望"奏之朱天子，得孤无异心，彼此两休"，建议"割襄阳一带以属孤"[3]，以便联合抗清，但被史可法完全拒绝。翌年正月李自成由西安南下，二三月直趋湖广襄阳、承天、荆州、德安时，多铎率清兵南下使中土形势非常严重，李自成对弘光朝腐败、史可法抗清不利因素了如指掌，因而他对东南地区深感忧虑，说"西北虽不定，东南讵再失之"[4]，故"声言欲取南京"。

"声言欲取南京"，是指李自成策划20万大顺军在多铎未过江前直趋南京地区，以增强东南地区抗清力量，但他不会轻易占领南京城，不排除遣兵增援孤守扬州的史可法联合抗清的可能。这种战略思想的前提，是中土形势变化，东南地区即成为明清交战主要战场，而且事关捍卫江南恢复中原全局利益。李自成对此是有预见和清醒认识的，故大顺军东下切合当时中土形势变化实际情况，是主动战略行动。唯其如此，大顺军进入湖广后没有主动进攻武昌，以及后来由武昌东下，

---

[1] 王夫之：《永历实录》卷24《佞幸列传·马吉翔》。
[2] 张纯修：《史可法集》卷2《奏疏下》，上海古籍出版社1984年版，第38—40页。
[3] 此信原件，中土早佚，史籍失载。日本正保元年（1644）由明遗民抄录成《李贼覆史军门书》，流传到长崎。舛处难免，但仍有珍贵史料价值。见林春胜、林信笃：《华夷变态》上册，《日本东洋文库刊》1958年版，第3—4页。
[4] 吴伟业：《绥寇纪略》卷9《通城击》。

虽然使左良玉畏惧，但大顺军未与左良玉正面交锋，足证大顺军战略重点是在东南地区抗击清兵，而并非在远离弘光朝政治中心的两湖地区。

当大顺军进入湖广逼近武昌时，却绕过左良玉镇守的武昌，从沙湖渡江到牌州，想从金牛、兴国州方向东下，左良玉却不能理解大顺军东下战略行动。袁继咸认为李自成南入湖南，即"必由岳犯沙"，故"武、岳大震"。①左良玉非常恐惧，"宁南诸部又畏闯之逼，遂力赞宁南为此举"②，即于三月二十三日以"清君侧"名义离开武昌东去。何腾蛟亦恐惧，说李自成"欲追臣盘踞湖"③，实属误会。事实是李自成于三月底回身占领武昌，为东下江南再做必要准备。未几，清兵追至，双方展开激战，《满洲名臣传》路什、阿积赖等传和《张文贞公集·纪灭闯献二贼事》均有记载。四月初旬，李自成率领大顺军突围，沿水、陆东下，当行到富池口，又被清军追上，战斗非常激烈，《纪灭闯献二贼事》和《满洲名臣传》之佟岱、哈宁阿、兴鼐等传均有记载。这次战役，大顺军被击败，损失较大，使后继部队被割断，先行部队成为孤军。特别是四月二十七日左梦庚降清，使清兵士气旺盛，清兵又增加十万兵力，牢牢控制九江。李自成突围赶上先行部队，终在九江西洗心桥"被清兵击败，大顺军战船全部丧失"④。从此大顺军东下之路被断绝，"声言欲取南京"成为泡影。

大顺军东下失败，使其许多重要领导人物刘宗敏、宋献策、左光先等被俘，或遭害，或失踪，损失惨重。大顺军被迫从洗心桥西南方

---

① 袁继咸：《浔阳记事》。
② 同上。
③ 文秉：《烈皇小识》卷8《附逆闯伏诛疏》。
④ 据湖北通山县研究李自成有素的王致远先生为李自成结局课题组提供的《大顺军东进部队路线图说》认为，"九江西"当是德化县（今九江市）之洗心桥，而河南史学家栾星先生1997年5月在北京密云李自成结局学术研讨会补充发言亦说"九江西"是洗心桥。故本文取洗心桥说。

向撤退,而李自成率领数万名大顺军战士由瑞昌入兴国州境,西抵通山县,结果李自成于五月四日在九宫山被当地武装程九伯等人杀害。

这个不幸消息,很快被跟随李自成进入通山县的数万名大顺军将士得悉,因而进行猛烈反击和报复。如康熙四年(1665)县志载:"顺治二年(1645)五月初四,闯贼数万入县,毁戮四境,人民如鸟兽散,死于锋镝者数千。"①李过等人出于悲愤,就以十倍的暴力发泄报复情绪,于是就"大掠巴陵"②。顺治二年(1645)夏五月,闯贼余党散入岳州,大掠县属。闯羽翼马进忠、王进才二贼尤惨酷"③。以上史料,足证何腾蛟疏称"自逆闯死,而闯二十余万之众,初为逆闯悲号,既而自悔、自艾亦自失"④,是真实可靠的。

李自成死于九宫山具体地点,据费密康熙二十一年(1682)前后之际所著《荒书》载,李自成死于通山县九宫山之"小月山牛脊岭",当有重要史料价值。康熙二十九年(1690),通山县举人谢廷树赋诗《小月无题》:"月岭圆如月,升恒独不移。最怜云欲断,一半露娥眉。天剿李延贼,凶魂乃帝催。仙子烧丹去,孽骨污龚溪。"⑤为李自成死事有感而发。谢廷树不可能见到《荒书》,故其诗值得重视。《荒书》指出具体地点,是对清顺治二年(1645)和南明隆武、永历原始资料的验证、补充。不过,《荒书》说事在"戊子"即顺治五年(1648)不合史实,但不是费密之错。费密逝世后,书稿由其后人久贮不传,乃至"多朽蠹",直到雍正五年(1727)由其孙"敬缮写成帙"⑥,抄本流传,"嫌有脱误"⑦,所以是传抄错简之故。

---

① 余廷志:《通山县志》卷8《杂志·灾异》。
② 姚诗德:《巴陵县志》卷21《武备·兵事》。
③ 孙炳煜:《华容县志》卷6《兵事》。
④ 文秉:《烈皇小识》卷8《附逆闯伏诛疏》。
⑤ 湖北省社会科学联合会等:《李自成殉难于湖北通山史证》,湖北大学出版社1987年版,第153页。
⑥ 费藻:《跋》,见《荒书》,浙江人民出版社1983年版,第180页。
⑦ 唐鸿学:《跋》,见《荒书》,第181页。

顺便说一下不能回避的问题。谢廷树《小月无题》中"天剿李延贼"与程九伯后人修《程氏宗谱》中"剿闯贼李延于牛迹岭下"吻合。此"李延"乃顾炎武所谓"李炎"，即"闯贼的名自成，一名炎，米脂人"，并介绍崇祯十六年（1643）民谣"今日流，明日流，流到如今断了头；张也败，李也败，败出一个好世界"，指出"时李炎、张献忠正炽"①。其"炎"、"李也败"的"李"，均指李自成。顾炎武治学严谨，故其说当有根据。沈颐仙亦说当时流传"东也流，西也流，流到天南有尽头；张也败，李也败，败出一个好世界"，并指出"李"、"张"即"李自成人呼为闯贼，张献忠人呼为献贼"②，与顾炎武记载吻合。最近，栾星先生说"自成别称严"，"严与充、炎、延，或为同音字，或仅声调有别"，并认为"李公子即自成"③，笔者认为是有道理的。计六奇曾经说过："予幼时闻贼信急，咸云李公子乱，而不知有李自成。及自成入京，世犹疑即李公子，而不知李公子乃李岩也。"④这些都有着重要历史参考价值。据日本《华夷变态》载，正保二年（1645）六月二日，长崎奉行根据东渡日本明遗民口述记录整理的呈递江户幕府《大明兵乱传闻》，有八处将李自成事迹称作"李公子"，如"大顺军领袖李公子攻取北京，崇祯帝被迫自杀"、"清兵与吴三桂追击李公子，打击北京、山西、山东、陕西大顺军势力"⑤，就是例证。这是顺治二年（1645）五月间明遗民抵达长崎后的口述笔录，堪称原始资料。当时他们不可能知道李自成九宫山死事，但吐露出"李公子"即李自成，其史料价值非常重要，可证顾炎武、计六奇所言有根据，通山县《程氏宗谱》中的"李延"就是李自成。夹山说学者据通城县《金氏宗谱》

---

① 顾炎武：《明季实录》卷 16《附录苍梧兄酉阳杂笔》。
② 沈颐仙：《遗事琐谈》卷 5《寇祸本末》。
③ 栾星：《甲申史商》，中州古籍出版社 1997 年版，第 168—179 页。
④ 计六奇：《明季北略》卷 13《李严归自成》。
⑤ 林春胜、林信笃《华夷变态》卷 1《正保二年（弘光元年，顺治二年）·大明兵乱传闻（自长崎注进）》，第 8—9 页。

序载"李延、李自成流寇猖狂"而判断并非一人,以便证明通山县《程氏宗谱》李延被杀记载非指李自成。其实这个问题不复杂,关键是要读懂古书。举个类似例子,吴伟业、查继佐等人史书均称"李锦、李过",冯甦史书却称"李锦即李过"。吴伟业、查继佐亦知李锦、李过是一人,显然"李锦、李过"后者是前者注解,后者应用括号,但古人无标点符号,顿号是今人断句铸成大错。同样道理,《金氏宗谱》那句话"李自成"是"李延"注释,后者应该用括号,即"李延(李自成)流寇猖狂",足证《程氏宗谱》记载可靠。此外,崇祯时署名白愚警凡所撰《汴围湿襟录》,亦称自成为"延贼"[1],是自成又名李延的另一证据。

总之,从分析史籍歧异记载,探考李自成晚年战略思想和大顺军东下史实,以及"李炎"、"李公子"即李自成史籍记载,不难看出阿济格奏疏、何腾蛟奏疏,以及文秉、蒙正发、王夫之等人论述,均与当时史实吻合。李自成死于通山县九宫山确凿无疑。

四、从夹山文物看奉天玉和尚不是李自成

夹山说学者认为夹山文物为"奉天玉和尚是李自成"提供了佐证,还说李自成在九宫山"设疑代毙"是假死。因而对夹山文物的探讨,就成为李自成死事考辨的重要组成部分。

据1994年7月7日湖南《石门晚报》第3版消息说,该县维新场镇寒水坪村某青年农民于2月18日来到县博物馆,将一块铸有"奉天玉诏"铜牌交给馆长龙西斌先生。该消息说"这块铜牌长4.5厘米,宽1.3厘米,厚0.3厘米,铜制,为黄铜",还说"把'奉天玉'与'诏'联系起来,这就说明了'奉天玉'和尚的特殊身份","'奉天玉'

---

[1] 白愚警凡:《汴围湿襟录》,上海书店1982年版,第71页。

就只能是李自成了"。后来明史学会某些成员认为"相似于兵符，用来调兵遣将"，"把奉天玉和尚与李自成衔接距离又缩短了"。[①]最近，龙西斌先生在北京密云李自成学术研讨会上发言："'奉天玉诏'铜牌是解决奉天玉和尚即李自成问题的一把钥匙。"言外之意，"奉天玉诏"表明奉天玉和尚就是李自成。

1996年9月17日下午，李自成结局研究课题组成员韦祖辉在湖南石门县座谈交流时，对"奉天玉诏"铜牌真伪提出质疑，认为"此铜牌字体与大顺军'西安王'、'自成王'马铃和'永昌通宝'铜币上文字笔迹不合，与李自成根本联系不上"，当地领导、专家顿时沉默。此铜牌根本来历不明。据说是挖掘菜田粪池时在陶罐里发现的，然而原件根本没有铜锈，似近年铸造，完好如新，说它是三百四五十年前文物，难以令人信服。若说调兵遣将信物，此乃完整单一，兵符之说不能成立。何况"奉天玉"是和尚，于道场做法事，弘扬禅风，是不能称"诏"的。因为"诏"专指含有具体内容的皇帝文告、命令。所以，此铜牌与佛教规则、教义不合，与大顺军以及历代政治、军事制度不合，显然是今人对历史无知而伪造出来，以迎合李自成禅隐夹山寺之说，用以牟利。[②]它与奉天玉和尚毫无关系。

夹山寺藏《梅花百韵》木刻残版，有诗九首，其中《东阁梅》尤为夹山说学者赏识。另外，章太炎先生于辛亥革命后不久，奉孙中山先生之命出差湘西，公事之余搜集到梅花诗五首，认为是李自成遗诗。其中《雁来梅》更被说得神乎其神。

[①] 见1996年10月石门县印刷厂印《石门文史》第4辑李自成学术研究资料汇编第3部分评议鉴定会议《综要》。另据该资料第3部分《评议发言记录》。内中兵符说者乃中国军事科学院研究员范中义（见第270—271页），可惜他对何谓兵符不甚了解。距离缩短说者乃郑州大学教授王兴亚（见第235—238页），中国明史学会秘书长张德信表示赞同（见第239—240页）。

[②] 在密云会议上，笔者发言时指出，所谓"奉天玉诏"是今人拙劣的伪造，绝对不是文物。本文必须指出，笔者说法是有根据的，石门县的知情人曾经向他揭发内幕，只是由于种种原因，暂时还不能公布内情。

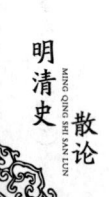

本来宋元时就流传梅花百韵诗，如《宋史·艺文志》载李祺《梅花百咏》，对元代诗坛当有影响，可惜后已佚。元代冯子振、诗僧中峰《梅花百咏》被《四库全书》收入①，流传至今。应该看到，冯子振、中峰《梅花百咏》对明末清初诗坛颇有影响。如南明抗清名臣张煌言和中峰梅花韵作诗三首，明清之际死于兵乱的湖南湘乡诗人龙孔蒸、洪伯修、欧阳淑生前曾和冯子振各作《梅花百咏》诗，而王夫之又和龙孔蒸等三先生作《和梅花百咏诗》，故夹山寺藏木刻残版《梅花百韵》，在当时应属常见之物。而章太炎先生对梅花诗史未予考索，以及受民间传闻李自成为僧的误导，才武断地说夹山寺梅花诗是李自成诗集，并煞有介事评曰"无草泽粗犷之气，而举止羞涩，似学童初为诗者，亦举事无就之征也"②，结果贻误夹山说学者匪浅。如石珍、丘朔《李自成禅隐石门夹山说新证》、覃道荣《李自成的归宿问题》、韩长耕《关于李自成归宿的若干问题》③，均认为被章太炎发现《雁来梅》诗中的"边外梅花雁字开，陇羌性鲁亦能栽"④是道出李自成为陕北人，有思乡情绪。其实《雁来梅》是沿袭冯子振、中峰《寄梅》、《折梅》而作，有相当艺术水平。冯氏《寄梅》云"远凭春信问知音，离恨何如陇水深。不是江南无所有，欲君同识岁寒心"，中峰和云"故人遥隔陇云边，折玉传香水驿寒。江北江南重相忆，只将春信报平安"，冯氏《折梅》亦云"素手分开庾岭云，问花觅取一枝春。陇头驿使今无便，留向山窗几上芬"。⑤《雁来梅》主题与上述诗意吻合。顾名思义，"雁来梅"即"寄梅"，"边外"、"陇羌"即"遥隔陇云边"、"陇水"、"陇头"，"天使"即"驿使"。《雁来梅》"奉诏天使行边后，带得新香马上

---

① 《四库全书》总集类，总第 1366 册，台湾商务印书馆，第 559—589 页。
② 章太炎：《李自成遗诗存录》，《太炎文录续编》卷 6 之上，第 305—308 页。
③ 参湖南李自成归宿研究会编：《李自成禅隐夹山考实》，湖南大学出版社 1988 年版，第 57、159、259 页。
④ 章太炎：《李自成遗诗存录》，《太炎文录续编》卷 6 之上，第 305—308 页。
⑤ 《四库全书》总集类，总第 1366 册，台湾商务印书馆，第 568 页。

回",显然受"陇头驿使今无便,留向山窗几上芬"思路启发而创作成的。"边外梅花雁字开,陇羌性鲁亦能栽",也恰是"故人遥隔陇云边,折玉传香水驿寒"含义,并非"陇羌"有梅能栽也。王夫之《寄梅》云"红尘日日促香乾,欲赠相思行路难。知到陇头春已尽,只应将作柳枝看"①,也是这种意思。可见《雁来梅》写作技巧有其历史继承原因,与所谓李自成即奉天玉和尚籍贯毫无关系。

夹山寺《东阁梅》,覃道荣《李自成的归宿问题》认为"东阁"指"皇帝要臣"②,穆长青《试揭李自成隐终夹山之谜》说涛中"三公"指"在李自成心目中,牛金星、宋献策、刘宗敏等文武骨干就是自己的公卿"③。其实,此处"东阁"是阁名,"东阁梅"词最早见于杜甫《和裴迪登蜀州东亭》。裴迪乃唐代诗人,时官蜀州刺史,寄杜甫诗提到何逊。故杜甫和裴迪诗云:"东阁官梅动诗兴,还如何逊在扬州。此时对雪遥相忆,送客逢春可自由。幸不折来伤岁暮,若为看去乱乡愁。江边一树垂垂发,朝夕催人自白头。"④何逊,南朝梁人,官尚书水部郎,诗善写景,在扬州时梅花盛开,为之吟咏。后居洛阳(当在湖北境内,今厥),见不到梅花盛开景象,再次来到扬州,适值梅花盛发,大开东阁,故约同名流齐登东阁笑傲终日,这就是东阁梅之掌故。冯子振沿袭杜甫诗,并根据历史掌故,正式题《东阁梅》诗名,云:"官亭把酒送行旌,对雪看花值早春。杜老飘零头白尽,底须朝夕苦催人。"中峰和云:"对雪蜀亭清兴动,因思何逊更多才。倚阑人去花无主,诗壁春深长绿苔。"⑤杜甫"东亭",即元诗"官亭"、"蜀亭",本在蜀州境内,这里均代称当年何逊扬州东阁,点出了梅的主题。夹山寺《东阁梅》借用这个掌故,开头两句"官梅东阁阁东头,徐听三公

---

① 王夫之:《王船山诗文集·和梅花百咏诗》,中华书局1962年版,第448页。
② 湖南李自成归宿研究会编:《李自成禅隐夹山考实》,第171页。
③ 同上书,第135—136页。
④ 杜甫:《和裴迪登蜀州东亭》,《唐诗选》,人民文学出版社1978年版,第281页。
⑤ 《四库全书》总集类,总第1366册,台湾商务印书馆,第559—589页。

话政猷"，表现了东阁东头梅花盛开时笑傲终日，缓听"三公"国事筹策高见的富有诗画意境，也是点出了梅的主题。王夫之《东阁梅》云"香国扬州锦阵豪，诗情偏向峭寒高。都官吟后输声价，倾盖白头只水曹"①，也是借用这个掌故点出了梅的主题。可见梅的诗情，使"都官吟后输声价"，或"徐听三公话政猷"。足证夹山寺《东阁梅》与李自成身世根本联系不上。夹山寺《梅花百韵》是沿袭元诗《梅花百咏》演变而来，与李自成毫无关系。更何况李自成出身穷苦，仅能粗识文字，即使初学写诗，也无此唱和才能。

夹山寺藏《支那撰述》木刻残版，当属文物。其作者是奉天玉和尚弟子野拂和尚，纯属野拂语录性文献，居然也成了夹山说证据之一。如其中"炉中供养今上皇帝圣躬万岁万岁"句，穆长青《试揭李自成隐终夹山之谜》说："当时除崇祯、顺治能称呼供养'皇帝圣躬万岁万岁'外，只有李自成可当此呼。而所供养者当然绝非崇祯或顺治，剩下的只能是'大顺皇帝圣躬万岁万岁李自成'了……又一次证明'奉天玉'绝非寻常人物"。杨杰《论李自成的归宿》说"这又不是对和尚所用的辞语"，"是对李自成的怀念"，"既然当时的李锦敢称'先帝'、'太后'，后来的野拂自然要称'今上'、'皇帝圣躬'。时间相距已久，要不是一人，尊称怎能这么一致"。② 这些说法都是错误的。这句话本是和尚开堂说法例语，"供养"是焚香祝愿的意思。如古林智禅师，乃湖广长沙人，天启三年（1623）生，康熙三十四年（1695）圆寂。他在般若寺开堂说法，"升座拈香，奉为今上皇帝圣寿万岁万岁万万岁"③，可见乃例行格式也。兹据《支那撰述》"次拈香炉中，供养重开夹山之恩"句，参照夹山寺大雄宝殿东侧康熙四十四年（1705）刻《重兴夹山灵泉禅院功德碑》"至辛酉秋，大兴土木，极力重修"句，当是康熙

---

① 王夫之：《王船山诗文集·和梅花百咏诗》，第448页。
② 湖南李自成归宿研究会编：《李自成禅隐夹山考实》，第144页、第208—209页。
③ 《古林智语录》，《明嘉兴大藏经》第38册，台北新文丰1987年径山藏版，第921页。

二十年（1681）事，时石门知县张霖参与此事，而《支那撰述》开头有"辛未夏月"句，得知"炉中供养今上皇帝圣躬万岁"是康熙三十年（1691）为康熙帝祝诞，从而得知野拂和尚政治上是忠于清朝的，这就是历史本来面貌。试问：野拂有何理由和胆量，敢称奉天玉和尚是"今上皇帝"？何况奉天玉和尚早已圆寂入塔了。

近年湖南省石门县有关部门，在夹山寺西侧塔林遗址挖掘奉天玉和尚塔墓时，出土刘瑄撰写的塔铭。塔铭全称"中兴夹山祖庭弘律奉天大和尚塔铭"。韩长耕、向祥海《李自成死地、终年问题考》认为其"中兴有政治色彩，'中兴'是南明官方在口头和文字对"忠贞营"常见使用的词语"，而"用到奉天和尚头上，能不发人深思"。穆长青《试揭李自成隐终夹山之谜》认为大顺军残兵隐化，指奉天玉和尚地方上中兴和事业上中兴。① 然而从塔铭得知，"中兴"是指奉天玉和尚恢复、重兴夹山寺。正如明清时名僧费隐修建福严寺，事后他说"此丛林中兴之举，可谓迅速"②，足证奉天玉和尚塔铭"中兴"二字与李自成或"忠贞营"根本是风马牛不相及也。

奉天玉和尚塔铭铭文最后一句"补之为铭"，而李过表字称补之，以及野拂撰碑铭残文最后一句"补之为铭"。夹山说学者则据此认为野拂就是补之（李过）。如韩长耕《关于李自成归宿的若干问题》认为"补之就是野拂"，因而野拂就是李过。穆长青《试揭李自成隐终夹山之谜》断言"署名刘瑄的铭文根本不是刘瑄所作"，而是野拂即李过假托刘瑄名义撰写的。③ 这种说法，不符合情理。依照古今传统格式，撰者应在墓志铭尾部署上带有身份或与墓主关系的姓名，如奉天玉和尚塔铭尾句"赐进士第翰林院澧阳刘瑄撰"就是这样。如果李过未死，

---

① 参见湖南李自成归宿研究会编：《李自成禅隐夹山考实》，第54、137页。
② 费隐：《顺治十七年六月七日致隐元信》，见陈智超、韦祖辉、何龄修注：《旅日高僧隐元中上往来书信集》，中华全国图书馆文献缩微复制中心1995年版，第61—64页。
③ 参见湖南李自成归宿研究会编：《李自成禅隐夹山考实》，第142—143页。

其署名也不能违背这种格式。依据塔铭文字，得知刘瑄于"周王丙辰三年"即康熙十五年（1676）撰写铭文，而奉天玉和尚"殁于甲寅年"，即殁于康熙十三年（1674）。"补之为铭"是铭文最后一句，其前句是"假以玉色"。两句意思相互连接，其完整意思是：奉天玉和尚示寂火化后不能入塔不能撰铭，而是时隔近三年骨灰入塔，补写铭文刻在"玉色"即砖石上。这就是"假以玉色，补之为铭"唯一完整含义。足证"补之为铭"是奉天玉骨灰与刘瑄补撰铭文同时入塔，怎么倒变成补之即李过撰写的铭文呢？"补之"是动词，补之（李过）是名词，岂能混淆不分呢？笔者认为，刘瑄当死于康熙十五年（1676）之后，塔铭是刘瑄所撰，故穆长青等先生说法没有史料根据。至于野拂撰碑铭残文中"补之为铭"，实引自刘瑄撰的铭文，故不再剖析。

野拂所撰奉天玉和尚碑铭，受破坏程度严重，残存各句文字不贯通。夹山说学者歪曲其原意，如穆长青《试揭李自成隐终夹山之谜》歪曲残碑"况值戎马星落雨泪天"句，说："'戎马星落'显然指起义军失败与散落，'戎马'谓军事斗争，'星落'谓大将败亡，这就点明了'奉天玉'的身世——起于兵戎，败于军阵。'雨泪天'是对起义军败亡的感叹，这是血和泪凝结成的。"[①]这种说法耸人听闻。其实恰恰相反，这句是点明吴三桂占领澧州情况。从刘瑄所撰塔铭得知，奉天玉和尚"殁于甲寅年三月，荼毗得舍利子数百枚"。为何不能及时入塔，时隔近三年才入塔呢？这与吴三桂叛清有关。何璘说，"（康熙）十三年（1674）甲寅正月，吴三桂自辰州白马渡遣伪前锋吴国贵、马三保寇澧……诸伪将十余万众，屯澧城内外，旋移营顺林驿，依山掘壕，纵兵劫掠。山村湖堧游哨殆遍，所遇男女累系载路"[②]。严首升亦说，"楚自彝陵及虎渡、岳州、长沙、衡阳，深沟高垒"[③]。另据魏源说，吴

---

① 湖南李自成归宿研究会编：《李自成禅隐夹山考实》，第137页。
② 何璘：《澧州志林》卷19《兵难》。
③ 严首升：《濑园遗集》卷6《洞庭请封疏》。

三桂"亲赴常（德）、澧（州）督战"①。澧州是吴三桂叛乱重灾区，石门县夹山地区是吴三桂军队"依山掘壕，纵兵劫掠"、"深沟高垒"范围，不久奉天玉和尚圆寂，吴军哨兵横行，夹山寺岂能建塔？岂能骨灰入塔？这段史事，完全与"况值戎马星落雨泪天"吻合。穆长青先生把"戎马星落"当作一个词组是错误的，而且与碑文原意也不合。"星落"是指奉天玉和尚死时"况值戎马"，即在吴三桂军队横行下死去，"雨泪天"是指对老和尚死后骨灰未能入塔而抒发出来的悲伤情愫。骨灰直到康熙十五年（1676）十月，即塔铭云"周王丙辰三年孟冬吉旦"入塔安葬，是因为吴三桂军队陕西连败，清廷调兵加紧对湖南攻势，如九月"命穆占佩征南将军印，统陕西、河南诸军，赴湖广讨吴三桂"②，迫使吴三桂将澧州兵力调援长沙，使澧州气氛有了松动。这就是骨灰和刘瑄补写塔铭入塔安葬背景。总之，野拂撰写碑铭残存文字，丝毫没有李自成、李过痕迹，也丝毫没有大顺军痕迹。

奉天玉和尚塔墓左侧有穴，内有道教圹符砖。夹山说学者违背道教符箓基本知识，强调其砖是陕北葬俗，砖的图文含"闯王陵"三字。现在，湖南省石门县夹山寺西侧塔林遗址奉天玉墓地，经过大兴土木，竟然成了豪华的"闯王陵"了。笔者认为，这是完全错误的。

穆长青《评"九宫山说"》认为，夹山圹符砖"图像和字加起来，'门吞马'是'闯王'的'闯'字，右边'头戴三台'是'王冠'的'王'字，左边'寿山永远'的'寿山'是'陵'"③。其实，夹山圹符砖宣扬亡者超生，丝毫没有隐含"闯王陵"意思，而夹山说学者显然带有浓厚玄学色彩，随意歪曲圹符砖，把李自成结局说得玄之又玄，是非常不严肃的。需要指出的是，陕西省子洲县圹符砖资料④，与夹山

---

① 魏源：《圣武记》卷2《藩镇》。
② 蒋良骐：《东华录》卷11，中华书局1980年版，第177页。
③ 湖南李自成归宿研究会编：《李自成禅隐夹山考实》，第186—188页。
④ 参见湖南李自成归宿研究会编：《李自成禅隐夹山考实》，第337页附图三。

如出一辙，依照穆长青先生破译法，在陕西省子洲县岂不是又有一个"门吞马"的"闯王陵"吗？覃道荣《李自成的归宿问题》却从另一角度说："这一事实说明奉天和尚按陕北葬俗安葬"，"印证奉天玉为陕北人"。[①]然而，作为一种宗教信仰，并非陕北独有，各地都当有。如《灵符神咒全书》台湾满庭芳出版社1992年版第39页、《符咒施法全书》隆泉书局1986年版第117页，所收的圹符图文与夹山、子洲一模一样，足证石门县夹山寺西侧出土圹符砖极为平常，与李自成毫无关系，因而覃道荣先生说奉天玉和尚按陕北葬俗安葬是没有根据的。总之，夹山圹符砖乃道教之物，奉天玉和尚不可能援道入佛。奉天玉和尚与圹符砖无任何内在联系，夹山寺西侧曾作为道教信徒安葬的墓地是客观存在的，不然不会出土圹符砖。奉天玉和尚不是李自成，他死后不是依照陕北或道教葬俗安葬，而是依照佛门火化习俗入塔的。

湖南省慈利县野拂墓碑有"战吴王于桂州，追李闯于澧水"句，成为夹山说学者热门话题。韩长耕、向祥海《关于〈甲申岁弋闯志〉和新得〈野拂墓碑〉》将句中"追"字训为"追随"[②]，意在将野拂说成是李自成武将，在战史上同吴三桂有过较量，最后追随李闯王来到澧水，所以就要违背追与战对偶的追赶或追击字义，为野拂即李过打下伏笔。难怪韩长耕《关于李自成归宿的若干问题》说，野拂经历是"'拔剑登坛'、'翻江捣海'、'叱咤中原'，并追随于澧水的武夫"，并以《永定县乡土志》"野拂为闯贼余党"资料为佐证，进而论述补之即野拂、野拂即李过[③]，这实际是歪曲了野拂历史。从墓碑上看，野拂是武夫，"生于明，终于清"。天启年间，痛恨魏忠贤专权，故有"久恨权阉"句。崇祯年间，参与镇压农民起义，故有"乘翻江捣海之势，敢逐寇林"句。南明时期降清，参与清兵追击大顺军来到澧水流域，故

---

① 湖南李自成归宿研究会编：《李自成禅隐夹山考实》，第170—171页。
② 同上书，第109—112页。
③ 参见湖南李自成归宿研究会编：《李自成禅隐夹山考实》，第284—285页。

有"追李闯于澧水"句。《永定县乡土志》所载不足为据，因为该志是光绪时编撰，而此前民间早已流传李自成是奉天玉和尚，野拂是奉天玉高徒自然就成为"闯逆余党"，这能算是史料吗？何况该志介绍野拂时先有"相传"云云，修志者就不是当为信史来记载的。康熙时吴三桂叛清，野拂以和尚身份在慈利县"战吴王"，故有"战吴王于桂州"句。"桂州"是慈利县甘堰地区桂州塌，当地有吴王坡地名。①据史籍记载，吴三桂叛清时曾亲赴澧州督战，还"驱土司苗、倮助军锋；伐黔、楚山木，造楼船巨舰，铸滇铜为钱，文曰'利用'；转川、湖之粟以饷军，广饵贼党"②，而慈利县难逃厄运，亦是"伐黔、楚山木"、"转川、湖之粟"必经之地。不难看出，"战吴王"表明野拂和尚在这个战略重要地区发挥其"武夫"特长，与吴三桂军队交锋过。正由于野拂和尚对清朝忠心耿耿，所以墓碑称"皇清临济正宗圆寂始祖僧上真下修野拂老和尚"也就可以理解了。可见野拂是一个参与镇压农民起义并且后来已经投靠清朝的和尚，根本不是追随李自成的大顺军武将或李过。另从夹山寺西侧葬区野拂塔文"康熙壬午年四月吉旦"看，野拂当死于1701年冬至1702年春夏间，如果是李过，年近百岁，历史能那样简单吗？

五、结语

根据对史籍歧异记载和对夹山文物的剖析，不难看出奉天玉和尚不是李自成，李自成是于1645年5月4日死在通山县九宫山。因而，李自成夹山为僧说的论点是根本不能成立的。

本来"奉天玉"的"奉天"是地名，而不是法名，这是夹山说学者的严重失误。稍懂佛教史常识者便知，不同年代相同法名，同年代

---

① 杨杰：《论李自成的归宿》，认为"桂州"指慈利县桂州塌。本文认为有道理，故取杨说。见《李自成禅隐夹山考实》，第210页注78。
② 魏源：《圣武记》卷2《藩镇》。

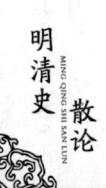

相同法名，往往以对其有影响的地名、寺名标在法名前，是便于区分之需要。"奉天"是地名，"玉"是法名，当年何璘曾经这样考虑过，但"奉天玉"的"奉天"与"本朝以沈阳为奉天"①的奉天府联系不上，何璘只好继续推理下去，疑问和反问并存。其实，"奉天玉"的"奉天"，是指南明永历政权奉天府，即武岗。②可惜何璘不知有此故实，望文生义，想当然耳，结果贻误了今天的某些学者。

湖南省石门县李自成归宿问题学术研究成果评议鉴定会议，是在两派激烈争论和没有持通山说学者参加的情况下召开的，赴会者共37人，没有一位是真正研究明末农民战争史、明末清初史专家，也没有一位是文物鉴定专家，因而其评议鉴定难免缺乏科学性、公正性。赴会者中五人分别有中国明史学会会长、副会长、秘书长、副秘书长头衔，他们均在会议综要即鉴定书上签字，并张贴此鉴定书于夹山寺陈列室之明显处。他们以中国明史学会名义，与湖南省李自成归宿问题研究会所谓一锤定音，指出"夹山说拥有几乎与闯王禅隐同步产生的史料记载，如《夹山记》、《张琮伯见闻记》、《书李自成传后》、《李自成遗诗存录》、《大顺军领袖李自成被害问题存疑》等，文虽不多，但时序清楚，脉络清楚，且自成一体，极少自相矛盾之处，是颇有价值颇有说服力的史料"，还指出"夹山说有着十分丰富的文物佐证：近年来从夹山及附近地区发掘、发现的文物数十件，分别从不同角度为李自成以'奉天玉'之名禅隐夹山提供了物证。特别是奉天玉墓、奉天玉诏、西安王马铃、龟形敕印等几件文物，更进一步缩短了奉天玉与李自成的距离"③。这两个"指出"实际上是鉴定书的关键所在，然而错误百出。其实质性问题本文前面已做剖析，下面仅就本文未牵涉到的问题做简略补充。

---

① 何璘：《澧州志林》卷23《书李自成传后》。
② 蒙正发：《三湘从事录》，上海书店1982年版，第242页载：永历元年"改武岗为奉天府"。
③ 《石门文史》，第282—284页。

鉴定书举出五个"颇有价值颇有说服力的史料",只有《夹山记》称得上是与奉天玉和尚"同步产生",其他四种分别是乾隆时何璘、道光时抱阳生、民国初章太炎、1956年申悦庐所撰之文,岂能说成"与闯王禅隐同步产生的史料记载"?况且《夹山记》是严首升在清廷平定三藩叛乱后写成,时奉天玉已圆寂多年,"譬如乱贼"是针对吴三桂说的。康熙十七年(1678)三月,吴三桂称帝改元昭武,改衡州为定天府,因而《夹山记》就这一史事说出"才上尊号"。但是年八月间吴三桂死去,其叛乱余党不久即被削平,故《夹山记》就这一史事说出"旋即破灭也"。然而夹山说学者认为"譬如乱贼,才上尊号,旋即破灭也"①是指李自成亡明前后史事说的。②与李自成史事毫无关系的《夹山记》,却被鉴定书武断为"与闯王禅隐同步产生"、"颇有价值颇有说服力的史料",不免贻笑大方。

通山说与夹山说激烈争论,实属正常现象。李自成结局是学术问题,今后恐怕仍要争论下去,但像明史学会那样匆匆召开会议鉴定,有悖于人文精神,是不可取的。所以其鉴定书所鼓吹的"夹山说占主流地位"、"推动了明史研究的发展,是对明史研究的一大贡献"③,是对历史研究不负责任的表现,并且对不熟悉这段史事者起了误导作用。

附识:
本文是笔者与好友韦祖辉教授合著的。祖辉兄出力尤多。

(台湾《汉学研究》1999年第17卷第1期)

---

① 同严首升:《濑园遗集》卷5《夹山记》。
② 覃道荣:《隐极露真,真极隐实——从〈夹山记〉看奉天大和尚是谁》,载湖南李自成归宿研究会编:《李自成禅隐夹山考实》,第211页;鞠盛:《〈夹山记〉揭开了奉天玉谜》,载湖南李自成归宿研究会编:《李自成禅隐夹山考实》,第213页。
③ 参见《石门文史》,第282—284页。

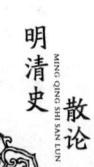

明人文集的人文传统（2000）

明人文集数量庞大，内容包罗万象，精华与糟粕并举，龙鳞夹狗毛齐飞。但是，就明人文集的主流而言，毕竟是异彩纷呈，美不胜收。此所谓异彩，所谓美，乃指明人文集的主要方面，继承并发展了唐、宋以来文集的人文传统，显示出强烈的忧患意识，以及对社会关注的满腔热忱。清初有人抨击明人好模仿，无创造性，"故有明三百年有名篇，无名集，职是故也"①。此说虽有一定道理，但对明人文集未免矮化，有失公允。现就明人文集所显示的忧患意识、关注社会，及明人文集之支流，分别论列。

一

明人文集所显示的强烈忧患意识，突出地表现在对皇权腐朽、暴戾的揭露上。读明史，最令笔者切齿的是诏狱。顾名思义，诏狱即皇帝诏令拘禁犯人的监狱。《汉书·文帝纪》载："绛侯周勃有罪，逮诣廷尉诏狱。"可见诏狱的资格之老。但是，历史上诏狱的黑暗，实无出明朝其右者。而天启乙丑（1625）"六君子"关在诏狱受尽迫害的情景，更属典型。所谓"六君子"是指当时已被罢官的副都御史杨涟、

---

① 申涵光：《聪山集》卷2。

佥都御史左光斗、给事中魏大中、御史袁化中、太仆寺少卿周朝瑞、陕西副使顾大章。起先，阉党党魁魏忠贤拉大旗作虎皮，捏造罪名，将杨涟等六人拖到天启初年曾任内阁中书的汪文言冤狱中，捕入诏狱。但是，后来魏忠贤的走卒、大理寺丞徐大化出鬼点子说，仅将杨涟等与汪文言挂钩，不过是坐以已成旧案的罪过，难判重罪，不如"坐纳杨镐、熊廷弼贿，则封疆事重，杀之有名"①。这样，杨涟等人就被分别诬陷为接受熊廷弼贿赂，导致明军在关外与后金（清）之战中丧师辱国的罪名，这无疑是死罪。"六君子"在诏狱的悲惨遭遇，时人颐大武为避祸以"燕客具草"假名所撰的《诏狱惨言》②，有较详细的记载。如："次日之暮，严刑拷问诸君子。虽各辩对甚正，而堂官许显纯袖中已有成案，第据之直书具疏以进。是日诸君子各打四十棍，拶、敲一百，夹杠五十。""十三日比较……受杖诸君子，股肉俱腐。""二十四日比较。刑毕……是夜三君子（按：杨涟、左光斗、魏大中）……俱死于锁头叶文仲之手。"颇为难得的是，时人薛冈是杨涟、左光斗遗体的目击者，他在其文集中，写下了目击记："杨、左骸骨从锦衣卫西墙下狱门出，余走观之，不但无完肤，且无完骨，惨不忍言。余不觉窃叹，供事卒子遂提棍向余，余趋而避之，首几受棍。"③杨、左二君子竟然被折磨得肤糜骨烂，真是人间何世！而读了杨涟的文集，更令人感慨不已。他的《劾魏忠贤疏》，列举其24条罪状，断言"寸脔忠贤，不足尽其辜"，并慷慨陈词："职知此言一出，忠贤之党，断不能容职，然职不惧也。但得去一忠贤……一生忠义之心事，两朝特达之恩知，于愿少酬，死且不憾。"④这种"明知山有虎，偏向虎山行"的英雄气概，"汉贼

---

① 《明史》卷306《贾维华传》。
② 颐大武：《诏狱惨言》，《指海丛书》第5函。
③ 薛冈：《天爵堂文集》卷19《丑寅闻见志》。
④ 杨涟：《杨大洪先生文集》卷上《劾魏忠贤疏》。

不两立"、誓死捍卫国家安全的赤胆忠心,真乃惊天地,泣鬼神。他的《狱中绝笔》,更悲愤无已,读来令人扼腕:

> 不意身一入都,侦逻满目,即发一揭,亦不可得,至于如此。打问之日,汪文言死案密定,固不容辩,血肉淋漓,生死顷刻,不时追赃,限限狠打。此岂皇上如天之仁,国家慎刑之典,祖宗待大臣之礼?不过仇我者立追我性命耳……嗟嗟,痴心为国,妄趋死路……虚存忠直肝肠,化作苌弘碧血,留为千日白虹,死且不瞑,但愿国家强固,圣德刚明,海内长享太平之福,涟即身无完肉,尸供蛆蚁,原所甘心。不敢言求仁得仁,终不作一怨尤字也。①

需要指出的是,明人文集中直接描写诏狱内惨状的文字,并不多见,受迫害者对皇权的酷虐,不能不有所顾忌。但是,因为诗歌比较含蓄,故一些受害者在诏狱内的心声,还是在他们的文集中保存下来了。如李梦阳的《毒热在狱呈陈连使教暨潘给事中希曾》:

> 此地饶炎热,南中恐未然。
> 有风番助暑,挥汗欲成泉。
> 鸟避栖深叶,蝇喧集满筵。
> 百忧吾共汝,流涕北风篇。②

又如他的《述愤》(副标题为"弘治乙丑年四月坐劾寿宁侯逮诏狱,其十四"):"昔为霜下草,今为日中葵。稽首沐罔极,欲报难为词。"③《狱

---

① 杨涟:《杨大洪先生文集》卷下《狱中绝笔》。
② 李梦阳:《空同诗集》卷22《毒热在狱呈陈连使教暨潘给事中希曾》。
③ 李梦阳:《空同诗集》卷6《述愤》。

雨》："雨打潮门流海烟，随风散落凤城前。愚臣独抱枯鱼泣，何日金鸡下九天。"①这些诗句，显示了梦阳在狱中的困苦与无奈。李梦阳是因上疏劾权阉刘瑾入狱的。他在狱中有位难友潘希曾，字仲鲁，金华人，在奉使湖南、贵州二省计处储时，因拒绝贿赂刘瑾，逮入诏狱，拷掠除名。他有《诏狱听李献吉言梦》诗谓："听子清秋梦，醒予久病怀。逍遥何日是，恍惚有天开。背壁灯明灭，巡檐柝往来。浮生无可笑，此际不滇猜。"②又有《诏狱闻蝉和李献吉题扇》："山青不改色，水流不改声。吁嗟寂寞乡，有此悠远情。蚊蚋万起灭，今古同薨薨。何如林居子，超然了平生。"③相逢原是曾相识，诏狱犹有同难人。潘希曾与李梦阳成了诏狱的吟侣，所作竟能留传后世，这是他们始所未料的。正德时的韩邦奇也曾被逮入诏狱，他写下了《诏狱——自浙至京未尝顷刻释三刑》诗："五品监司贵，朝廷法不私。一封渎明主，十口景相知。黄卷春扉静，青灯夜榻迟。旧闻胡宪使，此日慰相思。"④在另一首诗中，则尖锐地揭露"鏖战有边将，奇勋多近臣"⑤，也就是刘瑾冒边功的罪行。嘉靖八年进士、后以吏部郎中左迁大名通判的长洲人皇甫汸，因事下狱，他写下《诏狱二十句》，诗谓："一自婴时网，终宵若触藩。史迁出清室，公冶击圜门。果被儒冠误，从知狱吏尊……市远应投杼，天高奈覆盆……"⑥在诏狱内，狱吏称王称霸，恣情枉法，固然令人痛恨。但不正是"天高奈覆盆"的结果吗？从前述几首诗歌看来，正德、嘉靖时的诏狱，还没有恶劣到万历、天启年间诏狱的程度，前述几位还都能从诏狱死里逃生。而此后诏狱中的蒙冤者，想活着出去，不啻是难于上青天。这些冤案，"举朝莫不知其

---

① 李梦阳：《空同诗集》卷32《狱雨》。
② 潘希曾：《竹涧集》卷1《诏狱闻蝉和李献吉题扇》。
③ 同上。
④ 韩邦奇：《苑洛集》卷10《诏狱——自浙至京未尝顷刻释三刑》。
⑤ 韩邦奇：《苑洛集》卷10《闻车驾幸北边》。
⑥ 皇甫汸：《皇甫司勋集》卷23《诏狱二十句》。

枉，而法司无敢雪其冤"①。明末瞿式耜曾慨乎言之："往者魏（忠贤）、崔（呈秀）之世，凡属凶网，便烦缇骑，一属缇骑，即下镇抚，魂飞汤火，惨毒难言，苟得一送法司，便不啻天堂之乐矣。"②明代有完备的司法机关，即刑部、大理寺、都察院，俗称三法司，在审刑杨涟等人过程中，却不能过问。何以故？诏狱是由皇帝亲自操纵的特务机关锦衣卫直接把持的，谁也奈何不得。比起刑部监狱的人间地狱来，诏狱的惨无人道，实在是地狱十八层。这是明代中期后大肆膨胀、高度发展的皇权，在进一步强化封建专制主义过程中，充分暴露的腐朽、残酷的缩影。需要指出的是，那些在诏狱的蒙难者，无一不是忠而获咎者。前引李梦阳的"昔为霜下草，今为日中葵。稽首沐罔极，欲报难为词。"可谓写尽这些蒙冤者的心声：几乎快要肝脑涂地了，还要当葵花，心向红太阳——也就是皇帝，继续做着"浮云蔽日，天子圣明，臣罪当诛"的旧梦。杨涟在狱中写下的血书里，固然有"大笑大笑还大笑，刀砍东风，于我何有哉！"③以抒愤懑。但在临死前写的《绝笔》中，仍坚信"涟死非皇上杀之，内外有杀之者。""雷霆雨露，莫非天恩"④这样的噩梦，甚至在20世纪的70年代仍然可以看到其历史的踪影，可见"皇泽"之长久，这真是莫大的悲哀。事实上，李梦阳、杨涟辈对刘瑾、魏忠贤之流恨之入骨，但刘、魏不正是假正德、天启皇帝至高无上的皇权，才得以祸国殃民，作恶于诏狱之中，流毒于普天之下吗？就此而论，那些屈死的诸君子，至死仍为梦中人耳，可怜复可悲也。

---

① 祁彪佳：《祁彪佳集》卷1《陈三大弊政疏》，中华书局1960年版。
② 瞿式耜：《瞿忠宣公集》卷1。
③ 杨涟：《碧血录》，第7页。
④ 同上书，第2—3页。

二

明朝学者、文人、官员对社会广泛、深入、细致的观察，在很多文集中都有充分的反映。

皇权及在其卵翼下的倒行逆施，始终是有识之士关注的焦点。正德皇帝曾在今王府井开"天下第一酒店"，是名副其实的皇家大酒店。皇店是明朝的虐政之一。太监于经首开皇店于九门、关外、张家湾、宣大等处，"税商榷利，怨声载路，每岁额进八万外，皆为己有，建寺、置庄，动数十万，暴殄奢侈，乃前此所未有者"[①]。但对皇店揭露得最形象的，当属时人区大相。他的《过皇店》诗谓：

皇家新店跨神州，泉府难盈万姓愁。
今日何人忧国计？独劳天子自持筹！[②]

这无疑是首讽刺诗，矛头直指正德皇帝，难能可贵。正德时的刘瑾专权，危害百端，史料记载，不一而足。发人深思的是，无论古今，一个专权祸国者的背后，都是俯伏着一大批奴颜媚骨的叩头虫、马屁精，没有这些人的抬头捧脚、舔痔吮血，刘瑾也好，魏忠贤也好，都不可能那样猖狂鸱张。韩邦奇载谓："当大贺之时，适瑾有私家之庆，公卿百执事嵩呼舞蹈于丹陛者十惟八九，面稽首崩角于瑾前者则济济罔缺焉。"[③]"当其时，势催威劫，中外风靡，士大夫依阿淟涊，以保身全妻子，鲜有能自立者。"[④]这种阳刚委顿、奴性十足的现象，销蚀着正

---

① 谭希思：《明大政纂要》卷44。
② 区大相：《区太史诗集》卷27《过皇店》。
③ 韩邦奇：《苑洛集》卷7《长芦都转运盐使司运使进阶嘉议大夫刘公墓表》。
④ 同上。

气，腐蚀了灵魂，简直是精神上的国殇，危害极大。但是，正如韩邦奇形容的那样，"疾风劲草，狂澜砥柱"者，毕竟仍有人在。韩邦奇在《长芦都转运盐使司运使进阶嘉议大夫刘公墓表》中，即记述了时任总理辽东粮储兼屯种的刘公断然拒绝刘瑾的豪夺，刘瑾大怒，将他"械至京师，枷号示众。时枷重法严，昼夜监守，虽亲友莫敢近"①。但此公未尝稍屈，"枷月余不死"。真无愧于"刘铁汉"的英名。②借用鲁迅先生的话说，刘铁汉辈才是"中国的脊梁"③。具有讽刺意味的是，刘瑾的故居离杨贵妃的"血污游魂归不得"处马嵬坡才几百步之遥。弘治癸丑进士、做过兵部右侍郎的莆田诗人郑岳，就此写了《马嵬之南数百武为逆党刘瑾故宅。噫！杨妃以此地没而瑾复以此地生，岂事有适然欤？均足示戒》的诗：

  明皇西幸蜀，嵬坡驻銮旗。六军不肯发，宛转缢蛾眉。悠悠百世下，抚迹空嗟咨。妖氛岂来散，阉竖复生兹。怀奸穷大柄，国势欲潜移。事颇天宝类，幸尔亟诛夷。群奸起嗣虐，四海成疮痍。乱阶鉴妇寺，永垂万世规。④

作者将历史与现实相结合，巧妙地指出唐、明宦官为害之烈，如出一辙。这是很有见地的。

前述韩邦奇曾被逮下狱。究其因，明朝阙名著《沂阳日记》"韩苑洛"条，载谓：

  韩苑洛，性刚直……为浙江按察佥事分巡杭、严，独持

---

① 韩邦奇：《苑洛集》卷7《长芦都转运盐使司运使进阶嘉议大夫刘公墓表》。
② 同上。
③ 《鲁迅全集》卷6，人民文学出版社1931年版，第92页。
④ 郑岳：《山斋文集》卷1《马嵬之南数百武为逆党刘瑾故宅。噫！杨妃以此地没而瑾复以此地生，岂事有适然欤？均足示戒》。

风载。镇守太监王堂并织造中官有所求为于有司,率裁抑之。积忤既久,后因富阳县产茶与鲥鱼,二物皆入贡。采取时民不胜其劳扰。公目击其患,作歌曰:"富阳山之茶,富阳江之鱼。茶香破我家,鱼肥卖我儿。采茶妇,捕鱼夫,官府拷掠无完肤。皇天本至仁,此地独何辜!鱼兮不出别县,茶兮不生别都。富阳山,何日颓!富阳江,何日枯!山颓茶亦死,江枯鱼亦无。山不颓,江不枯,吾民何以苏!"后被镇守奏公作歌怨谤,阻绝进贡,逮至京,下锦衣狱,褫其官。①

由此我们清楚地知道了韩邦奇的下狱,是由于他敢于顶撞王堂之流镇守太监,并写了《富阳民谣》②这首歌,尖锐揭露了他们鱼肉富阳人民的罪行,从而被扣上"作歌怨谤,阻绝进贡"的大帽子,横遭迫害。值得注意的是,这首《富阳民谣》与同一时期高邮诗人王磐针对刘瑾之流"当权,往来河下者无虚日",在大运河中耀武扬威,"每列辄吹号头,列丁夫,民不堪命"③,写下了脍炙人口的《朝天子·咏喇叭》:"喇叭,唢呐,曲儿小,腔儿大;官船来往乱如麻,全仗你抬声价。军听了军愁,民听了民怕,那里去辨甚么真共假?眼见的吹翻了这家,吹伤了那家,只吹的水净鹅飞罢!"④都是揭露宦官的文学精品,在中国文学史上熠熠闪光。

今日中年以上之国人,对白色恐怖,或目击耳闻,或不幸身受,谁能忘却?但此等暴行,实为老谱翻版,源于黄色恐怖——亦即以皇帝为核心的封建专制之恐怖也。明代宦官专权时期人人自危之恐怖气

---

① 陶珽重辑:《沂阳日记》,说郛续集第7,顺治三年宛委山堂刊本,第2—3页。
② 有些资料及著作,误将此诗作民间歌谣。详见王春瑜:《〈富春谣〉作者考》,《明清史散论》,知识出版社1996年版,第275—279页。
③ 蒋一葵:《尧山堂外纪》卷94《国朝·王磐》。
④ 《西楼乐府》,嘉靖刻本,见路工编:《明代歌曲选》,上海古典文学出版社1956年版,第29页。

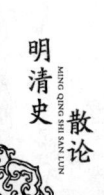

氛,史料记载不少,但最令人触目惊心的记述,当数薛冈文集中的相关文字:

> 逆珰缉事腹心人遍布寰宇,充塞京师。京师各衙门班皂、优人、歌儿、厨役、裁缝、篦头、剔脚之属,皆受珰重赏为珰用,故一时密状私书,与密语私事,往往得悉于珰,苟不幸而所泄者犯珰所讳,其人立死,骸骨无踪,无论民间重足侧目,而士大夫无一夕敢舒眉欢燕,坐谈间无一语敢稍及时事。余方寓张宗伯沙窝圆居,极其幽偏,亦衹觉针刺在体,卧不贴席,至今思之,令人毛骨犹悚。
>
> 士大夫出京,逆珰必使人尾其后,受何袒伐,携何行李,著何冠服,一一报知……而又尝遣人从中途要截往来书札。①

300余年前,大明帝国首都特务网是如此严密,特务是如此横行无忌,政治气氛是如此恐怖,实在令今人瞠目。当然,多行不义必自毙,恐怖的制造者,没有一个能逃脱历史的惩罚。魏忠贤的可耻下场,充分地证明了这一点。

今天的史家都能清醒地看出,宦官的好坏,不仅仅是宦官的个人品质问题。没有皇帝制度,哪来宦官?没有年幼或昏庸的皇帝,宦官岂能成为"站的皇帝"(刘瑾)、"九千九百岁"(魏忠贤)?是荒谬的皇家政治大舞台,给魏忠贤之流提供了充分表演反面才能的机会。薛冈记下的魏忠贤之侄魏良卿在受审时的一番话,是发人深思的,在一定程度上说,用以分析魏忠贤,也是不无意义的:

> 传闻魏良卿赴法司,鞫主者欲加刑,良卿曰:"吾生长

---

① 薛冈:《天爵堂文集》卷19。

田舍，得负耒耜足矣，何知富贵？今日称功，明日颂德，功德巍巍，自当封拜；吾不合为珰侄，遂以袍带加身，是称功颂德者，以富贵逼我，我何罪也？"良卿白丁，何其言之有味！①

"以富贵逼我"五个字，实在是可圈可点。无论是在明代，还是当代，这种将田舍郎抛上权力高层的奇特而又荒谬的政治闹剧，又何尝少见？

"万岁"一词，自秦汉以后，随着中央专制主义集权的日益强化，逐渐成为皇帝大辞典里的专有名词。②在人们习以为常并认为天经地义、"万岁"不绝于耳中，天启时有人公然对此提出尖锐的批评，叶向高载谓：

（天启二年四月）御史帅众疏中言"内外朝万岁呼声聒耳，乃巫祝之忠"……上大怒，谓帅众不许朕呼万岁，无人臣礼。③

帅众堪称众醉独醒，在明代乃至整个中国政治文化史上，值得大书一笔。

皇家的宫廷生活，云遮雾罩，外人难知其详。如篦头房，是明代内府二十四衙门以外为宫廷服务的机构之一，设近侍十余名，专为皇子、皇女请发、留发、整容之事。万历时吴县人许自昌在其文集中有一条记载，读来极有味：

朝廷梳篦名整容，俱内官一二十人为之。礼极严肃，先

---

① 薛冈：《天爵堂文集》卷19。
② 参见王春瑜：《万岁考》，《牛屋杂俎》，成都出版社1994年版。
③ 叶向高：《蘧编》卷12。

一日演习。常州赵玉坡在京时,家童赵卓年少貌美,忽同街行,被内人扶去,不知所从,遽不敢问。急至下处,惊危愁虑竟日。至晚而回,言携至一所,使坐椅,披发梳篦,众人环侍,进退周旋,如奉至尊。事毕,以发绾一方髻,乃知以此人演习者也。樗道人曰:此等享受,亦不知从前劫来否?可发一笑。①

由此知道,内侍为皇帝子女理发,真乃诚惶诚恐,否则何必从大街上觅一美少年,演习终日?皇家特权之令人生畏,于此亦不难想见矣。

紫禁城警卫森严,民间妇女难以入宫,即使是"已承恩赐名称"的宫女,其母非奉旨,也不得入内。但有三种人却可入宫,王肯堂集中言之最详:

> 一曰奶婆,即两县及各衙门选送礼仪房坐季奶口。若内廷将有诞喜,则预召数人候之内直房,产男用乳女者,产女用乳男者,初亦亲试,候月余,乃留一人。一曰医婆,取精通方脉者,候内有旨,则各衙门选取,以送司礼监,会选中。籍,名待诏,入选者妇女多荣之。一曰稳婆,即民间收生婆中预选籍名在官者,惟内府所用之,如选宫女,则用以辨别妍媸可否;如选奶口,则用以等第乳汁,厚薄隐疾有无。如内廷有喜,则先期预集老于事者直宿,日夕候之,事定乃罢。诸婆中有一经传宣者,则出入高髻彩衣,如宫妆,以自别于曹偶,民间亦以此信而用之。医婆、稳婆事竣,皆得出,惟奶口一留用,则终其身事所乳得霑恩泽,无复出理,其食报盖特隆云。②

---

① 许自昌:《樗齐漫录》卷12。
② 王肯堂:《郁冈斋笔麈》卷4。

由此可以看出三婆在明代宫廷服务系统中所起的特殊作用。而奶口也就是奶妈，倘若所乳者长大后当了皇帝，则立即养尊处优，天启时的客氏，更成了干政祸国者。从明史学界的现状来看，对三婆的研究是远远不够的。

对明代太监阉割的过程、痛苦状，记载比较清楚。但对妇女的幽闭术，史家多引《碣石丛谈》，谓用木棒击妇女腹部，令子宫下垂阴户外，人道遂绝。笔者曾询诸医生，皆曰无此可能，不足凭信。后读嘉靖时黄冈人王同轨著述，似为解开幽闭之谜，多了一条线索。王氏载谓：

> 传谓男子宫刑，妇人幽闭，皆不知幽闭之义。今得之，乃是于牝去其筋，如制马、豕之类，使欲火消减。国初常用此，而女往往多死，故不可行也。①

呜呼，将人等同畜生处置，始作俑者其无后乎！

明朝有心人对大自然的观察非常仔细，留下的记录是今天研究明朝科技史的珍贵资料。如万历时孙能传载谓：

> 藕生十二节，闰月则益一节。梧桐生十二叶，一边六叶，从下数一叶为一月，有闰则十三叶，视叶小者即知闰何月也。茨菰花一茎收十二实，有闰则十三实。棕榈每月抽棕一片，闰月则半片而止。芋与赤箭皆以十二子为卫，亦应月之数。草木之微，乃与历数相符，不独朱草也。②

又如他写的"地出血"条，有可能是大地震的前兆，或别的什么，值得今天的地质学家、治地震史者重视：

---

① 王同轨：《耳谈》卷12《妇人幽闭》。
② 孙能传：《剡溪漫笔》卷4。

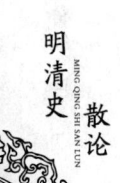

> 余往居京师，见礼曹灾异奏牍：灵璧县有人宿逆旅舍，夜间血腥触鼻，疑有他变，揽衣急起，践地血几没胫。其人仓皇出走，血奔涌其后，及于衢路，出数丈外乃止。辛卯秋慈溪县亦有此变。其明年壬辰春，余乡泉井复有之。其血起于草间，高几尺余，方丈许，溅及人足，若为马蜞所啮，血随之而流，洗去乃复无恙。凝于草头，逾宿皆作殷红色，绝与常血不殊，余乡人多见之，莫晓其故，至今二十年亦无他异。①

明人文集中更有大量有关农业、手工业、商业、文化、风俗等的第一手资料，为考识明代经济史、社会生活史等，提供了可靠的依据。明史学界的老前辈王毓铨教授，在主持敝所明史研究室工作时，倡导研究明史的学人，必须读五百种明人文集，洵为至论。

明人文集呈现出如此生机盎然的人文传统，并非偶然。一方面，秦汉以来儒家的入世思想、仁爱传统，源远流长，为明朝的文人、学者所承袭。另一方面，随着明代生产力的发展，人与人的关系、人与自然的关系，以更明白、合理的状态，呈现在人们的面前，从而开阔了观察者的视野。而明末随着欧风东渐，更给明朝人打开了一扇天窗，看到了天外天，使思想界提高到一个新的层面。这些在明末人的文集中，是显而易见的。

三

作为支流，明人文集存在的反人文传统倾向，主要表现在：有些文集编印过滥，或为俗吏公牍，"奉因""等此"，读来味同嚼蜡，几

---

① 孙能传：《剡溪漫笔》卷6。

乎没有史料价值，或"酬应百端"①，皆无聊之作，或风花雪月，无病呻吟，陈词滥调，全无生机，既没有文学价值，更谈不上有史料价值。而更成问题的是，有相当一部分文集，充斥着对权贵生者、死者的诏媚经、马屁颂。《天人归德颂三篇》一书，堪称典型。是书为成化间刻本，北京图书馆藏。作者是赵玉芝。他是番禺人，因中官高谅推介，累官太常丞，超授本寺卿，与常恩及李孜省等朋比为奸。王重民先生曾指出，"是颂当为超擢太常寺卿后一篇献媚文字也。极似司礼监版式，当亦中官所刻者。"②北京图书馆藏嘉靖刻残本《寿春堂集》五卷，读来颇感肉麻。原来此书乃遗臭史书的严世藩所辑，都是在寿春堂内朝官绅士为严嵩祝七十大寿的马屁文字。尤有甚者，严嵩的死党、作恶多端的赵文华，死后居然由其家人给他编了一部《赵氏家藏集》，达八卷之多，原题"探花及第中极殿大学士冢宰徐阶选，赐进士第少保兼太子太保大司空、奉敕督师荡寇建城加爵世荫尽瘁事国致仕归里殁而谕祭谕葬赐谥襄成、慈溪赵文华著"。看此题记，不明原委者，会误以为赵文华乃忠心事国、功德巍巍、光荣退休、谕葬赐谥、生荣死哀者。实际上，他是被罢官回乡的，而且不得好死。史载："文华嗜酒，病蛊，被斥后，偶扪腹，五脏悉出死。"③所谓"谕祭谕葬赐谥襄成"，笔者怀疑根本是子虚乌有。这样的文集，简直是对历史的公然嘲弄。

为宦官贴金，是明朝要员的通病，虽贤者如丘浚、张居正，亦未能免俗。丘浚生性耿介，有史籍说他从不作宦官诔墓文字，其实也靠不住。北京市文物管理部门藏有《明故司设监太监樊公墓志铭》，首行赫然大书"赐进士第嘉议大夫礼部右侍郎掌国子监事前翰林学士兼修国史经筵讲官琼台丘浚撰"，文中盛赞樊坚出差时"一无所取，沿途郡

---

① 《平湖县志》卷15《陆澄原传》。按：陆氏乃天启工部主事，落职后著有《燕山梦草》一卷、《萧草》一卷。
② 王重民：《中国善本书提要》，上海古籍出版社1983年版，第483页。
③ 查继佐：《罪惟录》卷30《奸壬列传·赵文华传》。

邑驿传闻公至，喜曰福人来也……心慈仁而量弘大……感荷国恩，每以不能报称为念，夙夜孜孜"，等等，一片颂扬声。张居正在为大宦官冯保写的《司礼监太监冯公预作寿藏记》中，一再为冯保评功摆好，宣称："今以公建立，视古巷伯之伦何让焉。诚由此永肩一心，始终弗替，虽与霄壤俱存可也。"①其实冯保虽支持张居正改革有功，但也是个贪鄙之徒，索贿受贿，垮台后在其家中抄出金银百余万两，大量奇珍异宝。后来他死于南京，葬于皇厂，京中白纸坊的坟墓，只能是泣残阳、哭西风，对冯保、张居正来说，都是枉费心机了。再以《圭峰集》为例。此书乃成化时南京吏部侍郎罗玘撰。集中有《故内官监太监白公墓道碑》、《故南京守备司礼监太监傅公墓道碑》、《御马监左监丞博啰墓志铭》、《故内官监太监白公墓志铭》②，充斥着谀辞。更有甚者，还写了《内供奉老老王氏墓志铭》，通过对博啰之母、一位来自甘肃凉州的普通民女的彰扬，进一步美化博啰，显然是太过分了。这正是正不压邪、奴性抬头的结果。事实上，正是明代政治舞台上叩头虫、软骨虫太多，构成重要原因之一，使宦官得以横行天下，几乎弄得河决鱼烂的地步。崇祯皇帝在处理魏忠贤"逆案"时，曾慨乎言之："忠贤一人耳，苟非外廷逢迎，何遽至此！"③这是有一定道理的。当然，也应当看到，这些宦官墓志铭，对于研究明代宦官史，特别是宦官的籍贯、生卒年，仍然具有史料价值。

龙年孟春于京南老牛堂
（为参加 2000 年 4 月台湾汉学研究中心·明代研究学会举办的"明人文集与明代研究学术研讨会"而作）

---

① 张居正：《张太岳集》卷 9《司礼太监冯公预作寿藏记》，上海古籍出版社 1983 年版，第 116 页。
② 罗玘：《圭峰集》卷 14。
③ 文秉：《先拨志始》卷下。

甲申三百六十周年祭（2004）

崇祯十七年（1644），恰逢甲申年。这年三月十九日，李自成攻克紫禁城，崇祯皇帝吊死煤山。一个多月后，李自成在山海关被满汉联军击败，返京，匆匆在武英殿登上皇帝宝座，旋即撤出北京，次年五月，在湖北通山县九宫山小源口，被地方反动武装杀死。清兵入关，在疯狂镇压明末农民大起义及南明抗清武装力量血泊中建立起来的大清王朝，在神州大地上统治了268年，延长了中国封建社会的进程，加深了人民的苦难。我们不能忘记360年前的甲申剧变！崇祯皇帝的悲剧意义究竟何在？李自成为什么迅速败亡？都值得我们重新思考，拿出答案。

一、崇祯皇帝：办好事、坏事都缺乏决心与能力

崇祯皇帝朱由检，小有才干。他书法、诗歌俱佳，擅弹琴，生活俭朴。如果在承平时期，他有可能成为有一定作为的好皇帝。但是，他登基后，接手的是从万历、天启以来多年积累而成的民穷财匮、阶级矛盾激化、内忧外患交织的烂摊子。面对时艰，他回天乏术，多疑、悭吝、刚愎自用的性格，导致他既缺乏把好事办到底的决心与能力，也缺乏把坏事办到底的决心与能力。

先说办好事。最典型的，莫过于他对于魏忠贤大案的处理。天启

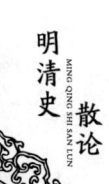

年间，宦官魏忠贤与客氏狼狈为奸，操纵阉党，把持朝政，祸国殃民。崇祯皇帝上台后，也曾猛砍三斧头，清算阉党，剪除了魏忠贤、客氏，撤掉各处镇守宦官，并在崇祯三年（1630）革去宦官提督。但不久思来想去，觉得还是宦官最贴心，因此又重新重用宦官，比起天启皇帝，堪称有过之无不及。这突出地表现在对宦官委以军事大权，让他们提督京营和监军统兵，以及担任镇守和守备。以前者危害最大，后果十分严重。所谓京营，是从全国各地更换调来，用以保卫京城的军队。而且，如果外省或边疆有重大战事，必要时京营还得抽调部分精锐，前去增援、讨伐，被地方视为"天兵"。因此，它不仅人数众多，通常保持着三十多万人马，而且装备精良。崇祯当政期间，京营自监督外，总理捕务、提督禁门、巡视点军大员，皆以御马监、司礼监、文书房的太监担任，"于是营务尽领于中官矣"①。崇祯十六年（1643）八月，以司礼太监王承恩督察京营戎政。次年三月，农民军兵临城下，崇祯帝命王承恩提督全城，又召前内监曹化淳分守诸门，让宫中太监一起守城。结果怎么样？这些被鲁迅讥为"半个女人"者，正如万历时刑部主事董基早已指出的那样，"安居美食，筋力柔靡"，"设遇健卒劲骑，立见披靡"。②大顺军炮声一响，这些不男不女者立刻作鸟兽散，王承恩只好与朱由检一起吊死煤山拉倒。另一个广为人知的典型事例是，崇祯二年（1629），朱由检中了皇太极的反间计，听信被清人故意放回的杨太监的屁话，认定袁崇焕与后金有密约，于次年八月，将袁崇焕处以最残酷的磔刑，自毁长城，从此再无抵御后金的优秀统帅，"封疆之事，自此不可问矣"③。

再说办坏事。朱由检执政后，就处在东有后金（清朝）、西有农民起义军的两面夹击之中。他对农民军当然是仇视的，一心消灭之。

---

① 孙承泽：《春明梦余录》卷31《戎政府·京营事例》。
② 《明史》卷234《卢洪春传》。
③ 杨士聪：《玉堂荟记》卷上。

如果他真的有决心与能力，将农民起义的烈火扑灭下去，固然是反动行径，但能腾出手来，集中力量对付后金，后金不但不可能入侵关内，而且有可能在关外被荡平。须知，镇压过农民起义的汉高祖刘邦，及朱由检的老祖宗朱元璋，因在其他方面促进了历史的发展，仍然是杰出的历史人物。朱由检对待陕西农民军的手段，与历代皇帝一样，无非是剿与抚。剿就是镇压，抚就是和谈。统观朱由检一生，经常剿、抚举棋不定。就抚而论，从未抓住机遇，把和谈进行到底，从而达到瓦解农民军的目的。早在崇祯二年（1629）春天，明朝陕西三边总督杨鹤，就提出对起义农民以招抚为主、追剿为辅的方针。朱由检对此事认可，甚至说过："寇亦我赤子，宜抚之。"崇祯四年（1631）正月，朱由检派御史吴甡往陕西放赈，但拨给他的帑银，却只有区区十万两，面对哀鸿遍地的广大饥民，无异于杯水车薪，"所救不及十一"①。很快，已经投降的起义农民，为了生存，又再度起义，抢大户的粮食，借以活命，造反烈火渐成燎原之势。此后十几年间，明廷与李自成、张献忠等人，曾多次和议，均以失败告终，在很大程度上，都与崇祯的决断不当有关。更值得指出的是，甲申年三月，李自成兵临城下时，曾通过宦官杜勋入城进宫，与朱由检谈判。所谈内容，亡友顾诚教授在其名著《明末农民战争史》中，推测为要朱由检投降，笔者认为不是，下文当述及，此处不枝蔓。但是，朱由检一方面在即将破城的三月十八日夜，仍下令"再与他（指李自成）谈"②，但却下不了决心答应李自成提出的条件，全不懂历代政治家以退为进、弃小局保全局的策略，甚至不懂妇孺皆知的"留得青山在，不怕没柴烧"的简单道理，成了"国君死社稷"儒学信条的牺牲品，正是"机关算尽太聪明，反误了卿卿性命"。日暮思陵噪晚鸦。呜呼！

---

① 吴伟业：《绥寇纪略》卷1《渑池渡》。
② 李长祥：《天问阁集》。

二、李自成：不及格的政治家

李自成身经百战，经常甘冒矢石，身先士卒，确实是一位优秀的军事指挥家。但是，作为一名政治家，他缺乏战略眼光，往往不能制定正确的策略，犯下一系列错误，导致进京后不久，迅速溃败，死于通山地方反动武装的无名鼠辈之手，遗恨千古，至今令史家扼腕难平。

李自成在崇祯十七年（1644）旧历正月初一日，即在西安建国，"国号大顺，改元永昌，百官礼乐悉遵唐制"①。正式登基当上皇帝。笔者认为，从各种史料的记载来看，这是千真万确的。② 李自成既然已经在西安当上皇帝，理应在这座古都认真地当皇帝，使西安这个大顺政权的首都，能够成为大顺军坚强的政治中心、经济后盾。李自成完全可以留在西安，行使皇帝大权，令部众继续征伐，消灭明军。但令人遗憾的是，他却亲率人马，向北京进发。这里，李自成有一系列重大失误：第一，进军北京的目的是什么？如果是捣毁明王朝的权力中心，派大将刘宗敏等人去就行了，何必要亲自上阵？明初朱元璋摧毁元大都（北京），就只派大将徐达完事。而李自成却在占领北京一个多月、在山海关之战中大败而归后，匆匆在武英殿登位，接受百官朝贺，"尊七代考妣为帝后，吏户部六曹各赦书"③。当然，事先做了大量筹备工作，包括制定、刊行《永昌仪注》。这里的问题是：李自成在西安称帝还算不算数？当了皇帝又再当，只能制造政治上的混乱，贻人笑柄。事实上，李自成四月二十八日在武英殿即位，但当夜五鼓，即"潜遁"，仓皇撤出北京，堪称屁股还没有在龙椅上坐热，不啻是一出闹剧！第二，李自成在建立政权后，很早就提出"三年免征"的

---

① 张岱：《石匮书后集》卷63《盗贼列传》。
② 参见王春瑜：《李自成登极辨》，《中华文史论丛》1980年第4辑。限于篇幅，这里不详述。
③ 钱馹：《甲申传信录》卷6《赤眉寇略》。

口号，这对民众当然有很大的号召力。但严格说来，并不妥当。不征赋，大顺军的开支从何而来？在进军河南后，李自成更让士卒到处散布"迎闯王，不纳粮"，"吃他娘，穿他娘，开了大门迎闯王，闯王来时不纳粮"。①这种极端平均主义、无政府主义的口号，只能进一步导致大顺军用拷掠追饷来筹集军费，以致在进军北京途中，特别是进入北京后，大肆对明朝的政要、权贵、富商、士绅等严刑拷打，勒索钱财，将富裕阶层完全推向绝路，造成社会混乱，人心动荡。第三，李自成进京，带了多少人马？顾诚教授估计是十万人，笔者认为大约是八万人，这是有史料可查的。这充分反映出李自成的轻敌思想，尤其是对关外的清廷，认识太差。清廷曾派人携国书给大顺军领导人，联合推翻明朝，"共享富贵"，李自成不予理睬，这是李自成一生中光彩的篇章之一，保持了可贵的民族气节。但是，他对清廷磨刀霍霍，准备随时见机而作，入侵关内，夺取政权的野心，却视而不见。山海关之战，他至多带了六万人马②，而吴三桂的兵力是五万人，加上乡勇三万人，以及约十万以上的清兵③，在总兵力上，超过李自成军三四倍，而且大顺军与强大的清军，是头一次遭遇战，猝不及防，终于一战而溃，一败涂地，从此走上败亡之路。第四，"百足之虫，死而不僵"，况大明王朝乎！李自成虽然当了皇帝，但在广袤的国土上，地方政权绝大部分仍然由明朝势力控制着，在南方，更迅速成立了南明朝廷，对抗大顺军、清军。如何南征？与如何东进一样，李自成有很大的盲目性。他只派了原明朝柳沟参将、进京后被封为权将军的郭升，带了三千人马，出兵山东，虽先后克德州、泰安州等地，但终因人马太少，大顺军山海关之战惨败后，郭升在山东虽经苦战，终于全

---

① 计六奇：《明季北略》卷23"李岩说自成假行仁义"条。
② 程源：《孤臣纪哭》。
③ 参见商鸿逵：《明清之际山海关战役的真相考察》，《明清史论著合集》，北京大学出版社1988年版。

军覆没，"单骑逃走"[1]。后在南明永历政权中，与李来亨一起坚持抗清。耐人寻味的是，"堪叹陕北农家子，轻取皇冠葬九宫"。李自成在通山九宫山下遭遇程九伯等地方反动武装突然袭击而牺牲，此时的通山仍然在明朝势力范围之内，岂不悲乎！第五，前文曾述及，李自成兵临北京城下，曾派投降的太监杜勋进宫，与崇祯皇帝谈判。李自成提出的条件是什么？据清初史家戴笠、吴殳记载："李（自成）欲割西北一带，敕命封王，并犒军银百万，退守河南。受封后，愿为朝廷内遏群贼，外制辽沈，但不奉召入觐。"[2]清初李长祥《天问阁集》的记载大同小异。联系到李自成曾说："陕，吾之故乡也。富贵必归故乡，即十燕未足易一西安！"[3]以及把在京中拷饷追赃得来的大量金银不停地运往西安，可以充分看出，李自成的目光是多么短浅！他进京的目的，就是为了捞一把：掠钱财，在明宫里过把皇帝瘾。因此，他才会贸然入京，又仓促退出。如果把李自成进京比作赶考，他是落第了，失败了。何以故？作为一个领袖，他政治上显然不及格。

皇冠落地类转蓬，空教胡马嘶北风。明朝、南明、清朝早已化为历史的烟尘，随风而逝。今天，我们站在21世纪的历史评判台前，应当更理性地审视甲申之变。那种对李自成一味高唱赞歌的态度，虚构大顺军进京很快腐化变质，因而导致失败的神话，对崇祯皇帝一钱不值的怜悯，都是对历史真相的掩盖与歪曲。实事求是地回味三百六十年前那场大悲剧，今人仍然可以从中获得有益的历史启示。

甲申农历正月二十八日于老牛堂

（原载《北京日报》、《随笔》杂志。收入王春瑜：《今古一线》，
上海古籍出版社2005年版）

---

[1] 孙廷铨：《颜山杂记》。
[2] 戴笠、吴殳：《怀陵流寇始终录》卷17。
[3] 谈迁：《国榷》卷101"思宗崇祯十七年甲申三月至五月"。

从郑和"七下西洋"看中国的海权体系（2005）

一、明朝以前中国的对外贸易

先秦时期，中国人对海洋的认识，大体上属于《山海经》水平，或借用唐朝大诗人白居易《长恨歌》中的一句诗来形容，"忽闻海上有仙山，山在虚无飘渺间"。诚然，甲骨文中有舟字，而且商代有了像样的造船技术，据殷商史专家研究，"商时河中已有船队"[①]。战国时在沿海一带，有海上渔业活动，以及运送军队，从苏州下海，可抵山东，从浙东下海，可至淮上。[②] 但先秦时期中国没有海外贸易活动。

汉代史籍证明，早在汉武帝时，中国船队从广州湾出发，经南中国海，航抵南洋各国。《汉书·地理志》论南粤地理形势，述及从徐闻、合浦等地，船行五月到都元国，继续航行，到谌离国、甘都卢国、黄支国，最远可抵已程不国。大体上，这是从今天的广州湾沿岸港口至印度半岛南部之航路。但上述地名，今人至今仍不能全部考订出其确切位置。当时的贸易是为皇家服务的。官方用黄金、杂缯向海外买回珍珠、琉璃，各种奇珍异石。[③] 至唐代，海上贸易有了长足发展，设有司舶使专司其职。但唐代文献，对其司职情形，并无明确记载，从

[①] 参见顾炎武：《日知录》卷29"海师"条。
[②] 杨升南：《商代经济史》，贵州人民出版社1992年版，第617页。
[③] 张维华：《晚学斋论文集》，齐鲁书社1986年版，第328页。

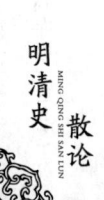

宋代史料来看[1]，司舶使主要是征收进出口税，并查禁违碍物品，管理香料等官方专卖品。司舶使是海外贸易兴盛的化身。我国商船已能远航到阿曼湾和波斯湾一带。宋代，西北地区很不安定，少数民族割据政权与宋朝及少数民族政权之间，战争不断，传统的通往西域的陆路交通线，严重受阻，使宋朝政府不得不更加重视海外交通。北宋灭亡，南宋政权地近大海，海外贸易繁盛一时，市舶税收占全国财政总收入的百分之二十，"经费困乏，一切倚办海舶"[2]。元朝建立后，依靠其雷霆万钧的大帝国声威，使波斯湾地区大部分成为元朝的宗藩之国——伊利汗国的领土。因此，至该地贸易，远比过去方便。元代后期汪大渊著《岛夷志略》，乃切身随商船游历东西洋的记录，地名两百多个，最远处到达阿拉伯半岛和非洲东岸的僧拔罗（桑给巴尔）等地。事实上，后来随郑和下西洋的费信所著《星槎胜览》，"半采汪大渊《岛夷志略》之文"[3]。马欢的《瀛涯胜览》也多次引用《岛夷志略》。甚至"记录郑和航行所历地名最详之《郑和航图》，有许多已见于《岛夷志略》和其他元代史料"[4]，还需指出的是，早在六十多年前，童书业先生已注意到，"元世祖亦尝屡遣使下南洋矣"[5]，并列举世祖至元八年（1271）、十年（1273）、十六年（1279）、十七年（1280）、二十三年（1286）遣使至缅甸、占城等海外诸番国。显然，唐宋以来的航海经验，特别是元代的航海成就，其中包括多次下南洋，为郑和"七下西洋"奠定了基础。但是，上述这些海外贸易活动，都是以皇权为主宰的官方贸易，是为皇家及贵族服务的。在政治上，是为了扩大"天子"的影响，"羁縻"海外诸国；在经济上，采购奇珍异宝，满足统治

---

[1] 《宋史》卷167《职官志》；《宋史》卷186《食货志》。
[2] 顾炎武：《天下郡国利病书》卷120。
[3] 冯承钧：《〈瀛涯胜览〉校注序》，《禹贡》半月刊第2卷第6期。
[4] 姚楠：《〈岛夷志略〉校释》前言，中华书局1981年版。陈得芝：《元代海外交通与明初郑和下西洋》，《郑和下西洋论文集》第2集，南京大学出版社1985年版。
[5] 童书业：《重论"郑和下西洋"事件之贸易性质》，《禹贡》半月刊第7卷1—3期合刊。

集团日益膨胀的奢侈消费欲。因此，当时的国人，从上到下，没有也不可能有海权观念。严禁私人下海贸易的国策，总体上并无变化。

二、朱棣制造的政治泡沫

早在一百年前，梁启超在《郑和传》中曾感叹："哥伦布以后，有无量数之哥伦布，韦嘉达哥马（即达伽马）以后有无量数之韦嘉达哥马，而我则郑和以后，竟无第二之郑和。噫嘻，此岂郑君之罪也！"[1]其实，郑和的"七下西洋"，何以后继无人？是因为郑和的下西洋，完全是大明帝国握有至高无上权力的皇帝朱棣一手制造的政治泡沫，从其动机与效果上，注定了下西洋只能是昙花一现。

朱棣派郑和下西洋的动机，必须从朱棣其人其事综合地去观察、分析。皇权制度的核心，是皇权神圣，不可分割、让渡，嫡长子继承制不容改变。朱棣从其侄朱允炆手中夺权，在古代，完全是谋反、篡夺，大逆不道，人所不齿。这种负罪心态，导致他采取一系列措施，力图改变自己的形象，把自己塑造成合法者，如捏造史实，说自己是马皇后所生。其实朱棣的生母是碽妃。20世纪30年代，史学界为此曾展开讨论，发表论文多篇。明代李清的《三垣笔记》，清初潘柽章《国史考异》，均明确记载明孝陵神位，左乃淑妃李氏，生懿文太子、秦愍王、晋恭王，右乃碽妃，生明成祖朱棣。永乐中，朱棣将建文帝时修的《太祖实录》修改两次，伪造自己乃马皇后生。而且迁都北京后，太庙中一帝只有一后，继后及列帝生母皆不配享。以便抹杀生母，不留痕迹。[2]

朱元璋在去世前的一个多月，头脑尚清醒时，已预感到朱棣拥兵

---

[1] 梁启超：《郑和传》，原载《新民丛报》1904年第3卷第21号，后收入《饮冰室合集》。
[2] 孟森：《明清史讲义》，中华书局1981年版，第109页。按：此说源于明郑晓《今言》。

自重，可能要闹事，故密谕晋王，"临阵时，领着在燕王右手里行"①。干什么？无非关键时可以剪除燕王。又如：明清史大家孟森前辈考订，建文帝确实已逃出宫廷，朱棣却认定两具尸体是他和皇后的，予以下葬，并假惺惺地说自己本来是效法历史上的先例，辅佐他的。但他深知建文帝未死，并怀疑是建文帝主录僧溥洽策划让他扮作僧人逃走，并逃亡海外，故朱棣将溥洽系狱十余年。又如：为加强自己的统治，消灭建文帝的政治势力，除大开杀戒，对建文帝重臣株连九族外，更恢复明太祖明令永废不用的锦衣卫、镇抚司狱，在永乐十八年（1420）又设立特务机构东厂，实行国家恐怖主义。厂卫的横行，在全国上下形成告密的坏风气，弄得人人自危，政治秩序完全被扭曲，正如崇祯大臣刘宗周所说："自厂卫司讥访而告奸之风炽……事事仰承独断而谄谀之风长，自三尺法不伸于司寇而犯者日众。"②此外，有明一代，甚至到清初，江南一带百姓始终怀念建文帝，这也是朱棣的一块心病，感到建文帝活着，对他是个莫大的政治威胁。这是因为，建文帝以文建国，比起乃祖朱元璋的严刑峻法，适成鲜明的对比。《明史》其本纪赞曰："践阼之初，亲贤好学……又除军卫单丁，减苏、松重赋，皆惠民之大者。"③直到弘治年间，有记载曰："父老尝言：建文四年之中……治化几等于三代。一时士大夫崇尚礼义，百姓乐利而重犯法，家给人足，外户不阖，有得遗钞于地，置屋檐而去者。及燕师至日，哭声震天，而诸臣或死或遁，几空朝署。盖自古不幸失国之君，未有得臣之心若此者矣。"④因此，朱棣派郑和"下西洋"的主要动机，是寻找建文帝下落，应该是可信的。唯其如此，在他去世前不久，确信建文帝不管逃到哪里，已属死老虎，不再对他构成威胁，永乐江山已坚如磐石，才

---

① 《明太祖钦录》及昌彼得《叙录》，《故宫图书季刊》第1卷，第4期。
② 刘宗周：《刘子全书》卷17《敬循职掌疏》。
③ 《明史》卷4《恭闵帝本纪》。
④ 顾起元：《客座赘语》卷1，中华书局1987年版，第29页。

宽下心来，将溥洽释放。① 当然，与此关联的是，朱棣派郑和下西洋的另一个重要目的，是宣扬国威，表明建文帝已经"流水落花春去也"，自己才是天朝的天子，要海外诸国赶紧"万方来朝"。

经过明初的休养生息，至永乐时，明王朝的国力比较强盛，但财政状况，并不理想。从洪武二十三年（1390）至成化二十二年（1486），明朝生产的白银总量，已故明代经济史专家梁方仲先生对《明实录》的相关记载做过统计，共约3000万两以上②，但拨给郑和下西洋的白银共700万两，花去600万两③，这对明王朝来说，是何等沉重的财政负担！高压政治下，无人敢对永乐皇帝派郑和下西洋，公开说一不字。但永乐皇帝一死，太子立即将财政专家户部尚书夏原吉从狱中放出：夏实行财政紧缩政策，重要举措之一，就是停止劳民伤财、明王朝重负的下西洋。史载：永乐驾崩，"太子走系所……令出狱，复问赦诏所宜。对以振饥，省赋役，罢西洋取宝船及云南、交阯采办诸道金银课。悉从之"④。

其后，宣德年间，头脑清醒的夏原吉已故，明朝虽又下过一次西洋，但不过是夕阳残照，从此成为绝响。

诚然，郑和所率庞大船队，所到之处，也有民间贸易，但比重甚小，主要是朝贡贸易，赏赐为主，不计成本。用中国"文化大革命"前流行的政治术语说，只算政治账，不算经济账。换回的是珍禽奇兽，名花异木，如海棠花、五谷树⑤，各种香料等奢侈品，于民生无补。郑和七下西洋，做的是大赔本买卖，跟西人适成鲜明对比。如"葡萄牙人于

---

① 郑晓：《今言》卷3，中华书局1984年版，第129页。
② 梁方仲：《明代粮长制度》，上海人民出版社1957年版，第127页。又据历史学家黄仁宇先生研究，明王朝年年财政赤字，"永乐初年之通货膨胀，仍变本加厉"，参见黄仁宇：《放宽历史的视界》，三联书店2004年版。
③ 王士性：《广志绎》卷1，中华书局1981年版，第5页。
④ 《明史》卷149《夏原吉传》。
⑤ 参见王春瑜：《奇哉，五谷树》，原载台湾《自由时报》1990年5月9日副刊。按：此树所结果实，能预卜年景。今江苏、江西尚有此树。

十五世纪末到东方,他们的航海规模远不及郑和,然而他们的经济利益却很大……运回大量香料,在欧洲市场上卖价极高,出售后所得利润为投资的六十倍"[1]。显然,郑和下西洋是特殊政治背景下的政治行为,或者如有的学者所指出的,"只是一个孤立的历史事件"[2]。明朝开展官方的朝贡贸易,并不意味着对海外实行现代意义的开放政策。事实上,禁止海外民间贸易往来的海禁政策,并未改变。即使在郑和时代,国人仍持天圆地方观念,世界地图万历时才由传教士携入中土,在上层士人中流传。因此,郑和的船队只能沿海岸线航行,去时路,也是归来路,等候季风。虽然作为杰出的航海家,郑和领先于西方航海家近半个世纪,但事实证明,郑和也根本不可能走得再远。古希腊人很早就知道地球是圆形的,故一千多年后,哥伦布才会向西航行去寻找印度,虽然他明知印度在东方。没有地球观念的郑和,绝不可能作环球航行,他能到达东非海岸,已属天涯海角,很难走得更远。郑和"七下西洋",所到之处,因无海权意识,从未建立过军事基地,更无殖民地。郑和下西洋,丝毫不意味着中国已进入海权体系的时代。

三、历史的呼唤

西方某些学者,主张明朝就是中国近代史的开端。若然,回顾明朝以来的近代历史,直到清朝灭亡,在以君权为核心的封建专制社会里,经济基础是自给自足的,以一家一户为单位的自然经济没有形成市场经济。政治上,闭关锁国,缺乏海洋意识,对世界上到底有多少国家,茫然无知。儒家思想一直支配人们的头脑,"敬天法祖"的教条,是陆地意识的支柱,也是阻碍海洋意识的拦路虎。民国时期,寇深祸急,积弱积贫,新中国成立后,帝国主义的封锁及中国的闭关国

---

[1] 周振鹤:《郑和航海只是一个孤立的历史事件》,《文汇读书周报》2005年7月15日第3版。
[2] 全汉昇:《明清经济史研究》,台湾联经出版事业公司1987年版,第5页。

策，加上斗争不断，运动没完，中国成为世界第一大穷国。随着近二十年来的改革开放，中国开始走向世界，国力有了很大提高。我们再不能像郑和下西洋那样错过历史机缘，游离于不久即至的第一次全球化浪潮之外。中国要傲立于世界民族之林，必须增强国人的海权意识，融和于世界海权体系。这才是振兴中华民族的保障。这不仅是历史的呼唤，更是时代的迫切要求。目前，中国在海权体系中所占位置还很小。我们应当明白，只有拥有海洋的国家，才能拥有未来。进一步改革开放，加快政治改革的步伐，增强国人的海洋意识，是唯一的选择。只有这样，中国才有可能"再造一个辉煌的汉疆和唐土"。海权的核心是海军。中国至今没有一艘巡洋舰、航空母舰。最高决策者们强调我国是爱好和平的国家，以防御为主，故重点发展潜艇、导弹。这在认识上可能是误区。试问，没有强大的海军——拥有巡洋舰、航空母舰，如何能保卫我们的海洋运输线，特别是工业生命线——石油补给线？谁也不能担保，日趋激烈的石油争夺战，会不会有朝一日，诉诸武力？如果我们在未来不能称雄于海权体系，控制海洋，就根本没资格说"风景这边独好"！

2005 年 9 月 27 日于京华

明代山人面面观（2007）

山人一词，出现很早。在先秦时代，山人即虞官，"掌山林之政令"①。秦汉以后，虞官成了昨夜星辰，山人逐渐成了遁迹山林隐逸之士的代名词。但是，所谓"圣代无隐者，英灵尽来归"。从山崖水曲步入庙堂的隐士，颇不乏人。不过这些人毕竟在山野间散漫惯了，总想保持闲云野鹤的外观，故进了朝廷，白花花的银子照拿，却不肯戴乌纱帽。他们扮演客卿的角色，参与议论国事，陪伴皇帝出游，因身穿白衣，路人看了指指点点，说："着黄者圣人，着白者山人。"②唐、宋、元都有山人出现，但零零落落，不成气候。

明中叶后，出现了为数可观的山人群体，对当时的政治、文化产生了重要影响。这是有深刻的历史背景的。经过明朝初年的休养生息，到了明中叶，嘉、隆、万三朝，农业、手工业、商业迅速发展，城镇出现了空前的繁荣，城中园林勃兴，城居乡村化，追求桑间濮上、小桥流水的山野情调，成为时尚。依附城市的社会寄生层，不论是腹有诗书，还是胸无点墨者，都追赶社会潮流，故作高雅，标榜脱俗，以山人自居，借以噉饭。此外，随着君权的膨胀，宦官专权日甚，朝政腐败，廷杖横行，多少大臣的屁股被打得皮开肉绽，甚至被投入暗无

---
① 《左传》昭公四年。
② 《新唐书》卷139《李泌传》。

天日的特种监狱——诏狱,生不如死,永无出头之日。因此,不少有识之士,视仕途为畏途,视朝廷为虎口,纷纷挂冠为隐,甘当山人,终老田园。

一、不入流的山人

明代山人既然是个复合的群体,必然鱼龙混杂,说得更直白些,实在有龙虎狗之别。

山人中的等而下之者,以看风水、推时辰为职业。明代讽刺文学的高手陈铎曾尖锐嘲笑道:"寻龙倒水费殷勤,取向金穴无定准,藏风聚气胡谈论。告山人须自忖,拣山葬你先人。寿又长身又旺,官又高财又稳,不强如干谒侯门。""婚丧二礼,推详岁煞,祝赞神祇,四时黄道空亡日,择选凶吉……几个钱非容易,逐朝价站立,念破了口唇皮。"平心而论,此辈虽然骗人,但毕竟还要劳力费神,站得腿发麻,念破嘴皮。而有的山人,目不识丁,纯粹是施展空手道。明末山东作家西周生的小说《醒世姻缘传》第4回,开头即有讽刺诗一首,揭露了此辈的骗人伎俩:"一字无闻却戴巾,市朝出入号山人。搬挑口舌媒婆嘴,鞠耸腰臀妾妇身。谬称显路为相识,浪说明公是至亲。药线数茎通执贽,轻轻骗去许多银。"该回小说生动刻画了"胁肩谄笑"的童山人的丑态。甚至关系到人生命安危的医生,也与这些山人一样,无非是瞒和骗而已。有个叫杨古月的医官,"原不过是个名色而已",何尝真懂医道?他夫子自道:"治那富翁子弟,只是'消食清火'为主;治那姬妾众多的人,凭他什么病。只是'十全大补'为主;治那贫贱的人,只是'开郁顺气'为主。"但是,他居然给小产的妇人吃"十全大补",导致她"腹胀如鼓,气喘如牛,把一个活生般的美人,只要死不求生了"。这些虽是小说家言,但却是明朝社会病态的真实写照。时人谢肇淛曾抨击道:"才名骄人,间亦文人之常。惟近世一种山人,目不识丁,而剽窃时誉,傲岸于王公贵人之间,使酒骂座,贪财好色,武断健讼,反噬负恩,使人望而畏之。"故曾任礼部尚书的徐太室,在所著《归有园麈谈》中告诫世人:"暴发财主收买假古董,眼前已见糊涂;新科进士结识假山人,日后必遭缠累。"晚明有首题作《山人》的江南民歌,据说经过吴中作家张伯起的润色,可谓写尽了这类山人的无耻。当然,此辈身无长技,治生乏术,当山人混饭混钱,这首民歌也堪称写尽他们的无奈。现节录如下:

> 说山人,话山人,说着山人笑杀人。(白)身穿着僧弗僧、俗弗俗个沿落广袖,头带子方弗方、圆弗圆个进士唐巾。弗肯闭门家里坐,肆多多在土地堂里去安身。土地菩萨看见子,连忙起身便来迎。土地道:呸,出来!我只道是同像下降,原来到是你个些光斯欣。咦弗知是文职武职;咦,弗知是监生举人;咦弗知是粮长升级;咦弗知是讼书老人;咦弗来里作揖画卯;咦弗来里咦告投文……轿夫个个侪做子朋友,皂隶个个侪扳子至亲,带累我土地也弗得安静……仔细替我说个原因。山人上前齐齐作揖,告诉我哩的亲亲个土地尊神:我哩个些人,道假咦弗假,道真咦弗真……只因为生意淡薄,无奈何进子法门……算尽子个三十六策,只得投靠子个有名目个山人……土地听得个班说话,就连声骂道:个些鸾说个猢狲!你也忒杀胆大,你也忒杀恶心……也有时节诈别人酒食,也有时节骗子白金……你个样瞒心昧己,那瞒得灶界六神……

明中叶后,党争激烈,门户之见,势如水火。上述山人中,有的甘当骂客，猖猖狂吠，没完没了，使人不寒而栗，从而被豪门奉为座上客。王世贞曾感叹："近日风俗愈浇，健儿之能哗伍者，青衿之能播堂者，山人之能骂坐者，则上官即畏而奉之为骄子矣。"山人之间，往往也互相丑诋，如陆应阳斥大名鼎鼎的陈继儒"为咿哑小儿，闻者无不匿笑"。京中权臣，除张居正、王锡爵外，都豢养山人，如严嵩有吴扩，徐阶有沈明臣等。这帮人是豪门的帮闲，也是帮凶，推涛作浪，加速了政治腐败。万历十七年（1589）三月，明神宗看了举报，觉得这帮山人闹得太不像话了，下旨将他们逮捕治罪，沈德符因而写道："恩诏内又一款，尽逐在京山人，尤为快事。"

二、亦正亦邪的山人

当然，山人中并非全是上述宵小、腐败分子，也有对腐败深恶痛绝者。如严嵩把持朝政，腐败横行，民不聊生时，有人问一位姓赵的山人，今日贪污的官吏状况为何？赵山人答道："不忍言！不忍言！譬娼家一般。然当时也存些廉耻，掩房避人，如今径在大路上，青天白日淫媾，全不怕人看见，何世道不幸至此！窃恐天下厌乱，国家或有不可测之祸，奈之何！"赵山人对严嵩主政时贪污腐败的猖獗、肆无忌惮，揭露得何等尖锐！所幸后来"脓包穿头"，严嵩、严世蕃父子被打倒，国家机器重新正常运作，否则赵山人担忧的"国家或有不可测之祸"，即天下大乱，是难免要发生的。不过，在明朝山人中，像赵山人这样的众醉独醒者，实在是凤毛麟角。

明代山人中，有不少清高者或马屁精。有的清高得未免离谱。如黄省曾，吴县人，举嘉靖十年（1531）乡试，从名儒王守仁、湛若水游，又学诗于文坛大家李梦阳。他博览群书，著有《西洋朝贡录》、《吴风录》、《拟诗外传》等书，与那些不学无术、招摇撞骗的山人不可同日而语。但是，他却自号"五岳山人"。以著有《炎徼纪闻》、《西湖游览志》鸣于时的钱塘人田汝成，嘲笑他道："子诚山人也！癖耽山水，不顾功名，可谓山兴……乘危涉险，不烦筇策，上下如飞，可谓山足；目击清辉，便觉醉饱……饮可旷旬，可谓山腹；谈说形胜，穷状奥妙……若易牙调味，口欲流涎，可谓山舌；解意苍头，追随不倦……可谓山仆。备此五者而谓之山人，不亦宜乎！"这就是所谓"五岳山人"！相当挖苦，但并非恶意攻讦。山人中马屁精很多，也许吴扩最有名。他在南京时，写有元日赋诗，奉怀分宜相公（严嵩），人们嘲笑他道："开岁第一日，怀中朝第一官，便吟到腊月三十日，安能及我辈乎？金陵人至今传以为笑云。"与吴扩堪称一丘之貉的另一位山人，写有《元日有怀三阁老》，难怪有人读后立刻将诗放到袖内，说看来直到除夕，你也轮不到怀我，还是让我把诗拿回家，在灯下慢慢读吧，这位山人听了，也忍俊不禁。

山人中还有奇人。尹山人，绰号尹蓬头，能一次吃一担瓜、四十余碗面，用气功为人治病，颇有效。王守仁年轻时，曾与他在南京"共寝处百余日"，但并未学会其特殊本领。

三、真山人

腐草烂木、土堆小丘之上，有大山群峰。在明代的众多山人中，有一批人，除个别人（如陈继儒）外，有山人之名，无山人之实，他们一不住在山上，二无前述山人的满身酸气、臭气，如杰出的文学家、史学家、画家何景明、李梦阳、王世贞、冯惟敏、李攀龙、徐祯卿、祝允明、文徵明、沈周、唐寅等。他们是文坛、画苑的群星，在今天仍然有着重要影响。唐寅由于其杰出的绘画成就，以及小说、戏曲的渲染，更成了家喻户晓、妇孺皆知的人物，唐伯虎点秋香的故事，更是人们津津乐道、历久不衰的传奇佳话。当然，文人相轻，自古皆然。陈继儒更是个有争议的人物。陈继儒字仲醇，号眉公，又号麋公，松江华亭（今上海）人。幼颖异，能文章，受到同郡徐阶的器重。长为诸生，与董其昌齐名。王世贞也很看重他，江南文士纷纷要与他结为师友。但是，他在29岁时，却将儒生衣冠付之一炬，这在当时，不能不是个愤世骇俗的反潮流行为。遂隐居昆山，后迁东余山，草堂数椽，杜门著述，作诗填词，并作画。他很少入城市。有时兴之所至，戴着很高的竹笠，身穿白衣，骑着麋鹿，在松江城内闲逛，儿童嘻嘻哈哈，跟在身后起哄，这在当时士人眼中，肯定目为怪诞、矫情。他虽身在山中，但毕竟仍要食人间烟火。著作要出版，就不能不与书商打交道。有时应酬难免，如与太仓王锡爵、同郡董其昌有往来。王锡爵曾任内阁首辅，形同宰相，声望极高。有的人对此不以为然。清初剧作家蒋士铨所作《临川梦》院本内，有《隐奸》一出，出场诗纯属讥刺陈继儒："装点山林大架子，附庸风雅小名家。终南捷径无心走，处士虚声尽力夸。獭祭诗书充著作，蝇营钟鼎润烟霞。翩然一只云间鹤，飞来飞去宰相衙。"这完全是丑诋，将陈继儒一笔勾销，是极不公正的。所谓"终南捷径无心走，处士虚声尽力夸"，根本是歪曲事实。鉴于陈继儒的学问、人品，声名远播，朝廷曾多次颁诏起用他，他"皆以疾辞"，堪称视乌纱帽如粪土，难能可贵。陈继儒著作甚丰，包括辑刊的《宝颜堂秘籍》二百二十六种四百五十七卷，他自言道："余得古书，校过付钞，钞后复校，校过付刻，刻后复校，校过即印，印后复校。"其孜孜不倦，一丝不苟，令人肃然起敬。诚然，所刊之部，每有删节，为众人所斥。但是，这也是当时的风气使然。陶宗仪及后来陶珽编的《说郛》、《续说郛》，不也如此吗？由于陈继儒的这部大型丛书的出版，不少已失传或难得一见的珍稀书籍，得以保存下来，为后人研究历史文化提供了宝贵的资料。说陈继儒"獭祭诗书充著作"，纯属妄言。即以他写的小品而言，足与袁宏道、王思任、张岱并驾齐驱，而又风格迥异。他著名的《小窗幽记》，满纸风生云起，采采流水，至今仍然受到读者的喜爱。他抨击泛滥成灾的铭状表传的作品，是"花脸文字"、"虚而不实"，极有见地。他在临终前，手书联语"启予足，启予手，八十岁履薄临深；不怨天，不尤人，千百年鸢飞鱼跃"。并嘱葬后不封不树，这是何等开阔的胸襟！并遗诗诸子："内哭外哭，形神斯惑。请将珠泪，弹向花木。香国去来，无怖无促。读书为善，终身不辱。戒尔子孙，守我遗嘱。"真是视死如归，全以平常心待之。清初学者王应奎谓："先生于去来之际从容如此，虽学问不无可议，而其人固不易及也。"诚哉斯言！

（《紫禁城》2007年第8期）

《明清史料丁编》序

研究历史，必须从搜集第一手原始史料入手，这是治史者的常识，明、清离我们所处的时代较近，各种史料虽没有到浩如烟海的程度，但假设能置于一处，肯定是堆积如山。由于种种人为因素，这些史料的真实性问题甚多。比较而言，明、清留下的档案，无疑是有很高可信度的第一手史料。1911年，清朝灭亡。存于内阁大库中的明、清档册，后被教育部所属历史博物馆妄人视为废品，卖给纸店造还魂纸。幸经罗振玉（1866—1940）等人的努力，从商家高价购回，几经辗转，已损失不少，最后于1928年由中央研究院历史语言研究所（简称"史语所"）买下，并成立了由陈寅恪（1890—1969）、朱希祖（1879—1944）、陈垣（1880—1971）、傅斯年（1896—1950）、徐中舒（1898—1991）组成的"明清史料编刊会"。这几位都是中国史学界泰斗级的学者，由他们来主持明清史料的编刊，可见"史语所"对这项工作的重视。中研院院长蔡元培（1868—1940）对这项工作也高度关注，后来亲自为《明清史料》作序，可见一斑。其实，这里所说的《明清史料》，全称是"国立中央研究院历史语言研究所编刊明清内阁大库残余档案"，文字太长，故简称《明清史料》（便于口说笔录）。经过"史语所"工作人员对这些残余档案的缮写整理，所录题本揭帖，由明天启、崇祯迄清顺治末康熙初年，不分门类事实和前后次序，随录随编，先后出版了甲、乙、丙三编。这些珍贵史料，涉及天启、崇祯朝的辽东战事，毛文龙、袁崇焕等史事，以及明末农民起义、清兵入关的残暴行径、清初各地的抗清斗争、民族英雄郑成功（1624—1662）收复台湾等。由于其史料价值远远高出曾屡经修改的《清实录》，以及由前清遗老编撰的《清史稿》，故《明清史料》出版后，一直受到明、清史学者陈守实（1894—1974）、谢国桢（1901—1982）、吴晗（1909—1969）、黄云眉（1898—1977）诸前辈的重视，谢国桢更将其中关于农民起义事实，辑录成《清初农民起义资料辑录》一书，1956年在上海出版。笔者虽不学，20世纪60年代初负笈复旦大学历史系研究生班，从陈守实师攻读明清史，即曾通读《明清史料》，摘录了不少卡片，惜毁于"四人帮"爪牙的焚书。1977年春，笔者获得平反，重新研读明清史。盛夏笔者冒着酷暑，去上海图书馆再读《明清史料》，至今笔者当年的日记中，还留下这样的记载："六月二十九日，星期四，大热。至上图翻检《明清史料》甲、乙、丙编，有所获。"与笔者同辈以及年青一代的明清史学人，有谁没有读过这部书呢？尽管限于人手不足，这部书所收史料，未遑仔细整理，但编辑者的工作态度是严肃、认真的。出版第八本时，即将已出版的第一至第四本的排印错误，缩成勘误表，附订在第八本中。并郑重刊出"史语所"的启事。这是对史学负责、对读者负责，也是对"史语所"信誉负责的表现。事实上，当时的中华书局、商务印书馆等出版社，也常常在一些书中附上勘误表，这无损于出版社，只能使读者对出版社更敬重。

《明清史料》出版至今，已经很久了。现在北京图书馆出版社重新影印出版，实在是一件功在学林、特别值得明清史学者庆贺的喜事。当然，对于年轻学人来说，他们应当注意到，1949年后，其间中国科学院在1951年又出版了《明清史料》丁编，1953年至1975年台湾又出版了这套书的戊至癸编，最好一并参看。此外，内阁大库档册散出后，流传各地，1949年东北图书馆出版了历史学家金毓黻编的《明清内阁大库史料》二十卷，共收录东北图书馆所藏清内阁大库明清档案中明代天启、崇祯时期的档案五百余件，也是研究明末政治、军事、经济等方面的重要史料。"板凳需坐十年冷"，有志于坐冷板凳的史学学子，要重视这些史料的价值。

2007年12月28日
于西什库老牛堂
(《明清史料丁编》，国家图书馆出版社2007年版)

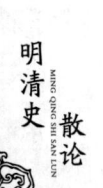

后　记

　　本书中的文章，都发表过。现在汇编成册，无非是敝帚自珍，并改订一些讹误。

　　半生碌碌，如果说我对明清史尚能一知半解，实在要感谢当年陈守实先生对我的指导，以及谢国桢先生（他与陈守实师是清华国学研究院的同窗，同出梁任公门下，论辈分，师叔也）对我的启迪。岂能忘记师恩、前辈的厚爱？附录书末，以资纪念。

王春瑜

2015 年 9 月 24 日再定稿